Bebo, logo existo

Guia de um filósofo para o vinho

Roger Scruton

Bebo, logo existo
Guia de um filósofo para o vinho

Tradução
Cristina Cupertino

São Paulo 2011

Bebo, logo existo
Guia de um filósofo para o vinho
Roger Scruton

© 2009 Roger Scruton
© 2011 Editora Octavo Ltda., mediante acordo com
The Continuum International Publishing Group

Todos os direitos reservados.

Título original
I Drink Therefore I am
A Philosopher's Guide to Wine

Tradução
Cristina Cupertino

Capa
Casa de Ideias

Imagem da capa
© Hein van den Heuvel/Corbis (DC)/Latinstock

Preparação
Rosana de Angelo

Revisão técnica
Davi Goldmann

Revisão
Alexandra Nascimento Resende

Projeto gráfico e editoração eletrônica
Ida Gouveia/Oficina das Letras

Grafia atualizada conforme o Novo Acordo Ortográfico da Língua Portuguesa

Dados Internacionais de Catalogação na Publicação (CIP)
Câmara Brasileira do Livro, SP, Brasil

Scruton, Roger
　　Bebo, logo existo : guia de um filósofo para o vinho / Roger Scruton ; tradução Cristina Cupertino. -- São Paulo : Octavo, 2011.

Título original: I drink therefore I am : a philosopher's guide to wine.
Bibliografia.
ISBN 978-85-63739-06-3

1. Bebidas alcóolicas - Consumo - Filosofia 2. Vinhos - Filosofia I. Título.

11-08019　　　　　　　　　　　　　　　　　　　　　CDD-641.2201

Índices para catálogo sistemático: 1. Vinhos : Filosofia 641.2201

[2011]
Todos os direitos desta edição reservados à:
EDITORA OCTAVO LTDA.
Rua dos Franceses, 117
01329-010 São Paulo SP
Telefone (11) 3262 3996
www.octavo.com.br

Venha – o palácio do Céu repousa sobre pilares de ar.
Venha e traga-me vinho; nossos dias são vento.

HAFIZ

Sumário

Prefácio 11
1. Prelúdio 13

Parte um: eu bebo

2. A queda 23
3. Le tour de France..................................... 51
4. Notícias de outros lugares........................... 105

Parte dois: logo eu existo

5. Consciência e ser..................................... 141
6. O significado do vinho 171
7. O significado do lamento............................ 199
8. Ser e embriagar-se................................... 235

Apêndice

O que beber com quê 247
Índice de assuntos... 281
Índice de nomes.. 287
Índice de vinhos... 295

Prefácio

Este livro não é um guia para a fruição do vinho, e sim um guia para pensar o vinho. Escrito por um devoto da felicidade, é um tributo ao prazer, mas é também uma defesa da virtude feita por um foragido do vício. Sua discussão é dirigida a ateístas e teístas, cristãos, judeus, hinduístas e muçulmanos, a todos os seres pensantes em quem a alegria da meditação não extinguiu os prazeres da materialização. Tenho duras palavras a dizer sobre os fanáticos por saúde, os mulás malucos e quem quer que prefira se sentir ofendido ao considerar o ponto de vista de outra pessoa. Mas meu objetivo é defender a opinião, atribuída a Platão, de que "os deuses jamais concederam ao homem algo mais excelente ou valioso que o vinho", e estou certo de que todos os que se ofendem com esse esforço inocente fornecem testemunho do seu despropósito.

Chris Morrissey, Bob Grant, Barry Smith e Fiona Ellis leram os rascunhos preliminares, e suas críticas ajudaram-me bastante. Bebi goles preliminares com Ewa Atanassow e Thomas Bartscherer, de cujas sugestões valiosas fiz o possível para me lembrar. Sou particularmente grato a minha mulher, Sophie, por suportar os doze anos de pesquisas que resultaram na elaboração deste livro. Parte dessas pesquisas foi feita sob o patrocínio do *New Statesman*, cujos editores demonstraram paciência exemplar ao tolerarem, dentro do mais respeitado jornal de esquerda londrino, uma coluna dedicada à tradição, família e hierarquia, à caça e a Deus, com algumas sugestões de como é possível engolir esses temas intoleráveis. A coluna é uma fonte de grande prazer para mim e tenho recorrido bastante às observações que me ocorreram enquanto a escrevia.

Também me vali de outros materiais já publicados, principalmente do capítulo sobre "A filosofia do vinho", que integra *Questions of Taste: The Philosophy of Wine* [Questões de gosto: A filosofia do vinho], coletânea de Barry Smith sobre esse tópico, e é uma primeira versão do capítulo 6 deste livro. Recorri igualmente a dois relatos escritos com outros objetivos: um do meu tutor, Laurence Picken, escrito para um recente volume comemorativo dedicado ao Jesus College, de Cambridge, e um de David Watkin, escrito para um volume que lhe foi presenteado quando de sua aposentadoria. Algumas partes do capítulo 5 fazem uso de um material publicado pela primeira vez na *Technology Review*, revista eletrônica do MIT.

Sperryville, Virgínia;
Malmesbury, Wiltshire;
Natal de 2008

1
Prelúdio

Ao longo de toda a história registrada, os seres humanos tornaram suportável a vida tomando bebidas alcoólicas. Embora as sociedades difiram quanto a quais bebidas devem ser incentivadas, quais podem ser toleradas e quais precisam ser proibidas, houve convergência de opinião em torno de uma regra crucial: o resultado não deve ameaçar a ordem pública. O cachimbo da paz do índio americano, como o narguilé do Oriente Médio, ilustra um ideal de inebriação no qual o ato de fumar em comum gera a boa educação, as afeições simples e os pensamentos serenos. Algumas pessoas veem a maconha de modo semelhante, embora pesquisas sobre o efeito neurológico dessa planta lancem outra luz, mais perturbadora, sobre o significado social do seu cigarro.

O caso em questão, no entanto, não é a maconha, e sim o álcool, que tem efeito imediato sobre a coordenação física, a conduta social, as emoções e a compreensão. Um visitante de outro planeta que observasse os russos sob a influência da vodca, os tchecos bêbados de tanto slivovitz ou os caipiras americanos cambaleando depois de um excesso de destilado seria seguramente a favor da lei seca. Como sabemos, contudo, a lei seca não é eficaz. Pois se eventualmente a sociedade é ameaçada pelos agentes tóxicos, ela também é ameaçada por sua falta. Sem a ajuda da bebida vemos uns aos outros tais como somos, e nenhuma sociedade humana pode ser construída sobre uma base tão frágil. O mundo é acossado por ilusões destrutivas, e a história recente tornou-nos cautelosos em relação a elas a ponto de nos esquecermos que uma ilusão pode ser benéfica. Onde estaríamos sem a crença de que os seres humanos podem superar uma catástrofe e jurar amor eterno? Mas essa crença persiste apenas se renovada na imaginação. Como é possível que isso ocorra se não temos uma rota de fuga dos fatos? Assim, a necessidade de agentes tóxicos está profundamente entranhada em nós, e todas as tentativas de proibir nossos hábitos são fadadas ao fracasso. A verdadeira questão, creio eu, não é usar ou não usar os agentes tóxicos, e sim qual deles usar. E – embora todos eles disfarcem as coisas – alguns (sobretudo o vinho) também nos ajudam a enfrentá-las, apresentando-as de forma reimaginada e idealizada.

Os antigos tinham uma solução para o problema do álcool: envolver a bebida em rituais religiosos, tratá-la como a encarnação de um deus e marginalizar o comportamento destrutivo como obra do deus, e não do adorador. Uma boa artimanha, pois é bem mais fácil reformar um deus do que um ser humano. Aos poucos, sob a disciplina do ritual, da prece e da Teologia, as origens orgiásticas do vinho foram domadas e ele se tornou primeiro uma libação solene dirigida aos olimpianos e posteriormente à Eucaristia cristã – o breve encontro com o sagrado que visa a reconciliação.

A solução religiosa não foi a única registrada nos tempos antigos. Há também o banquete secular. Em vez de excluir da sociedade a bebida, os gregos construíram um novo tipo de sociedade em torno dela. Não, obviamente, as bebidas fortes como o uísque e a vodca, mas a que é forte apenas o suficiente para permitir o relaxamento gradual dos membros e das inibições – a bebida que nos leva a sorrir para o mundo e faz o mundo sorrir para nós. Os gregos eram humanos e, como mostra o episódio da tripulação do navio de Ulisses no palácio de Circe, abusavam do álcool. Também eles tiveram seu período de lei seca. A tragédia *As bacantes*, de Eurípedes, registra isso ao narrar a terrível história da punição de Penteu, que foi esquartejado por expulsar o deus do vinho. Mas nos banquetes eles descobriram o costume que revela o melhor do vinho e o melhor de quem o bebe: através dele a segurança se manifesta mesmo nos tímidos. Essa segurança, ou *Selbstbestimmung*, na expressão dos filósofos românticos, é o tema deste livro.

O deus do vinho, Dioniso, era convidado para o recinto cerimonial dos banquetes. Os participantes, com guirlandas de flores, reclinavam-se dois a dois num divã, com um dos braços apoiado no braço do móvel, e serviam-se de comidas que ficavam em mesinhas a sua frente. Escravos polidos despejavam em suas taças o conteúdo tirado de uma grande vasilha que continha vinho diluído com água; a diluição prolongava ao máximo o momento de inebriação. A conduta social, os gestos e palavras eram rigidamente controlados, como na cerimônia japonesa do chá, e os convidados concediam uns aos outros o devido tempo para falar, recitar ou cantar, de forma que a conversa sempre permanecia geral. Um desses eventos, registrado e embelezado por Platão, é conhecido por todos os amantes da literatura como a cena do encontro entre Sócrates e Alcebíades. A obra de Platão, *O banquete*, é entendida como um tributo a Eros. É na verdade um tributo a Dioniso (ou Baco, como os romanos o chamavam) e ilustra o poder do vinho – quando consumido adequadamente – de colocar o amor e o desejo a uma distância que os torna passíveis de ser discutidos.

O banquete dos gregos era restrito e altamente privilegiado – somente os homens de uma determinada classe podiam participar. Mas o princípio tem uma aplicação mais ampla. O vinho melhora o convívio humano, desde que usado para animar a conversa e que ela se mantenha civilizada e genérica. A embriaguez nas ruas da cidade deixa-nos horrorizados, e muitos de nós somos tentados a culpar o álcool pelas arruaças, já que uma de suas causas é a bebida. Mas a embriaguez nos bares, exagerada, como a que levou à lei seca, acontecia porque as pessoas consumiam a bebida errada e de modo errado. Não era o vinho e sim sua ausência que causava a embriaguez por excesso de gim na Londres do século XVIII. Jefferson certamente tinha razão ao afirmar que no contexto americano "o vinho é o único antídoto para o uísque".

O consumo social do vinho durante ou depois de uma refeição, com plena percepção do seu paladar delicado e de sua aura evocativa, raramente leva à embriaguez e mais raramente ainda ao comportamento grosseiro. O problema que presenciamos em relação à bebida nas cidades inglesas deriva da nossa incapacidade de dar a Baco o que lhe é devido. Graças ao empobrecimento cultural, os jovens não têm mais um repertório de músicas, poemas, discussões ou ideias com o qual possam entreter uns aos outros em suas taças. Eles bebem para preencher o vazio moral gerado por sua cultura, e embora tenhamos conhecimento dos efeitos adversos da bebida num estômago vazio, estamos agora assistindo aos efeitos bem mais devastadores que a bebida gera numa mente vazia.

No entanto, os bêbados não desagradam apenas por suas brigas. Na maioria dos jantares festivos, os convidados gritam egocentricamente para quem está a seu lado, dez conversas acontecem ao mesmo tempo – sendo que nenhuma leva a lugar algum. Se no início da festa o reabastecimento de bebida era feito com elegância, no final agarra-se avidamente o copo que em seguida é esvaziado às goladas. Um bom vinho sempre deve ser acompanhado de um bom tema de conversa, tema que deve perdurar juntamente com o vinho. Como reconheciam os gregos, esse é o melhor modo de considerar questões realmente sérias, tais como se o desejo sexual visa o individual ou o universal, se o acorde de Tristão é de sétima meio diminuto ou se poderia haver uma prova da conjetura de Goldbach.

Conhecemos a opinião médica de que a saúde se beneficia com uma ou duas taças diárias de vinho, e também a opinião rival de que com mais de uma ou duas taças caminhamos para a ruína.[1] Esses conselhos são importantes, embora menos importantes do que parecem. Qualquer que seja o efeito do vinho sobre a saúde física, ele tem efeitos muito mais significativos sobre a saúde mental – negativos, quando separados da cultura do banquete, e positivos quando ligados a ela. Nos Estados Unidos (onde em muitos lugares a idade para o consumo de álcool é cinco anos superior à maioridade para o sexo), as garrafas de vinho trazem uma advertência sobre a saúde. Se o objetivo é educar o público, então está tudo muito bem, desde que a advertência seja verdadeira (o que não acontece). Mas o mesmo objetivo educacional deve levar-nos a colocar também nas garrafas de água as advertências sobre saúde, para que nos lembremos dos estados mentais melancólicos que resultam da sua ingestão, da necessidade de deixar de lado a hipocondria a fim de dar comida e bebida à alma, e da loucura ecológica de transportar em garrafas, pelo mundo afora, aquilo que chove sobre nós e corre sob nossos pés.

1. Quem se interessar pelos benefícios e riscos à saúde deve ler PAOLA, Frederick Adolf. *"In Vino Sanitas"*. In: ALLHOFF, Fritz (Org.). *Wine and Philosophy: A Symposium on Thinking and Drinking* [Vinho e filosofia: um simpósio sobre o pensar e o beber]. Oxford, 2008.

Em seu ensaio sobre poesia persa, Emerson elogia com as seguintes palavras o grande poeta Hafiz, um viciado em vinho:

> *Hafiz louva o vinho, as rosas, as donzelas, os meninos, os pássaros, as manhãs e a música, para dar expansão ao seu imenso júbilo e simpatia por todas as formas de beleza e alegria; e enfatiza tudo isso para mostrar seu desprezo pela falsa santidade e prudência covarde.*

É contra a falsa santidade e a prudência covarde que se dirige grande parte da minha discussão, não a fim de incentivar o vício, mas para mostrar que o vinho é compatível com a Virtude. O modo certo de viver é desfrutando as nossas faculdades, lutando para gostar dos nossos próximos e se possível amá-los, e aceitar que a morte é necessária em si mesma e também um alívio abençoado para aqueles a quem de outra forma iríamos sobrecarregar. Em minha opinião, os fanáticos por saúde, que têm envenenado todos os nossos prazeres naturais, devem ser reunidos e trancafiados juntos num lugar onde se possam entediar mutuamente, empanturrando-se com suas inúteis panaceias para a vida eterna. Quanto a nós, devemos viver nossos dias numa sucessão de banquetes que tenham como catalisador o vinho, como meio a conversa e como objetivo uma aceitação serena do destino e uma determinação de não nos demorarmos além do tempo que nosso anfitrião considera desejável.

Neste livro discuto o vinho como acompanhamento para a Filosofia e a Filosofia como um subproduto do vinho. Minha opinião é que o vinho é um excelente acompanhamento para a comida; mas é um acompanhamento ainda melhor para a reflexão. Ao pensarmos com o vinho, podemos aprender a beber com pensamentos e a pensar com goles. Ao engolirmos a premissa, o argumento e a conclusão numa única e plena corrente que nos satisfaz, não apenas apreendemos uma ideia; ela é encaixada na vida que está em nós. Avaliamos não somente sua verdade e coerência, mas também seu valor. O vinho é algo com que se vive de acordo; também se vive de acordo com uma ideia. E no que diz respeito à vida, o vinho é o teste da ideia – a amostra preliminar que prenuncia o efeito mental a longo prazo. O vinho, bebido na ocasião certa, no lugar certo e na companhia certa, é o caminho para a meditação e o arauto da paz.

Parte um: Eu bebo

2
A QUEDA

Criado na Inglaterra do pós-guerra, imortalizada por Philip Larkin e Kingsley Amis, raramente eu me deparei com uvas ou com seu divino subproduto. Contudo, nossa família conhecia algo que chamávamos de vinho, e o outono raramente chegava sem que estivessem reunidas diante do fogão as jarras de um galão com suco açucarado de bagas de sabugueiro, com minha mãe à espera do dia em que o borbulhar frenético se reduziria a um sussurro e o líquido vermelho-escuro poderia ser extraído com um sifão e engarrafado. Durante três semanas pairava na cozinha o aroma do levedo da fermentação. Nuvenzinhas de moscas-das-frutas ficavam suspensas sobre as jarras e vespas aglomeravam-se aqui e ali, tremeluzindo sobre pocinhas de suco derramado.

O sabugueiro forma cercas vivas exuberantes e produz flores fragrantes que, nas noites do auge do verão, recendem com mais intensidade – exalando o perfume evocado no segundo ato de *Die Meistersinger von Nürnberg* [Os mestres cantores de Nuremberg], quando Hans Sachs se senta diante do seu chalé meditando sobre a grande questão que, pela minha experiência, o vinho, mais que qualquer outra coisa, ajuda a resolver: o problema de como transformar *eros* em *ágape*, como desistir de desejar alguém, de modo a, em vez disso, desejar a felicidade dessa pessoa. Mergulhada na água, engrossada com açúcar e ácido cítrico, a flor de sabugueiro produz um agradável cordial de verão. As bagas vermelho-escuras quase não têm açúcar, mas são ricas em tanino e pectina. Se as fervemos, espremem os seu suco, acrescentamos açúcar ao caldo e o reduzimos, o resultado é uma geleia que se conserva por anos e acrescenta ao sabor do cordeiro um halo carmesim adocicado.

Contudo, é pelo seu vinho que os ingleses mais estimam a baga de sabugueiro. A ameixa, a groselha e a maçã dão excelentes vinhos, até hoje comercializados na Áustria. Mas nenhum deles se compara ao vinho da baga de sabugueiro, que, em razão de sua cota de tanino, leva anos para amadurecer na garrafa, adquirindo o retoque inglês melancólico que lhe é próprio. O açúcar não é da fruta, mas precisa ser adicionado ao mosto inicial de água e bagas amassadas na proporção de um quilo e meio para cada galão – utilizando a palavra antiga e proibida –, caso se queira um resultado seco. Embora existam levedos na casca, eles provocam apenas uma fermentação lenta. Assim, minha mãe mexia o mosto com um pouco de levedo de cerveja, que instantaneamente levava os cachos de bagas a subirem e dançarem na borda.

Quando a cor lixiviada das bagas era suficiente, minha mãe despejava nas jarras a torrente espumante da vasilha. As jarras eram lacradas com uma válvula de sentido único, para permitir a saída do dióxido de carbono e ao mesmo tempo impedir a entrada de oxigênio. E o ruído das bolhas suavizava nossas noites de outono até que chegava a hora de engarrafar, no início do inverno. Nós conservávamos o vinho fechado durante dois anos, indo às vezes ao porão, sob a cozinha, e levantando-o contra a luz para admirar o depósito escuro. Quando finalmente abríamos uma garrafa, tomávamos uma taça depois do jantar, do mesmo modo como nossos ancestrais bebiam seu Clarete. E a mistura de grunhidos apreciativos e louvores monossilábicos era a conversa mais interessante que eu jamais vira o vinho suscitar.

Aqueles tempos foram de uma época feliz para a minha família: os tempos anteriores ao desmoronamento da frágil autoconfiança de minha mãe em face da fúria inexplicável de meu pai. A poeira agridoce das bagas de sabugueiro na língua traz-me à mente seu rosto suave, sua preocupação tímida com os filhos e a culpa que hoje sentimos ao lembrarmos com lágrimas o amor inabalável e sofrido que ela nutria por nós. O vinho de baga de sabugueiro pertence a ela, numa Inglaterra de carências inauditas, de receitas feitas com o que crescia no quintal e de bondade desprendida, um mundo onde a uva ainda não tinha lançado seu encanto nos subúrbios. Minhas duas irmãs e eu fomos criados no abrigo da penúria e do comedimento puritano. E talvez tivéssemos conservado as dóceis decências de nossa infância não fosse a grande transformação que nossa geração sofreu quando a marca portuguesa Mateus Rosé explodiu em cena, junto com outros ramos do decoro inglês, por volta de 1963, "Entre o fim da proibição de *O amante de Lady Chatterley* e o primeiro LP dos Beatles", como disse Philip Larkin (embora a propósito de outra coisa). Então

> *O trompete ardente falou e as vibrações prateadas*
> *Dos címbalos beijaram-nos fazendo um alegre alarido*
> *Era Baco e sua família!*
> *Para uma vindima estimulante, eles desceram*
> *Com coroas de folhas verdes e faces rubras;*
> *Todos dançando loucamente pelo vale aprazível*
> *Para afugentá-la, Melancolia!*

Keats certamente tinha uma ideia dos efeitos do vinho. Ignorantes, arrojamo-nos na torrente que subitamente tinha borbulhado nas nossas ruas tranquilas; banhamo-nos no seu aroma fresco e tragamos sofregamente seu presente de sonhos. Fui para Cambridge, um dos poucos que ganharam uma bolsa de estudos. E apesar dessa fonte financeira, o vinho manteve-me na pobreza.

Mas eu bebia sem conhecimento, sem ter a mínima ideia dos sacerdotes espalhados por Baco pelo mundo e que perseguem sua vocação em lugares que podem ser descobertos por acaso, mas raramente por determinação. Nas férias de verão, às vezes eu me hospedava na casa de Desmond, um irlandês espirituoso que tinha lido tudo, dormido com todo mundo, gastado tudo o que era possível e estava se recuperando numa cidadezinha perto de Fontainebleau. Em pouco tempo descobri que meu amigo era um sacerdote ordenado de Baco, uma vez que seu médico lhe tinha aconselhado comedimento com o álcool. Para Desmond isso significava Claretes *premier cru* ao jantar e talvez um *deuxième cru* no almoço. Ele tinha certeza de que o médico aprovaria particularmente o Château Trotanoy 1945, feito com as últimas uvas ilesas ao ataque da filoxera, que agia maravilhosamente sobre uma constituição frágil quando bebido desacompanhado depois do jantar. Desmond sustentava que esses vinhos insultariam muito a condição física de seu jovem convidado de corrente sanguínea anêmica e papilas gustativas mal-orientadas que imploravam por um *beaujolais*. Eu bebia agradecido tudo o que me era oferecido e tinha pena de Desmond, com sua vida tão limitada por enfadonhas rotinas medicinais.

Mas não podia deixar de ter certa curiosidade quanto a uma garrafa da qual ele não se desgrudava na biblioteca depois do jantar. O nome enigmático, o rótulo esmaecido, as mãos frágeis mas tenazes que se fechavam em torno da garrafa, tudo enfatizava o mistério. Certo dia, encontrando Desmond adormecido na poltrona, mansamente liberei seu tesouro e tive pela primeira vez a indescritível experiência que ocorre quando o aroma de um vinho de ótima qualidade flutua sobre a taça e os lábios tremem de expectativa como se à espera de um beijo fatal. Eu estava prestes a me apaixonar – não por um sabor, uma planta ou uma droga, mas por um abençoado pedaço da França. Aquela garrafa da qual eu havia despregado as mãos carinhosas de Desmond continha um líquido cintilante, da cor do mogno, com aroma inebriante e paladar sutil e de muitas camadas, mas também algo mais precioso do que tudo isso, resumido nas antigas e inescrutáveis palavras "Trotanoy" – o castelo – e "Pomerol" – o lugar. Fui conquistado pela impressão dessa bebida como a indicação de um lugar, uma época e uma cultura.

A partir de então aprendi a amar os vinhos da França, aldeia por aldeia, vinha por vinha, enquanto conservava apenas uma vaguíssima ideia das uvas usadas para fabricá-los, e sem nenhum padrão de comparação que me dissesse se essas uvas, plantadas em outros solos e abençoadas por outros nomes de lugares, produziriam um efeito semelhante. A partir do momento da minha queda, tornei-me um *terroiriste*, para quem o principal ingrediente de qualquer garrafa é a terra.

Por "terra" não entendo apenas a mistura física de calcário, solo arável e húmus. Refiro-me à terra como Jean Giono, Giovanni Verga ou D. H. Lawrence a descreveriam: guardiã de paixões, palco de dramas e hábitat dos deuses locais. Os deuses de quem as aldeias da França tomam seu nome – sejam eles pagãos, como Mercurey e Juliénas, ou cristãos, como St. Amour e St. Joseph – são guardiões das uvas, que adquiriram seu caráter não somente dos minerais que sugam das rochas subjacentes, mas também dos ritos de sacrifício das comunidades eternas. Essa ideia insinuou-se na minha mente com o meu primeiro gole de Ch. Trotanoy e nela permanece até hoje. Mas o conceito de *terroir* tornou-se agora altamente controverso, com o aumento do número de pessoas que seguem o caminho da perdição trilhado por mim nestes quarenta e cinco anos. Poesia, história, o calendário dos santos, os mártires sofredores – para a nova geração de enófilos essas coisas são menos importantes do que o eram para nós, os pioneiros da classe média baixa. Os bebedores pagãos de hoje estão em busca do uniforme, do confiável e daquilo que é lembrado facilmente. Quanto à questão do local de procedência do vinho, que importância tem isso, desde que seu sabor seja bom? Daí a tendência de classificarem-se os vinhos segundo a marca e a variedade de uva, ignorando totalmente o solo ou incluindo-o em alguma categoria geológica: greda, argila, marga ou cascalho. Resumindo: a nova experiência do vinho é a de beber o suco de uva fermentado. Mas não foi isso que eu experimentei naquele dia fatal em Fontainebleau: com meu nariz esfregando o nariz do Trotanoy, eu me via diante de uma vinha. Ali na taça estava o solo de um lugar, e naquele solo estava a minha alma.

A crítica de vinho, tal como a conhecemos hoje, foi invenção de um crítico literário, o professor George Saintsbury, que em 1920 publicou o seu *Notes on a Cellar Book* [Anotações em um livro de adega], pioneiro sobre o assunto. Nele não se menciona uma única variedade de uva; detém-se apenas sobre as vinhas, aldeias e safras representadas no porão da casa do professor ao longo de uma vida inteira de degustação. Saintsbury não regala o leitor com "notas de paladar", que descarta por considerá-las como "jargão do vinho". Para ele um vinho era um indivíduo, que não tinha de ser assimilado a um tipo ou marca; cada sabor era a assinatura inimitável de um lugar e das tradições que ali seguiam, sendo a escolha da uva apenas uma delas. Em minha opinião (que mais adiante tentarei justificar), o tema do vinho deve ser sempre abordado desse modo, caso se pretenda que ele abra caminho para uma meditação séria. "Nada torna o futuro tão rosado", observou Napoleão, "quanto contemplá-lo através de uma taça de *chambertin*", e imediatamente reagimos ao sentimento. Mas suponhamos que ele tivesse dito: "Nada torna o futuro tão rosado quanto o contemplar através de uma taça de Pinot Noir". A palavra "contemplá-lo" perderia a sua ressonância, e o comentário, que já não associaria o homem que mais assumiu riscos na sua época a um tranquilo pedacinho de terra na Borgonha, estaria esvaziado do páthos e da verdade espiritual contidos no primeiro caso.

Desmond tinha um apartamento num pátio interno perto da Rue Molière. O sol nunca penetrava lá e as janelas de Desmond se abriam para valas escuras invadidas ao meio-dia pelo cheiro de alho frito e pelos gritos de homens que chegavam a casa. Nas minhas visitas a Paris eu ocupava o quarto interno. Nesse quarto não havia janelas e eu passava o dia inteiro deitado na cama que o atravancava, segurando um dos livros das estantes coladas às paredes sob a luz do abajur. Naquele quartinho escuro eu ficava tão absorto na literatura francesa quanto na biblioteca obscurecida de Fontainebleau ficara absorto no vinho francês. O poeta boêmio, tecendo seu *paradis artificiel* na água-furtada da cidade, ligava-se por invisíveis fios espirituais ao jardim murado onde o sol inflava as uvas – o paraíso natural do qual havíamos fugido.

Mas por que havíamos fugido? O que nos era oferecido por essa cidade e que inexistia no campo? O campo que havia sido descrito com tanta precisão por Balzac e Zola? Virando as páginas dos Baudelaire, Verlaine, Nerval e Rimbaud, encadernados em couro, e também as de Apollinaire, Leiris, Éluard e Ponge, com a capa da Gallimard, branca e simples – capa que tanto encantava os leitores, com a insinuação de que não há necessidade de explicar o que se encontraria entre elas – cheguei a uma ideia de Paris. Associei essa ideia a Desmond, acreditando que ela o havia levado à cidade anos antes, à procura de algo que só pode ser encontrado onde a solidão e a sociedade florescem lado a lado, onde os sonhos eróticos competem com a desilusão que nos esgota e onde os sons e imagens da vida burguesa comum aferroam com súbitos pesares agudos a consciência observadora – e esse algo é a própria pessoa. Desmond havia ido para Paris depois da guerra, com os restos de uma fortuna esbanjada e apetite sexual onívoro, a fim de desperdiçar sua herança e defrontar-se consigo mesmo. E uma vez que com toda a sua devassidão ele tinha um coração de ouro, socorreu-o a boa mulher que podia cuidar dele; levou-o para Fontainebleau, querendo dar um lar a ele e aos filhos dos seus casamentos fracassados – e um lar também para mim, que me apaixonara por uma das suas filhas e depois fora dispensado por ela.

E talvez fosse com isso que também eu me defrontaria em Paris – essa coisa esquiva, eu, a coisa que Rimbaud mandou por mares imaginários em seu *Le bâteau ivre* [O barco bêbado], embora na verdade tenha mandado para Paris e para os braços de Verlaine; a coisa com que Desmond se tinha defrontado naquele quartinho escuro, sem janela, no coração da cidade, e com que também eu esperava defrontar-me, talvez enquanto lia Baudelaire naquele mesmo quartinho ou graças a algum enfrentamento ocorrido no bar de teto de zinco ao lado da *porte cochère* que havia ao rés do chão.

E então certo dia um poeta vivo se hospedou no apartamento de Desmond. Chamava-se Yves de Bayser: uma destilação do erótico e do aristocrático que lhe devia garantir um lugar em qualquer círculo literário. Era ainda jovem, alto e bonito. Tinha sido amigo de René Char e Albert Camus, mas as suas *Églogues du Tyran* [Éclogas do tirano] não haviam chamado a atenção dos críticos, sua vida amorosa estava em desordem e ele ficava sentado imóvel num canto, com as lágrimas despontando sob os óculos escuros e escorrendo-lhe pelas faces.

Era óbvio que Yves tinha chegado para ficar, e nas minhas visitas, vindo de Fontainebleau, eu me esforçava ao máximo para conversar com ele. Quando finalmente mencionei os problemas que o atormentavam, ele me falou de sua infância no Valois, com uma descrição impregnada da atmosfera claustrofóbica das *Mémoires d'outre-tombe* [Memórias de além-túmulo] de Chateaubriand. Avançou até a briga entre a mãe e o pai, e então disse: *"Mais tout ça c'est bien loin"*, e calou-se com um suspiro. Toda vez que eu tocava no tema a resposta era a mesma: uma esmerada narrativa que se interrompia num ponto intransponível, com as palavras *"Tout ça c'est bien loin"*. Depois de algum tempo comecei a pensar nele como a alma do apartamento de Desmond. Ele não lia nem escrevia; ficava sentado entre os livros como se fosse a personificação do seu significado. Com um gesto miúdo de cabeça indicava ter ouvido todas as minhas opiniões, como se tivesse lutado durante muito tempo contra a visão ortodoxa de Baudelaire, Rimbaud, Aragon ou sabe-se lá quem, e finalmente admitido a derrota. Para mim ele era um símbolo do sofrimento literário; e se alguém estava a caminho de se descobrir, nas singulares circunstâncias disponíveis em Paris, esse alguém era por certo Yves, que aparentemente tinha tudo o que era necessário para a tarefa. Ele havia sofrido e estava sofrendo; estava absorvendo a inefável solidão parisiense na escuridão do apartamento *echt*-boêmio de Desmond; estava no meio da cidade, cercado pelos gritos e estrondos da normalidade burguesa; e nunca se arriscava a ir para a rua. Havia publicado um livro de poesias, com uma dessas capas brancas e simples que são a prova incontroversa de uma alma distinta. Amara e fora amado por homens e mulheres. E tivera uma infância nos moldes de Chateaubriand e Proust. Mas faltava-lhe algo.

Não precisei de muita coisa para saber o que era. Eu havia visto Yves fazer para si um sanduíche e uma xícara de café. Mas nunca o vira com uma taça de vinho. Comentei isso com Desmond, que me informou ser Yves um alcoólatra regenerado que jamais tocaria numa bebida diabólica. Por isso sua melancolia se tinha tornado estática, congelada, um depósito inamovível na base da sua mente, com todas as ideias e anseios presos sob ele.

Àquela altura do meu aprendizado, eu chegara ao ponto de circular diariamente por Paris com um copo de vinho branco e de ter adquirido o gosto pelo Muscadet. Mantinha uma garrafa desse vinho na geladeira do apartamento da Rue Molière e certo dia, ao nos visitar, Desmond ficou chocado ao ver-me despejar numa taça esse líquido cor de lesma. Apressou-se até o Nicolas mais próximo e voltou de lá com uma garrafa de Puligny-Montrachet e um pouco de gelo para esfriá-lo. Esse vinho foi uma revelação tão fantástica quanto aquela taça de Trotanoy roubada. Subiu ao meu encontro como uma flor, suas pétalas amanteigadas encerrando um brilho cristalino e frutado sabor de maçã. Novamente eu liguei essa complexidade e clareza de sabor à alma do solo. O nome do vinho também tinha seu encanto, embora isso tenha acontecido muito tempo antes de eu saber o significado de "Montrachet". Todos os outros vinhos brancos que eu conhecia pareceram insignificantes se comparados àquele simples Puligny do Nicolas, e na verdade meu encontro nariz contra nariz com a aldeia de Puligny-Montrachet teve sobre mim uma influência bem maior do que a minha visita a Trotanoy quando transportado pela taça. Ao voltar para Cambridge, levei comigo o gosto pelo branco da Borgonha e a crença nos seus atributos, que minha ignorância sobre a uva, o modo de vida e a viticultura inerentes ao lugar a que eu estava ligado não chegou a comprometer. Como alguém que se apaixona à primeira vista, eu tinha um conhecimento pleno e privilegiado do objeto das minhas afeições e não precisava de nenhuma informação sobre nenhuma fonte além dos meus próprios sentidos inebriados. E se nas minhas viagens posteriores à França eu nunca visitei a Borgonha, foi por esse meu amor. Conheço demasiadamente bem o lugar para ser capaz de encarar o que sem dúvida ele sofreu ao ser pisoteado por turistas endinheirados.

Desmond era um libertino afetuoso que contribuiu muito para afrouxar minhas restrições geradas por uma educação puritana. Mas durante os anos de universidade eu conheci outro sacerdote de Baco, e este era, pelo contrário, tão bem-comportado quanto um sacerdote pode ser. Saído da escola secundária de minha cidade para entrar numa faculdade dominada por rapazes confiantes vindos de Eton e Harrow, com uma bolsa de estudos para um assunto que eu detestava e encontrando-me num conjunto de quartos vitorianos gelados e áridos no início do inverno mais frio jamais registrado, meu primeiro impulso foi o de sair correndo. Esse impulso só não gerou uma ação porque eu não tinha para onde ir, pois já havia fugido de casa nove meses antes, num desses gestos adolescentes definitivos que eu pretendia em algum momento reverter, embora nunca me tenha esforçado muito para isso. Não restava alternativa senão procurar esse velhote que tinha sido indicado *in loco parentis* e lhe dizer que eu não ia estudar Ciências Naturais, que a ideia da Cristalografia, da Bioquímica e da Microbiologia me deixava nauseado, que certamente haveria outra matéria

– chinês, por exemplo – capaz de responder aos meus anseios boêmios sem me prejudicar o cérebro e que, de qualquer modo, se ele não me mostrasse alguma coisa melhor, eu deixaria a faculdade naquela noite, sem falta.

Minhas batidas agitadas na porta não tiveram resposta. Apurando o ouvido percebi um arranhado débil dentro da sala, como o de um ratinho. Depois de algum tempo me dei conta de que o som era de música, mas uma música quase inaudível, como se apenas lembrada. Bati novamente e depois de alguma espera fui recebido com um tranquilo "entre". Irrompendo pela porta como o proverbial touro, vi-me numa loja de porcelanas, cercado por vasos preciosos, delicados instrumentos musicais e uma centena de coisas brilhantes e frágeis, dentre as quais nenhuma se parecia tão frágil ou mais brilhante do que o próprio *loco* – uma grande cabeça de porcelana que, do outro lado de um cravo sobre cujas teclas repousavam suas belas mãos de marfim, voltou para mim os olhos azuis-claros.

– O senhor é o meu orientador – explodi, dominado pela confusão.

O dr. Picken olhou-me em silêncio.

– Foi o que eu temi – disse ele finalmente.

– Preciso falar com o senhor.

Ele se levantou da banqueta do cravo e tranquilamente abaixou a tampa do instrumento. Com gestos lentos e estudados, como um especialista em desativação de bombas, virou-se e foi lentamente até a escrivaninha, de onde apontou para mim uma poltrona. Fiquei em pé ao lado dela e fiz o discurso que havia preparado. Às vezes, ao ouvir uma frase mais grosseira, ele espremia os olhos, mas durante o resto do tempo ficou sentado imóvel atrás de uma série de canetas, papéis e dragões verdes de jade dispostos numa ordem impecável. Quando terminei, e depois de um momento de silêncio durante o qual me estudou apreensivamente, ele falou com tranquilidade sobre o problema, como se estivesse conversando consigo mesmo, e numa voz tão suave que precisei esforçar-me para lhe ouvir.

– Não posso recomendar o Chinês – disse ele. – É uma língua que por acaso eu sei, como uma série de outras, e exige uma quantidade imensa de trabalho e dedicação. Podemos descartar o Inglês, uma vez que obviamente você lerá os livros de qualquer maneira. Com isso não resta outra escolha além da História ou das Ciências Morais. Não que eu aprove essas disciplinas.

– O que vêm a ser Ciências Morais? – indaguei.

– É natural que você pergunte. É o nome que aqui em Cambridge tradicionalmente se usa para a Filosofia.

– Então que sejam Ciências Morais – resolvi imediatamente.

O dr. Picken deu um suspiro de desaprovação.

– Admitimos vocês para cursar Ciências Morais, que são, como você sabe, o legado mais notável desta universidade, e vocês sempre desistem no meio do caminho.

– *O senhor* não desistiu? – indaguei, olhando em volta para os livros e instrumentos, os rolos de pergaminho e vasos, e supondo estar na presença de um ilustre orientalista.

– Não – respondeu ele.

– Então o senhor é cientista? – perguntei incrédulo.

Ele assentiu com a cabeça.

– Eu divergi um pouco – acrescentou ele. – Mas não desisti.

Aceitei avidamente a taça que ele encheu com o xerez despejado de um decanter. Ele falou sobre seu trabalho de citologia, exposto num livro alentado. Pedi para vê-lo e ao folheá-lo vi que o último capítulo se chamava "Envoi", palavra que eu conhecia das traduções de Cavalcanti feitas por Ezra Pound. Então olhei para o dr. Picken com um interesse renovado. Estava claro que o velhote não era absolutamente *loco*; e nem era tão velho. Perguntei-lhe o que achava de Ezra Pound. Ele me respondeu lendo as odes de Confúcio: uma leitura tímida, mas com autoridade. As incorreções de Pound na tradução, comentou, eram compensadas por algumas verdadeiras felicidades no sentimento. Depois falou sobre as peças do teatro nô, indicando, sem afirmar, que dominava o japonês. Quando finalmente me convenci de que aquele homem era a pessoa mais erudita que eu já conhecera, concluindo que devia pedir-lhe uma orientação, ele se levantou lentamente e disse:

– Então será Filosofia. Vou encaminhá-lo para o dr. Ewing.

Seu comportamento era um tanto instável; ficou claro para mim que eu estava sendo impertinente, que tinha sido impertinente durante todo o tempo, que apenas um verniz de educação cuidadosamente alimentado lhe permitira manter uma conversa comigo e que provavelmente a sessão de cravo interrompida havia estado em sua mente durante todo o tempo. Saí com um bilhete para o dr. Ewing e assim comecei minha carreira de filósofo.

O dr. Picken era um orientador consciencioso que se recusava categoricamente a eleger favoritos dentre seus alunos e que uma vez por ano convidava todos nós – cinco de cada vez – para jantar. Sei que eu era um problema para ele, visitando-o frequentemente em horas não autorizadas para pedir uma dispensa de emergência, que ele concedia fitando-me com um olhar distante e temeroso, como se desconfiado de que eu o estivesse levando a ser cúmplice de algum crime do qual era melhor não ter conhecimento. Ele evitava a emoção e não me permitia expressá-la. Às vezes, passando pela sua sala à noite e vendo-o sentado ao cravo ou ao velho e encantador órgão de câmera em que tocava os prelúdios corais de Bach, eu tinha a impressão de que era uma criatura tão frágil que se despedaçaria no chão a um simples toque.

Ainda me lembro da conversa com a qual o dr. Picken me fez avançar para o estágio seguinte da minha carreira de enófilo. Ele me havia brindado com um vinho da Borgonha que sobrara de um dos seus jantares e nós estávamos de pé em sua acanhada cozinha, tão arrumada e limpa quanto qualquer outra parte das suas salas com cara de museu, enquanto ele lavava cuidadosamente – era-lhe intolerável ver um copo sujo poluindo a mesinha lateral. Ele se virou para me olhar – coisa que raramente fazia – e de repente seu rosto brilhou com um fulgor divino.

– Preciso lhe dizer – começou ele – que o Borgonha que você acabou de tomar não é muito bom. Na verdade sua comercialização quase destruiu a região, e as pessoas da sua geração provavelmente nunca chegarão a conhecer o Borgonha que nós conhecemos. Com uma única exceção. Existe um pequeno *domaine* em Vosne-Romanée chamado Domaine de la Romanée-Conti. Se algum dia se deparar com ele, você deve bebê-lo. Ele tem o equilíbrio perfeito entre talo e fruta, e o solo fala por meio dele. Hoje ninguém mais sabe fazer um vinho como esse. – Depois de sustentar meu olhar perplexo durante um momento, ele subitamente desviou o olhar. Era evidente que estava pensando se devia ter feito uma exposição tão espalhafatosa do seu apostolado.

Essa opinião me foi apresentada em 1964, quando o Romanée-Conti era provavelmente duas vezes mais caro que os outros *grands crus*. Nisso, como em tudo o mais, a opinião do dr. Picken era também conhecimento.² O Domaine, cujos quatro acres de vinhas antigas foram louvados durante séculos pelos monges de St. Vivant, é hoje reconhecido, depois de sete séculos de determinação mortal e intervenção divina, como a mais notável vinha da Côte d'Or. Eu me lembrava do pequeno discurso do dr. Picken, sendo capaz de repeti-lo em todos os tipos de reuniões em que o conhecimento sobre o bom vinho era recompensado com uma taça dele. Mas só vim a provar o Romanée-Conti quarenta anos depois, e a essa altura ele custava cinquenta vezes mais do que todos os demais vinhos sérios da Borgonha.

Vi-me incluído numa degustação profissional organizada pela Corney and Barrow, a casa londrina que tem direitos exclusivos sobre os vinhos Domaine na Inglaterra. Fiquei entre silenciosos e carrancudos Mestres do Vinho numa sala que parecia de hospital, com limpíssimas prateleiras brancas, decanters e taças, e torneiras e pias enfileiradas em todas as paredes. Observei os pomos de adão dos experts tremerem sobre os seus colarinhos e ouvi admirado o vinho ser sorvido e ruidosamente revirado naqueles ilustres palatos para ser súbita e peremptoriamente cuspido na pia – quanto dinheiro em cada cuspida!

Deparei-me pela primeira vez com o verdadeiro sofrimento dos que escrevem sobre vinho. Pois como é possível revirar algo na boca com uma expressão de beatitude, sabendo que seu preço no momento é de

---

2. Saintsbury tinha a mesma opinião que o dr. Picken: "É moda... pôr o Clos-Vougeot como o primeiro de todos os vinhos da Borgonha, e o Clos-Vougeot pode ser muito delicioso; mas até hoje eu nunca bebi nenhum exemplar igual ao Romanée Conti de 1858, pela combinação de intensidade e delicadeza no buquê e no sabor, pelo encorpamento, pela cor e por todas as boas qualidades do vinho". *Notes on a Cellar-Book*, Londres, 1920, pp. 54-5.

£1,500 a garrafa, e depois apenas rabiscar "incrivelmente bom" na sua caderneta? Vi suas sobrancelhas cerrarem-se enquanto eles faziam o possível para encompridar os parágrafos, numa tentativa de desculpar-se pelo terrível crime de jogar na pia todo o custo mensal da hipoteca da família. Tentei durante muito tempo descrever o Grands Échézeaux e acabei produzindo o seguinte: "Segundo concerto para violoncelo de Saint-Saëns: notas profundas de tenor meio encobertas por um véu vaporoso". Olhei por um momento para a descrição e então a risquei, revoltado com a sua afetação, e escrevi: "Incrivelmente bom". E se os parágrafos de inconsistentes discursos sobre o vinho, com suas metáforas mistas e analogias forçadas, jamais significam algo mais do que isso é uma das questões profundas e difíceis que eu abordo no Capítulo 6.

Como é que alguém pode pagar por esse vinho? "Fácil", disse Adam Brett-Smith, da Corney and Barrow. "O Romanée-Conti é o único vinho que se pode beber gratuitamente com tranquilidade: basta comparar o preço *en primeur* com o preço atual." É verdade; em 2003 ele estava à venda por £3,500 a caixa com seis garrafas; um ano depois, quando o bebi, por £8,400. Quem comprasse doze garrafas em 2003 poderia vender seis delas em 2004 e conservar consigo seis garrafas com um lucro de £1,400. E essa pessoa teria a satisfação extra de saber que estava roubando dos ricos. O único problema, obviamente, seria dispor das £7,000 iniciais.

Tenho certeza de que o dr. Picken nunca poderia ter gasto com vinho o dinheiro necessário para comprar o último exemplar sobrevivente do Flauta de Cana da Anatólia; e de qualquer modo, na sua época, o Romanée-Conti tinha um preço razoável. Na verdade o dr. Picken era uma pessoa de hábitos frugais e a própria imagem do lente solteirão que se retirara da vida a fim de mergulhar na erudição. O vinho fazia parte dessa erudição, e o prazer que lhe dava era inseparável do conhecimento que brilhava do menisco. Para aqueles que dedicaram a vida ao conhecimento e deixaram *eros* de lado, o vinho oferece um consolo que dá um aveludado forro de prazer à armadura cortante da erudição.

O dr. Picken exemplificava o processo osmótico pelo qual uma herança cultural e intelectual se transmitia dentro dos muros da faculdade. Desde que fosse abordado com a mesma humildade com que sempre se comportava, podia-se obter dele qualquer quantidade de conhecimento sobre qualquer assunto – desde a estrutura da onda do anel de benzeno até a tradução de Dante, da teoria de Frazer sobre a magia até a cronologia dos Upanishads – e a própria inaplicabilidade, para o mundo que nos cerca, de tudo o que ele sabia tornava esse conhecimento ainda mais gratificante. Em minha opinião ele justificava o rigoroso monasticismo que tinha sido nutrido pelas faculdades de Cambridge, vivendo, como ele vivia, permanentemente afastado do efêmero. Sua atitude em relação à erudição era exatamente o oposto da que acabou por dominar as escolas e universidades de hoje. Ele não pensava que o objetivo do conhecimento é ajudar o aluno. Pelo contrário. Para o dr. Picken, o objetivo do aluno é ajudar o conhecimento. Ao longo de toda a sua vida ele foi o fiduciário disposto e dedicado de uma herança intelectual. Os jovens eram importantes para ele porque tinham o cérebro no qual o seu reservatório de erudição podia ser despejado, junto com o vinho. Ele olhava para nós, os alunos, ceticamente, mas sempre com a esperança subjacente de que nesse ou naquele rosto jovem havia o sinal externo de um cérebro suficientemente grande e desapaixonado o bastante para captar um pouco do conhecimento acumulado da humanidade, para levá-lo pela vida sem deixá-lo escapar, até encontrar outro cérebro em que pudesse ser derramado.

Assim, aprendi com o dr. Picken que o vinho não é apenas um objeto de prazer, mas também um objeto de conhecimento; e o prazer depende do conhecimento. Diferentemente dos outros produtos hoje fabricados para a mesa, o número de variedades de vinho é igual ao dos seus produtores. As variações técnicas, climáticas, da uva, do solo e da cultura garantem que para o consumidor comum o vinho seja a mais imprevisível das bebidas, e para o connoisseur, que ele tenha uma extrema complexidade de informações, reagindo às suas origens como um jogo de xadrez reage ao seu lance de abertura. E exatamente porque não há nada – ou melhor, nada *imediato* – a ser feito com o conhecimento contido no vinho, o dr. Picken o havia adquirido do mesmo modo como adquirira o conhecimento do *gagaku* japonês, da semântica da lógica modal, da estrutura métrica da *qasida* andaluz e dos efeitos do quantum sobre o córtex pré-frontal. Ele me ensinou não só a pensar sem pertinência, mas também a beber sem ela. Só assim podemos subverter a norma da simples opinião e colocar o conhecimento no seu trono.

Graças a pessoas como o dr. Picken, Baco recebeu as devidas honras nas nossas faculdades, e foi numa dessas faculdades, Peterhouse, que no devido tempo eu me tornei Fellow, levando comigo, contudo, a bagagem desonrosa de uma vida boêmia que incluía tudo – desde o violão até a namorada – o que o dr. Picken observaria constrangido. Peterhouse tinha uma excelente adega, onde Claretes de alta classificação ficam sonhando por anos afora até serem postos à disposição dos Fellows por um preço muito menor do que o seu valor de mercado. Cheguei lá em 1969, logo depois dos *événements de mai* a que assisti em Paris e que me fizeram descobrir minha vocação de pária intelectual. A longa marcha estava prosseguindo aceleradamente pelas instituições; tinha-se conseguido que Marx ocupasse um espaço bem maior no currículo e a única coisa boa que restava na vida da faculdade, até onde eu podia ver, eram as adegas – embora também estas estivessem ameaçadas –, tendo a responsabilidade da de Peterhouse sido entregue a um dinâmico esquerdista americano que estava rapidamente leiloando aqueles símbolos do privilégio de classe e da decadência capitalista.

No final do meu primeiro ano em Peterhouse outro pária foi admitido como Fellow. Chamava-se David Watkin, um historiador de arquitetura notório por seu hábito de usar camisa social e gravata; falava-se que ele era um reacionário diabólico, um inimigo do progresso social e das luzes que faria o possível para frustrar as ambições dos Fellows empenhados em enfrentar os desafios educacionais do século XX. Essa descrição despertou em mim tanta simpatia pelo dr. Watkin que imediatamente fui visitá-lo nas salas que ele recebera no St. Peter's Terrace, próximas às minhas. Fiquei perplexo ao descobrir que ele já havia transformado o domicílio diurno do sombrio lente que o ocupara anteriormente nas salas de um cavalheiro da Regência, com mobília, quadros e ornamentos que poderiam ter sido salvos de uma grande propriedade rural e de uma grande calamidade. O conjunto tinha o aspecto de alguém que caíra das alturas da riqueza herdada e lutava para se manter em declínio elegante.

Essa impressão foi reforçada com a presença do meu terceiro sacerdote de Baco, o ex-capelão católico da universidade, monsenhor Gilbey, meticulosamente vestido no estilo de um clérigo anglicano da época de Jane Austen, inclinado para a frente numa poltrona como se interrompido durante uma confissão. O dr. Watkin estava vestido com um terno de três peças e camisa de colarinho engomado, do qual seu pescoço fino subia como uma coluna aflautada; quando me apresentei, a severidade dórica de seu rosto transformou-se num débil sorriso jônico.

Em seguida fui apresentado ao monsenhor, que limitou seu julgamento desfavorável sobre minha indumentária boêmia a uma rápida olhadela e depois se levantou para me conduzir pela mão, como se recebesse o Filho Pródigo. Com frases que lembravam a prosa de Ronald Firbank, os dois começaram a fazer insinuações sobre a chocante natureza da nova vizinhança do dr. Watkin, e esse diálogo, no qual fui incluído como uma audiência simpática, poderia ter sido interpretado por dois atores sem trabalho consolando-se mutuamente com seus papéis prediletos de Noel Coward.

Quando os conheci melhor, passei a ver os dois como rematados atores, que tinham escolhido seus papéis e optado por ser meticulosamente fiéis a eles. Isso não implica uma crítica. Pelo contrário, é um testemunho da sua grande força de caráter, que, conhecendo o caos moral e estético do mundo em que nasceram, ambos reconheceram haver apenas uma resposta honesta a ele, que é viver a vida como um exemplo. É isso que Alfred Gilbey era para David Watkin; e é isso que David Watkin tem sido para mim. À medida que o conhecia melhor e que o sorriso com que ele me saudava foi passando daquela tenuidade jônica original para uma alegria positivamente coríntia, senti inicialmente uma admiração e depois um deslumbramento pelo fato de uma pessoa poder viver como David vivia, com sua sensibilidade profundamente romântica confinada num papel dramático dedicado à ideia clássica. Ele tinha absorvido essa ideia do monsenhor, que ensinava que o caos está à nossa volta e que nosso maior dever é impor sobre o mesmo toda ordem – espiritual, moral, estética – que ele puder suportar. A alternativa à ordem não é a liberdade, que é uma forma de ordem e seu objetivo mais elevado, mas sim a desordem, a aleatoriedade e a decadência. Essa era uma ideia a que também eu havia chegado, mas nas ruas de Paris em

1968 – cheias de fumaça e de cacos de vidro –, e não numa mansão no campo – hoje uma área pertencente ao município –, que era onde o monsenhor tinha sido criado e onde fizera essa reflexão. Quando David e eu nos sentávamos – o que acontecia com frequência a partir de então – com uma garrafa de Clarete, era para beber à divina ordem que se lançava da garrafa e para lamentar o caos em redor. A sala de David era um refúgio do mundo moderno; e nenhum refúgio, acreditava ele, está completo sem o Clarete: um teorema que ele demonstrava de forma conclusiva, e incontáveis vezes, a partir das premissas fornecidas pela adega de Peterhouse, que incluía um sublime Château Palmer 1962, um Château Léoville-Lascases do mesmo ano e um Grands Échézeaux 1961 que David só bebia quando não tinha um Clarete para oferecer, pois achava que um cavalheiro não bebe vinho da Borgonha depois do jantar.

David era um dos muitos amigos que fiz no curto período em que fui lente. Contudo, em todos os aspectos pertinentes à vida de lente eu era anormal: direitista, proletário e heterossexual. Qualquer um desses defeitos teria despertado suspeitas, mas apresentar todos eles indicava uma desconsideração irresponsável pelo decoro. Fui para Londres assim que pude, levando comigo algumas caixas de Clarete de 1961. Mantive contato com monsenhor Gilbey e de vez em quando jantava com ele. E sob a sua orientação, meu conhecimento do vinho deu outro grande salto.

Embora o monsenhor fosse um sacerdote de Baco, era também apóstolo de Cristo e devoto da ordem em todas as suas formas. Passava menos tempo sentado à sua mesa especial do que ajoelhado em sua capela particular (ambas situadas, aliás, no Travellers' Club em Pall Mall). Convencido de que ofender faz parte da natureza da verdade, ele frequentava um pequeno e fascinado círculo de católicos não conformistas, firme na crença de que "na casa de meu Pai há muitas moradas", de tal forma que, afinal de contas, a morte não seria uma infelicidade social.

Ele observava que dois sons, acima de tudo, prendem-nos a este vale de lágrimas: o grito dos bigles ao sentirem um cheiro intenso e o murmúrio do Clarete saído da garrafa. Ele era tão avesso à música quanto era politicamente incorreto, mas tinha razão quanto ao Clarete. A forma da garrafa associa-se à textura do vinho para produzir um borbulhar sibilante, algo entre um sussurro e um beijo. Talvez isso justifique o nome inglês do Clarete, justaposto aos vinhos da Gasconha quando esta era a região mais alegre da Inglaterra e quando somente o *clairet* vermelho-claro era embarcado. Sem o detalhe do ruído o nome seria estranho.

Gilbey afirmava que de preferência o Clarete deve ser bebido depois de uma refeição. O vinho precisa cair num estômago cheio e subir novamente como discurso. Essa ideia tem sua origem no banquete dos gregos, a quem devemos o provérbio *oinos kai aletheia*, vinho e verdade, que se tornou *in vino veritas* quando os romanos assumiram o poder. Para mim o Clarete ainda tem essa aura, de um vinho que não deve ser só bebido, mas também meditado, e sempre em boa companhia – o que evidentemente não nos impede de fruí-lo sozinhos, se nossa própria companhia atinge o padrão requintado (depois de uma ou duas taças eu acho que a minha atinge).

A família Gilbey é famosa pelo seu gim, mas eles também têm o Château Loudenne, uma propriedade burguesa do Médoc adquirida em 1875, poucos anos depois que a família Rothschild comprou o Château Lafite e poucos anos antes de toda a região ser devastada pela filoxera. O monsenhor, ao dedicar toda a sua vida a Cristo, nunca duvidara que sua alma também tivesse melhorado com o Clarete e com o diálogo civil que este induz em seus devotos. Assim, seu segundo sacerdócio harmonizava-se com o primeiro. Ele sabia exatamente como escolher numa lista de vinhos o Clarete despretensioso que, como o seu próprio Loudenne, não faria para si próprio, no rótulo ou no vidro, reivindicações jactanciosas; que não indicaria a riqueza do comprador nem a ignorância do convidado, e que subiria na taça com aquele sabor fresco e discurso sorridente que nunca é mais evidente do que nos melhores *crus bourgeois* – não somente o Loudenne, mas o excelente Château Villegeorge ou o robusto Château Potensac, com suas *appellations* simples do Médoc e Haut-Médoc. Gilbey ensinava que é no panorama íntimo criado por esses Claretes modestos que muito frequentemente a alma de quem os bebe se encontra com a alma da bebida. São vinhos que conversam, vinhos que devem ser ouvidos; e eles forneciam o "terceiro que caminhava ao nosso lado" quando o monsenhor me explicava as ortodoxias da fé católica e as hierarquias que, na sua visão beatífica, elas pareciam exigir de nós. Eu não concordava com o que ele dizia, mas muito mais tarde escrevi em *Gentle Regrets* [Suaves tristezas] sobre o seu caráter e a sua filosofia, rememorando com gratidão e afeição um homem que, no caminho estreito demarcado para ele, sempre avançou, com os olhos brilhantes fixos no horizonte onde estava o Salvador.

    Dos Claretes de 1961 que levei comigo para Londres bebi apenas uma garrafa. Quando meu casamento se desfez, eles me acompanharam – meu único capital – até um apartamento em Notting Hill, onde foram guardados na adega úmida sob a rua. Os rótulos desgrudaram-se, e assim foi impossível leiloá-los quando o divórcio e os impostos exigiam isso. Felizmente, contudo, uma boa amiga e colega que amava o Borgonha branco, Antonia Fraser, estava na época iniciando seu futuro marido

Harold Pinter na liturgia superior de Baco. Ela foi hábil o suficiente para convencer Harold de que nenhuma adega estaria completa sem um estoque de Claretes de 1961, mesmo se a identidade deles tivesse de ter como garantia apenas a palavra de um filósofo nada confiável. Harold comprou-os e generosamente me convidou para compartilhar a primeira garrafa, um Croizet-Bages. Sentamo-nos juntos durante uma hora, dos dois lados da única coisa sobre a qual concordávamos, o pensamento fixo no líquido divino em que ocultávamos nosso sorriso constrangido.

Contudo, um tesouro dos meus anos de Cambridge permaneceu comigo. De alguma forma eu consegui adquirir uma garrafa de Château Lafite 1945 – o melhor ano do mais magnífico dos Claretes. Achei-o bom demais para compartilhar, salvo se fosse com aquela pessoa especial que eu não encontrava, e bom demais para beber sozinho, salvo se fosse para assinalar um recomeço, uma ruptura do estado em que tudo se encontrava – coisa que eu quase não podia esperar perceber antes que já se tivesse passado. Assim, a garrafa acompanhou-me como um talismã durante os turbilhões da vida. Eu desmoronava frequentemente e bebia muito. Mas a certa altura comecei a subida constante que exponho em *On Hunting* [Sobre a caça] – a subida que me levou da minha posição inicial, como um arrogante proscrito de uma universidade cujo nome desonrei, até meu destino final como um contrito e medíocre seguidor de cães de caça à raposa. Ouvi falar de uma minúscula fazenda de criação de carneiros em Wiltshire que fora posta à venda. Estávamos no outono quando a visitei. A proprietária, uma mulher com rosto suave e comportamento tranquilo, estava sentada diante da lareira, onde cuidava das jarras de um galão postas junto ao fogão de ferro batido. Eu ouvi as borbulhas dançando nas válvulas e observei as poças formadas nos azulejos. Tinha chegado a casa.

Um mês depois a fazenda era minha, e comemorei a sorte inesperada sentando-me sozinho para beber o meu tesouro, olhando aturdido para um pasto antigo na direção de Sam, o Cavalo, o único ser cujas opiniões eram confiavelmente mais conservadoras que as minhas.

É inútil tentar descrever o sabor do Lafite. Seu efeito no nariz, na língua e no palato não pode ser expresso em palavras, e tampouco devemos considerar com outro sentimento além do desprezo o novo hábito, demonstrado pelos críticos de vinho americanos como Robert Parker, de atribuir pontos a cada garrafa como se fosse uma corrida a vencer. Atribuir pontos a um Clarete é o mesmo que atribuir pontos a sinfonias – como se a sétima de Beethoven, a sexta de Tchaikovsky, a número 39 de Mozart e a oitava de Bruckner estivessem todas pairando entre o 90 e o 95. Assim, quero concluir este pequeno resumo do meu aprendizado expondo as razões verdadeiras de minha estima por aquela garrafa de Lafite 45. Além de não ter preço e ser insubstituível, de modo que a desarrolhar era o adeus final a um caminho equivocado, ela me incentivou a ordenar e expandir meus pensamentos, a levar as coisas suavemente e na sequência adequada, a olhar em retrospecto para os meus erros com espírito de perdão e a encarar o futuro sem a ideia de sucesso. O vinho catalisou esses pensamentos, mas não os causou, pois eles se originaram em mim e em tudo o que até então eu vinha retendo e me proibindo, para tomar forma como *Selbstbestimmung*. Percebi então que ao darmos nós recebemos, e que a minha boa sorte estaria incompleta se não fosse compartilhada. Eu precisava afastar de mim a mesquinhez e o ressentimento, e contar minhas bênçãos, cujo sabor era destilado na taça na qual bebericava. Então me permiti voltar os pensamentos até além dos anos de tola autoafirmação, até as noites de paz e penúria, quando as moscas-das-frutas ficavam suspensas sobre as jarras e minha mãe se ocupava com os pequenos rituais do lar. Alguma surpresa pelo fato de, com a mente assim suavizada, eu logo ter encontrado a pessoa especial com quem aquela garrafa poderia ter sido compartilhada?

3
LE TOUR DE FRANCE

A antiga ideia da felicidade como subproduto da Virtude e esta como suspensa pelas quatro "dobradiças" da Coragem, Temperança, Prudência e Justiça não esgota os preceitos da moralidade. Mostra como deveríamos cuidar de nós mesmos e dos outros, mas não nos mostra como cuidarmos do mundo. Descobrindo a extensão de nossa transgressão da ordem social, ficamos cara a cara com o categórico imperativo de viver de outro modo. A mensagem que Rilke leu no torso sem cabeça e sem pernas de uma estátua antiga de Apolo nós lemos hoje em todas as porções da nossa Terra mutilada: *você precisa mudar sua vida*.

Para fazer isso deveríamos seguir o exemplo dado pelo movimento Slow Food na Itália e pela indústria vinícola da França: em tudo que é necessário para a vida humana devemos defender o local sobre o global; e em tudo o que é supérfluo devemos conceder ao global o desfrute do seu triunfo vazio. Embora a globalização dos luxos vá solapar o valor destes, a globalização da comida e da bebida irá solapar todo o resto. A defesa dessa proposta tem sido feita com tanto vigor nos últimos anos que me surpreende encontrar até hoje políticos, economistas, apologistas da OMC, eurofanáticos e outros inescrupulosos otimistas capazes de desprezar a ideia. Podemos não concordar com George Monbiot, para quem a globalização só pode ser controlada pela democracia global.[3] Mas certamente precisamos admitir a premissa que é o ponto de partida desse argumento: a de que nossos recursos humanos locais – materiais, geográficos, sociais e espirituais – estão sendo esgotados por processos que não têm necessidade de responder pelo dano que causam e nem capacidade de repará-lo.

Dizer isso não significa endossar a opinião dos lamentosos, que culpam o consumo humano pelo aquecimento global e usam isso para mortificar nossos prazeres. Não sei se eles estão certos; mas eles tampouco sabem: se realmente soubessem, falariam a linguagem da ciência e não a da religião milenarista. Ao contrário dos ecolamentadores, eu não me oponho às viagens por causa da energia que elas consomem. Oponho-me às viagens em que as pessoas vagam por lugares aos quais não pertencem, perturbando quem ali se estabeleceu e dispersando o capital espiritual armazenado em todos os locais onde se investiu amor.

Descobri que em torno de Malmesbury ainda existe uma economia local de alimentos. Isso ocorre porque os proprietários rurais vivem à base do escambo e podem ignorar as leis que lhes dizem para não vender leite não pasteurizado, ovos sem o devido selo, porcos abatidos em casa ou frangos recém-estrangulados. Quando se trata de vinho local, contudo, o regime de regulações insanas começa a morder. Um empresário, meu vizinho, plantou vinhas em Noah's Ark, onde produziu Riesling, Scheurebe e variedades similares. Ele trabalhou séria e cientificamente e chamou seu produto de "Cloud Nine", em home-

---

3. MONBIOT, George. *A era do consenso.* Rio de Janeiro: Record, 2004.

nagem aos corvos, nono par de criaturas que entrou na Arca de Noé, que tagarelavam satisfeitos nas nuvens em torno do mastro. E meu vizinho orgulhosamente pôs seu produto à venda como "Vinho de Mesa Inglês". Uma diretriz europeia orientou-o a despejar o vinho pelo ralo ou se arriscar a ser processado.

A palavra transgressora não era "mesa" nem "vinho, mas sim "inglês". Essa garrafa pretendia ser de um lugar não reconhecido pelos nossos governantes; a localidade que me moldou, objeto das minhas ligações viscerais e matéria das minhas lembranças coletivas. Do mesmo modo como não se deve permitir aos ingleses o seu próprio Parlamento, a sua própria lei ou a sua própria pátria histórica, assim também eles não devem receber permissão para ter o seu próprio vinho. Claro, o Reino Unido ainda é reconhecido – o termo soa ascético, burocrático; não é um lugar e sim um conceito, e compartilha com o poder governante uma Constituição. Oficialmente, contudo, não existe essa região chamada Inglaterra, e comete um crime quem orgulhosamente se expõe mostrando que agora os ingleses podem fabricar vinho, como acontecia na época saxônica, e anunciando no rótulo essa façanha.

George Monbiot não se preocuparia com isso, já que vê as lealdades nacionais como um obstáculo para a democracia que se propõe resgatar nosso direito inato dos predadores. Vejo de outro modo a diretriz da União Europeia: como um convite para reassumir a soberania inglesa sobre a Gasconha e vender o vinho inglês que Chaucer vendia, produzido às margens do Gironde.

Para mim, portanto, a retidão ideológica coincide com o gosto pessoal. Posso defender o local contra o global explorando, na minha taça, o país que adotei como lar espiritual. Posso tratar com desconfiança essas garrafas globe-trotters que estampam o nome de variedades de uva e rumar para as aldeias e vinhas da França, que se recusam a ser tudo menos um lugar venerado num nome.

Antes de beber a França na Inglaterra, contudo, eu viajava para lá – sendo caros demais para um estudante todos os outros meios de desfrutar o país. Paris ficava a um longo dia de viagem por trem ou navio. Naqueles tempos ninguém pensava no meio ambiente como vítima de agressão: as pessoas estavam muito ocupadas considerando que a vítima de agressão era a *classe ouvrière* e fermentando a vingança contra o opressor burguês. A lenta viagem para Paris, recompensada na Gare du Nord com um kir sorvido na mesa de um café, bastava como prova de distância; nos lugares que conheci não se falava nenhum idioma além do francês, e somente em um ou dois *quartiers arabes* se tinha uma premonição da desintegração a que assistimos hoje. No entanto a França estava com problemas. Aqueles que falavam em favor da sua cultura e identidade eram difamados como "racistas", "fascistas" e *poujadistes*. Sartre ocupava-se escrevendo seu veneno antiburguês na *Nouvelle revue française*, Foucault não tardaria a publicar As *palavras e as coisas* e 68 pairava no ar como "a brisa de outros planetas". Logo depois a França iria afundar, enquanto os filhos da elite agarravam sua herança e a levavam para a casa de penhores.

Naquela época de transição, eu me sentava frequentemente sob o teto de um prédio secular na Rue de Bérite observando os antiquários à minha volta enquanto a disposição de ânimo rebelde se intensificava. De tempos em tempos visitava Desmond, mas já não dependia da sua hospitalidade, pois havia construído um mundo próprio nas margens daquela destrutiva sociedade estudantil que Louis Pauwels descreveu tão brilhantemente em *Les orphelins* [Os órfãos], seu magnífico romance sobre

1968. Cerquei-me de literatura da verdadeira França; esforcei-me para me aproximar da Igreja Católica e de seus rituais agonizantes; preparava refeições autenticamente francesas no pequeno fogão sob a janela; e quando podia pagar, ia ao Nicolas comprar uma garrafa para levar comigo em viagens a lugares da França a que a minha velha lambreta jamais havia chegado. Pensando retrospectivamente nisso, e com um pouco de censura, posso muito bem dizer com T. S. Matthews: "Naquele anoitecer era uma bênção estar vivo".

Quando Desmond despejou minha primeira taça de Puligny-Montrachet, ele escancarou a porta que fora destrancada pelo Trotanoy libertado de sua mão adormecida. Naquele momento eu soube que a França não era uma entidade política – ou era isso apenas superficialmente. Como na conhecida frase de Charles Maurras, o *pays réel* e o *pays légal* estavam em conflito.[4] E para mim o *pays réel* é uma coisa do espírito. A minúscula vinha de Le Montrachet estende-se entre as comunas de Chassagne e Puligny e produz com a uva Chardonnay um vinho igualado apenas pelas vinhas adjacentes de Chevalier-Montrachet e Bâtard-Montrachet. Os materialistas, os enólogos e os enófilos têm uma explicação para isso: um pequeno afloramento de calcário do Batoniano projeta-se pela marga da região, penetrando no solo arável logo abaixo dessas vinhas. Mas esse fato, recentemente descoberto, tem pouca importância real. Uma

---

4. Veja: MAURRAS, Charles. *Mes idées politiques*. Paris, 1937. Como principal força intelectual por trás do nacionalismo francês entre as duas guerras e como simpatizante do governo de Vichy, que não se preocupou em ocultar seu antissemitismo, Maurras foi banido do registro de pensadores legitimados, algo que é justo para um autor maluco, vingativo, malevolente e de direita como ele, mas infelizmente nunca acontece com um autor maluco, vingativo, malevolente e de esquerda como Sartre. Veja o Apêndice.

vinha notável é uma façanha cultural que não está disponível para protestantes, ateus ou devotos do progresso, pois depende da sobrevivência de deuses locais. Um dos benefícios mais magníficos concedidos à França pela Igreja Católica é ter oferecido asilo aos deuses maltratados da Antiguidade, vestindo-os com roupas de santos e mártires e confortando-os com a bebida que em tempos imemoriais eles haviam trazido do céu para todos nós. Em poucas palavras, essa é a razão pela qual os vinhos franceses são os melhores.

Cada acre de solo de Puligny tem uma proteção própria, uma palha de história que o fertiliza; nela santos e pecadores conspiraram para consagrar a uva. Não é preciso recorrer a um Montrachet ou um Chevalier-Montrachet para comprovar isso. Recentemente eu explorei a aldeia de Puligny numa taça. E embora nunca tenha posto os pés lá, posso perfeitamente dizer que conheço cada acre daquele solo. Uso obstinadamente essa medida prestes a ser tornada ilegal pelos Comissários Europeus que têm no coração a morte da Europa, porque ela descreve o *terroir réel* que está sob o *territoire légal* dos burocratas.

Isso me leva de volta à disputa entre os *terroiristes*, para quem o vinho deve ser entendido como uma "expressão" do solo, e os *garagistes*, para os quais é a uva, e não o solo, o que importa – uma disputa recentemente popularizada no filme *Mondovino*, de Jonathan Nossiter. Como discutirei mais adiante, essa não é uma disputa que pode ser facilmente resolvida. O que lemos num vinho, à guisa de significado, não é determinado por um "aspecto": não é como a história contada numa imagem, que está claramente ali no que vemos. Nem tampouco ela é evidentemente separável das nossas consecuções culturais. Esse primeiro contato cara a cara com o solo de Trotanoy não ocorre sem uma preparação. A educação que me tornou possível essa experiência foi proporcionada por Balzac e

Flaubert, pelas aldeias em torno de Fontainebleau, pelos prelúdios de Debussy e pela música composta por Berlioz sobre versos de Gautier. E obviamente por Proust. O que quer que viesse a sentir na taça, eu sabia antecipadamente que seria uma parte da França – a França que já era o meu lar espiritual e à qual uma parte de mim pertenceu a partir de então, embora sendo uma França hoje enterrada sob um *pays légal* multicultural.

Isso mostra que não só é exagero, mas sobretudo enganoso descrever um vinho como uma expressão do solo. Ele está para o solo assim como a agulha de uma igreja está para a aldeia sob ela: um *lançar-se na direção* de um significado que o objeto só adquire se temos a cultura e a fé para lhe conferir. Essa é uma razão pela qual as degustações às cegas são tão enganosas: não é o sabor, considerado em si mesmo, que conservamos nos lábios; é impossível conhecer as virtudes de um vinho por meio de uma degustação às cegas tanto quanto é possível conhecer as virtudes de uma mulher beijando-a com os olhos vendados. Minha avaliação dos vinhos da França não deve, portanto, ser considerada definitivamente recusada apenas porque as degustações às cegas deixaram tantas vezes para trás os vinhos da França.

Trinta anos atrás, Steven Spurrier, um negociante de vinhos inglês, apresentou numa degustação às cegas em Paris os vinhos da Califórnia ao lado dos clássicos franceses. Os especialistas franceses ficaram horrorizados ao ver que tinham preferido os invasores americanos. Uma juíza pediu que devolvessem os cartões com as suas notas; outros alegaram que o sr. Spurrier havia organizado a degustação de forma a influir no seu resultado. Durante algum tempo ele foi persona non grata nas vinhas francesas. Contudo há um desfecho revelador nessa história. O trigésimo aniversário desse acontecimento foi comemorado recentemente com reprises da degustação às cegas.

Três dos produtores franceses originais, liderados por Paul Pontallier, da Château Margaux, recusaram-se a participar. Tampouco na Califórnia houve júbilo geral pelo aniversário: James Barrett, o proprietário do Chardonnay vencedor, tinha brigado com seu enólogo, um croata mal-humorado chamado Grgich que se tornara um concorrente. Barrett e Grgich não podiam ser convidados para o mesmo lugar e se referiam um ao outro com tal *ressentiment* que teriam confirmado a opinião de Nietzsche sobre a cultura democrática. Na verdade o episódio inteiro foi uma lição de ressentimento e prova do orgulho pecaminoso da natureza humana.[5]

Hoje me parece que o melhor de todos os remédios para o orgulho é o vinho, e estranha-me muito o fato de ele não ter sido eficaz com os senhores Pontallier, Barrett e Grgich – certamente uma prova de que lhes faltava o que se exige para a compreensão do verdadeiro significado do produto. Depois de uma taça ou duas eu me sinto capaz de fazer o que todos nós devíamos fazer, mas somos proibidos pelo orgulho: rejubilar-me com o sucesso dos meus rivais. Afinal de contas um mundo que contém sucesso é melhor do que um mundo sem ele, e sob a influência do vinho todo sucesso inspira apreço em quem o bebe. O vinho oferece um vislumbre do mundo *sub specie aeternitatis*, em que as boas coisas mostram seu valor, independentemente da pessoa que as revela.

Uma dessas boas coisas é a história. As degustações às cegas supõem que o vinho se dirige unicamente aos sentidos e que o conhecimento não tem nenhum papel na sua apreciação. Pensar que se pode julgar um vinho apenas pelo seu sabor e aroma é como pensar que se

---

5. A história é narrada em TABER, George M. *O julgamento de Paris*. Rio de Janeiro: Campus, 2006. Veja também o Apêndice, em "Strauss".

pode julgar um poema chinês pelo seu som, sem entender o idioma. E do mesmo modo que as palavras soam diferentemente para quem conhece seu significado, assim também os vinhos têm um sabor diferente para quem pode remetê-los a um tempo e lugar. O Cabernet Sauvignon que levou o Mouton-Rothschild para o segundo lugar em 1976 foi o "Stag's Leap", feito por um certo Winiarski com uvas jovens da vinha de um produtor de vinhos estabelecido em 1972, num estado cuja indústria vinícola foi inventada no século XIX por um suposto conde húngaro. Pondere cuidadosamente todas essas questões e você irá aprovar o mote que adornava as garrafas de Mouton antes de ele ter sido reclassificado como um *premier cru: "premier ne puis, seconde ne daigne, Mouton suis"*. Esse mote, uma adaptação do que era adotado pelos orgulhosos duques de Rohan (*Roi ne puis, prince ne daigne, Rohan suis*), capta esse atributo esquivo conhecido como melhoramento genético – um atributo que se relaciona pouco com a ancestralidade e muito mais com a cultura, o assentamento e a *pietas*.

Minha defesa do *terroir*, em outras palavras, não é apenas uma referência àquele afloramento de calcário do Batoniano sob a marga de Le Montrachet. Ela inclui o ducado da Borgonha como uma ideia moral; inclui o nome latino de Puliagnicus e o outro nome, Montrachet, e os muitos nomes em torno dele – Les Chalumeaux, Les Referts, le Clos des Meix, Les Folatières –, nomes que não foram tanto concedidos quanto descobertos no longo embate entre homem e solo; inclui os séculos de viticultura sob a vigilância zelosa da abadia cisterciense de Maizières; inclui as vinhas, com seus muros secos de pedra e seus portões de madeira, e o platô de Mont Rachet, que capta todas as mínimas frações de luz solar, da aurora ao crepúsculo. Tudo isso e mais ainda entra naquele vinho, que, na opinião de Alexandre Dumas, deve-se beber ajoelhado, com a cabeça descoberta em reverência – um vinho que é a própria destilação da Virtude que os gregos chamavam de *aidōs*, o reconhecimento sincero de que a importância do outro é maior do que a de si próprio.

Os visitantes da Borgonha (inclusive aqueles como eu, que visitam a região apenas através da taça) ficarão encantados com as cidades e aldeias medievais e com os mosteiros e igrejas cujas sombras caem sobre a terra como uma bênção. Sentirão à sua volta a história e a religião que converteu os duques da Borgonha em notáveis potentados medievais, e saberão que esse solo é santificado: durante séculos abençoaram-no, adularam-no e por ele oraram, tendo sido muitas das vinhas trabalhadas por monges para quem o vinho não era apenas uma bebida, mas também um sacramento. A Borgonha foi por muitos séculos o núcleo da missão cristã na Europa, com a Ordem Beneditina centralizada em Cluny e a cisterciense em Cîteaux e Clairvaux. Mesmo nos dias de hoje, um tempo de ceticismo, para os borgonheses a sua vinha é algo mais espiritual do que vegetal e seu solo é mais céu do que terra.

O ativo envolvimento da Igreja no replantio e recuperação das antigas vinhas romanas coincidiu com o interesse financeiro dos governantes da Borgonha. No século XV, o duque Felipe, o Audaz, fez do Borgonha tinto um artigo de luxo, banindo a "traiçoeira" uva Gamay e proibindo tudo o que não fosse Pinot Noir. Protegeu com tanto rigor a reputação das vinhas borgonhesas que sua própria mulher, Marguerite, duquesa de Flandres, não tinha o direito de pôr nos tonéis de sua vinha particular o cobiçado "B". Um século depois, o duque Felipe, o Bom, deu um passo igualmente importante ao proibir seus súditos de plantarem vinhas nos vales, confinando-as na Côte d'Or e na Côte Chalonnaise, onde o sol é bastante atenuado, como exige o seu cultivo. Foi o coletor de impostos de Felipe, Nicolas Rolin, quem – tendo empobrecido os borgonheses durante toda a sua vida – ao morrer criou o famoso Hospice de Beaune, dotando-o de vinhas cujo produto é leiloado na Prefeitura de Beaune a cada safra. Esse leilão é também um festival, durante o qual os borgonheses renovam a ligação que têm com sua história, seu produto e seus santos. O visitante do festival convence-se de que o vinho da Borgonha não é uma bebida, mas sim uma cultura, e uma cultura que se renova a cada ano, como Dioniso, o deus do vinho.

Com a Revolução extinguiu-se o controle que a Igreja exercia sobre o panorama geral e os priorados foram abandonados, ficando suas terras com a burguesia local e os camponeses. Depois as leis napoleônicas sobre heranças passaram a vigorar, e com isso a cada morte os *terroirs* eram divididos. Minúsculos trechos de terra adjacentes podiam ser trabalhados por vizinhos, que em seu cultivo evitavam imitar uns aos outros, e hoje os 125 acres do Clos de Vougeot estão divididos entre oitenta proprietários. Na verdade, os grandes *negociants* estão ocupando espaço no comércio vinícola e muitas propriedades se tornaram "sociedades anônimas". Mas a maioria das vinhas não é absolutamente anônima; famílias do lugar – muitas delas de origem camponesa e todas orgulhosas das tradições vitícolas que as distinguem – são suas proprietárias e trabalham-nas. Assim, eu não tenho conhecimento de nenhum vinho que abranja tantas variedades de sabor quanto o tinto da Borgonha – tantas variedades, na verdade, que é difícil acreditar na existência de um único tipo de uva na região. Para apreciar o vinho da Borgonha como ele realmente é, deve-se deixá-lo amadurecer por pelo menos cinco anos, depois dos quais ocorre na garrafa uma estranha transformação. A uva retira-se aos poucos, deixando inicialmente, em primeiro plano, a aldeia, depois a vinha e por fim o próprio solo. Associações históricas ganham vida como sabores e aromas, atributos ancestrais surgem como características submersas de família e o nariz do Borgonha, tão característico quanto o nariz de Cleópatra, instala-se na borda da taça como um deus guardião. O aroma do Borgonha velho é o do composto de folhas que apodrecem lentamente numa sepultura: uma fermentação suave, doce, almiscarada, último sopro de vida do pecador que sob ele jaz se decompondo.

A coisa mais importante a lembrar quando se explora o Borgonha é que o mundo está cheio de pessoas muito ricas e muito idiotas, de quem se pode esperar o gasto de quantias de dinheiro quase ilimitadas em produtos sobre os quais elas não sabem nada além do fato de que outras pessoas igualmente ricas e idiotas estão gastando com eles quantias de dinheiro ilimitadas. Essas pessoas são extremamente úteis para nós, pois fazem o conhecimento se valorizar muito. Assim você pode saber imediatamente que não poderá pagar um Le Montrachet, mas que talvez valha a pena visitar o lugar ao lado.

Tome por exemplo a famosa colina de Corton, onde se cultiva outro branco da Borgonha verdadeiramente magnífico, o famoso Corton-Charlemagne, que nem você e nem eu podemos comprar. A colina fica entre Aloxe-Corton e Pernand-Vergelesses. Esses nomes nos dizem que Le Corton é a vinha mais famosa de Aloxe e a Île des Vergelesses é a mais famosa (e, no entanto, quase desconhecida) de Pernand. Le Charlemagne (uma vinha dada pelo imperador Carlos Magno ao abade de Saulieu em 775) situa-se num declive favorável da colina de Corton que não está acima de Aloxe, mas está acima de Pernand. A Île des Vergelesses fica abaixo dela, plantada com Pinot Noir. Entre as duas, contudo, fica uma vinha minúscula chamada Les Noirets, que não é nem um *grand cru* como Le Charlemagne, nem um *premier cru* como o Île des Vergelesses, mas um simples vinho de comuna de Pernand feito com Chardonnay, de aromas finos e limpos e riqueza profunda no sabor de nozes, características fundamentais de um Borgonha branco nobre. Poucos dentre os que pagam uma fortuna por uma garrafa de Corton-Charlemagne ouviram alguma vez falar de Pernand-Vergelesses e sabem menos ainda sobre Les Noirets. Lamento muito estar dizendo-lhe isso. Mas qual seria o sentido deste capítulo se eu não dissesse?

A fermentação dá-se por estágios, alguns rápidos e outros lentos, e cada um com seus subprodutos específicos. Dois estágios são particularmente importantes no caso dos vinhos brancos – o málico e o lático. Os ácidos málicos (do latim "*malus*", maçã) transmitem frescor, ao passo que os ácidos láticos (do grego "*laktos*", leite) transmitem uma característica mais amanteigada. A arte é não passar da medida – uma arte praticada na Borgonha, mas negligenciada em quase todos os demais lugares, embora não o seja, é preciso fazer justiça, nas melhores vinícolas da Califórnia. Os mais notáveis brancos da Borgonha têm toda a frescura e acidez da primeira fermentação, harmonizada por toques de trompa suaves e profundos do tonel.

Isso não significa que devamos ignorar os vinhos mais verdes nos quais o frescor da uva ainda vive, chegando a tinir. O mais famoso dentre eles tem a sua própria *appellation*: Chablis, uma região ao norte da Côte de Nuits e cujo vinho é um Borgonha apenas no nome. Mesmo quando amadurecido em velhos tonéis de carvalho, o Chablis assemelha-se ao vidro, através do qual os minerais brilhantes da marga e do calcário jurássicos luzem como seixos polidos num riacho. Não há vinho melhor para acompanhar mariscos ou frango ao molho branco, ou os trios de Haydn. Mas o melhor acompanhamento para o Chablis é mais Chablis, sorvido tranquilamente à escrivaninha enquanto anoitece.

O Chablis tende a ocupar a extremidade málica do espectro do Chardonnay, mas, ao contrário de outros vinhos que têm o mesmo travo, associa a pureza absoluta a uma personalidade rica e cheia de sombras, como a de Emma de Jane Austen. O que se passa com esse vinho é um pouco o que aconteceu com Emma, cujo amadurecimento se fez esperar: ele deve ficar em repouso durante alguns anos para amadurecer ao ser engarrafado. O vinho apresenta-se em quatro categorias: Petit Chablis, Chablis, *premier cru* e *grand cru*, sendo a última formada por vinhos saborosos e aromáticos da margem direita do Yonne, com grande resistência e que podem levar dez anos ou mais para amadurecer.

Dois brancos da Borgonha que não estão entre os melhores ajudaram meus pensamentos em tempos de transição e merecem ser mencionados aqui, pois ilustram uma verdade que me irá ocupar em capítulos posteriores: a de que aquilo que aprendemos com o vinho também levamos para ele. Aprendi com Michelangelo sobre o páthos do amor materno e a divindade do sofrimento; com Mozart aprendi sobre a esperança que transforma em alegria a mais profunda tristeza; aprendi com Dostoiévski sobre o perdão e como a alma é purificada por ele. Essas dádivas do entendimento me foram concedidas pela arte. Mas o que eu aprendi com o vinho brotou de dentro de mim; a bebida foi o catalisador, mas não a causa, do que passei a saber.

Não muito tempo depois daquela garrafa de Lafite 45 aberta em comemoração, precisei tomar uma decisão importante. Seria acertado eu deixar o cargo de meio período como professor da Universidade de Boston, que me tinha mantido com um dos pés no mundo acadêmico? A pergunta coincidia com uma nova rotina de solidão, na arruinada fazenda de criação de carneiros próxima de Malmesbury, que agora tinha de restaurar. Minha resposta afirmativa atraiu pensamentos que se reuniam como ávidos fantasmas em torno da taça sempre que eu me deliciava – o que acontecia toda noite – com o *premier cru* Montagny que havia descoberto por meio da microempresa familiar Châteaux Wines de Bristol. Esse vinho é feito no Domaine des Moirots, no povoado de Bissey-sous-Cruchaud, e esses nomes me levaram de volta ao meu lar espiritual, distante do meu novo lar na área rural de Wiltshire. Um Moirot é um lugar pantanoso, e esses trechos úmidos em patamares abaixo dos campos são retratados no frescor do vinho, cujas profundidades são frescas e claras. O Domaine des Moirots tem uma fala de alerta como um ponteiro: e ele estava apontando para a solução que eu já havia maquinado no meu coração enquanto observava as vacas ruminarem seu bolo alimentar sob a janela e meditava sobre os erros do passado e as esperanças do futuro. Desde então eu sempre me certifico de que há uma caixa do Domaine des Moirots à minha disposição na adega.

Dez anos depois eu me vi de volta aos Estados Unidos. Minha mulher havia herdado uma casa na praia; nós a vendemos e gastamos o dinheiro comprando uma fazenda na Virgínia. Foi uma decisão maluca, pois a casa – uma mansão do século XVIII – tinha sido abandonada há 25 anos e se erguia ampla, vazia e desmoronando sobre a sua pastagem como um monumento aos confederados mortos. Durante um mês eu me sentava sozinho na cabana adjacente e contemplava aquilo – a mais nova e maior tarefa que eu já me impusera. À noite ouvia os uivos lúgubres dos coiotes e vez por outra o grito do que eu supunha ser um leão da montanha; durante o dia era a vez do pio lamentoso dos urubus que voavam em círculos sobre os restos deixados por esses predadores. O rio Hazel borbulhava sobre pedras no vale e ocasionalmente uma bezerra

Angus preta que pastava por ali apertava o focinho úmido contra a janela e me olhava, curiosa por descobrir vida naquela cabana que ficara vazia durante anos.

Às vezes eu caminhava até o celeiro para observar a coruja branca nos caibros do telhado. Ela me estudava com seu bico solene, ofendida pelo meu jeito indiferente. Quando o sol brilhava, uma marmota vermelha de terra sentava-se no toco que havia diante da escada da cabana; eu abria a porta para vê-la voltar preguiçosamente para a sua toca. Nos regatos do prado encontrei barrigudinhos, rãs, cobras e pitus, enquanto tartarugas gulosas projetavam da carapaça sua cara de Thumbelina, como sacerdotes moralizadores com colarinho de padre. Isso me levou de volta à Inglaterra da minha infância, quando um pote de geleia mergulhado num regato fornecia material para horas de instrução. Eu estava revivendo experiências que quase me esquecera, ouvindo, olhando e de vez em quando assustando-me com as criaturas cujo território compartilhava e que faziam tentativas justas mas ineficazes de me excluir. Comecei a acreditar no futuro que eu havia descuidadamente arrebatado do vasto reservatório de possibilidades.

Nessas estranhas circunstâncias eu tinha de encarar decisões de um tipo inteiramente novo, relativas a uma aventura que, a não ser pela necessidade imperdoável de ser o dono do meu destino, nunca teria sido infligida a pessoas inocentes como minha mulher e meus filhos. Como dar o passo seguinte, como conceber os Estados Unidos como um lar, distante do meu lugar de vida na Inglaterra e do meu lugar de alma na França – essa era a questão que me perturbava. E enquanto isso o que eu poderia beber? Essa segunda pergunta foi respondida quando descobri, na loja de Washington, na Virgínia (não confunda com Washington, DC), um estoque de Marsannay branco.

Situada logo ao sul dos subúrbios de Dijon, Marsannay expandiu-se graças ao comércio dos *grands ordinaires*, reclamado pelas cidades francesas tanto quanto o das *grands horizontales*. Desde 1987, contudo, ela teve a sua própria *appellation*, e é a única registrada para as três cores: tinto, branco e rosé. A cidade também é incomum em outro aspecto: muito poucos vinhos brancos são produzidos na Côte de Nuits, mas o de Marsannay tem, em réplica, as qualidades dos brancos da Côte de Beaune e normalmente é mais barato. O 2001 de Bruno Clair acabou em Little Washington a 18 dólares a garrafa – acessível e também necessário, se eu quisesse dispersar as nuvens que atravessavam a minha mente.

Apenas um refugiado do Chardonnay californiano barato pode apreciar plenamente os méritos do Marsannay branco, que é algo como a sinopse de uma obra-prima, com um apetite aumentado pelo que ele não oferece. Eu o bebi aos golinhos na varanda da casa antiga, olhando para as colinas sobre as quais avançava o outono vermelho--sangue, conquistando árvore após árvore. E do meu cantinho da velha França os contornos dos Estados Unidos destacaram-se subitamente, nítidos e claros. Os Estados Unidos não são, como a Inglaterra e a França se tornaram, um conjunto de instruções. São o subproduto de milhares de decisões tomadas por pessoas que têm liberdade de escolha. Julgadas de uma perspectiva elevada, muitas delas devem ser menos livres do que são. Mas essa é a natureza do lugar. E apenas um tolo ou um fraco recuaria da tomada de decisões num lugar onde nada acontece sem elas. Aquela taça de Marsannay cor de palha apontou para o longo caminho que depois eu tomei, encontrando outro emprego, novos amigos e um novo lar para a minha família numa sociedade onde as pessoas oferecem imediatamente sua afeição e quase nunca são algo a mais do que dão a entender.

Entre Marsannay no alto e Montagny na base, as côtes têm uma profusão de lugares onde se produz alguma versão do refinado vinho branco da Borgonha. Algumas dessas aldeias são muito conhecidas: Auxey-Duresses, St. Romain e St. Aubin, na Côte d'Or, e Rully e Givry, na Côte Chalonnaise. Mas foi a aldeia de Ladoix, quase desconhecida, que primeiro me fez pensar na questão que mais me preocupa hoje, discutida nos capítulos 5 e 8 deste livro: a questão do ser contingente. E no curso da reflexão sobre esse tópico eu recebi ajuda de dois outros lugares, um desconhecido e outro conhecido pelo seu vinho tinto, mas não pelo branco. O lugar quase desconhecido é Maranges, abaixo da Côte d'Or, que não é nem uma aldeia nem um recinto religioso, mas simplesmente uma área pantanosa dentro da qual a energia da produção do vinho da Côte se derramou.

O outro lugar é onde um ouro antigo conservou não somente a sua habitação local como também seu nome. Mercúrio chegou atrasado ao Panteão Romano. Seu nome vem de *"mercari"* – comercializar – e ele era o deus dos comerciantes, representado com os atributos do deus grego Hermes, com quem, contudo, ele se relaciona apenas superficialmente. Havia um templo para Mercúrio na colina de Aventine, e à medida que os romanos se espalharam por Gaul brotaram entre as povoações os templos consagrados aos deuses, lugares de preces aflitas, tão tensos com a cobiça humana e a maldade divina quanto é hoje a bolsa de valores.

Um desses templos deu nome à aldeia na Côte Chalonnaise, que, depois de um breve período de eclipse, é hoje, junto com sua vizinha sob a mesma *appellation*, St. Martin sous Montaigu, um lugar destacado no mapa dos amantes do vinho e fonte do tipo de negócio pelo qual o deus era famoso nos tempos em que ouvia as preces. Dos cerca de 3 milhões de garrafas de Mercurey produzidas anualmente, mais ou menos um décimo são de vinho branco, e aproximadamente um décimo dessas têm o direito de se chamar *"premier cru"*. Mas se seus olhos brilharam ao fitar uma garrafa com esse rótulo, você deve agradecer ao deus dos negócios pela sorte que teve. Com todas as harmonias e aromas de maçã de um verdadeiro Borgonha branco, um Mercurey branco *premier cru* proporcionará, a preço acessível, um acompanhamento perfeito para dificuldades metafísicas.

Enfrentei, nos ermos da Blue Ridge, a solidão primordial banida das cidades americanas e que, sem mostrar sua cara, acossa os gramados bem-aparados que ficam para além das janelas suburbanas. Essa solidão é simplesmente a situação-padrão de uma sociedade em que a liberdade é o princípio dominante. Na França a igualdade e a fraternidade extinguiram a liberdade, e assim a solidão é ali solidão *real*, e não a situação-padrão da qual a pessoa se afasta exercendo sua liberdade de escolha, mas uma situação fora da sociedade, sem os confortos da comunidade, impotente, desamparada e sem recurso. Essa era a minha situação no ano que passei na França, tendo deixado Cambridge para assumir um cargo de *lecteur* no Collège Universitaire at Pau. Eu morava rio Gave de Pau acima, numa sede de fazenda antiga chamada Le Bué – que na língua hoje agonizante de Béarnais equivale a *les brouillards*; na verdade, a casa ficava frequentemente coberta pela névoa e durante dias a fio encharcada pela chuva incessante, quando o inverno chegava. Estava sozinho e sem piano, rádio e vitrola, pois não podia pagar por eles. Tudo o que eu tinha eram algumas partituras: quartetos de Beethoven, óperas de Wagner e lieder de Schubert.

Estando privado da música, no entanto, comecei a pensar nela. Não tardei a me convencer de que não há questão filosófica mais difícil nem mais importante do que a da natureza e significado da música. Tentei pôr minha cabeça a funcionar em torno do problema da expressão: o que significa dizer que uma peça musical expressa dor, como podemos justificar esse julgamento e por que isso é relevante? Debati-me com o conceito de melodia: o que é e por que as melodias permanecem quando o som cessou? E o problema da harmonia: qual é a diferença entre um acorde e uma "simultaneidade"? Quando duas vozes se harmonizam, o resultado são duas coisas juntas ou uma coisa somente? E o problema da profundidade musical: por que dizemos que os últimos quartetos de Beethoven são profundos? O que falta no mundo da pessoa que nunca os ouviu?

Foi com a ajuda do vinho que minha reflexão sobre essas questões deslanchou. Le Bué fica em Côteaux de Jurançon, os incrivelmente belos contrafortes dos Pirineus que começam acima da aldeia de Jurançon, do outro lado do rio quando se vem de Pau, e estendem-se por mais de cinquenta quilômetros até acabarem numa faixa de seixos contra as montanhas. Sobre onda após onda de pasto, surgiam casas de teto largo que se pareciam com barcos de pesca cobertos. Nos raros dias de inverno com tempo bom eu olhava da minha janela para as vinhas em patamares lá embaixo, que sulcavam a encosta com suas pequenas ondas antes de se precipitarem na direção do horizonte e desaparecerem.

A paz chega quando se plantam vinhas e vai embora quando se escava o solo em busca de petróleo. Por isso, a descoberta de petróleo em Côteaux levou embora a tranquilidade do lugar. A fumaça da refinaria de Lacq arruinou nossas vinhas, e em toda a *appellation* somente as extensões mais distantes escaparam. Agora o petróleo acabou e Jurançon está começando a ressurgir como uma excelente região de produção vinícola, com um branco seco feito com a uva local Gros Manseng e um corte de Gros e

Petit Manseng. Esse último deve sua doçura à *passerillage* – ou seja, apertar os talos no final do verão para que as uvas fiquem sem seiva e murchem ao sol – e é incomum por combinar uma doçura saborosa com acidez cortante. Assim, o Jurançon doce pode acompanhar os pratos mais saborosos; na verdade, não existe vinho mais adequado para cortar a gordura de um *confit d'oie*. A população local bebe Jurançon doce na refeição. E quem conhece esse vinho certamente concorda com o julgamento de Colette, que o descreveu como "um deslumbrante príncipe imperial, tão desleal quanto qualquer grande sedutor".

Pau era um centro de humanismo na época da angélica rainha Margarida de Navarra, autora do *Heptameron*, e tornou-se um enclave protestante durante o reinado de Henrique, seu neto. Obrigado a adotar o catolicismo quando se tornou rei da França, Henrique IV emitiu apesar disso o Édito de Nantes, legalizou o calvinismo e criou no seu torrão natal uma espécie de refúgio da excentricidade. Quando a campanha da península de Wellington o levou finalmente a Pau, muitos dos seus temíveis oficiais se sentiram ali suficientemente em casa para se radicar em Côteaux de Jurançon (minha senhoria descendia de um deles). Os personagens de Henry James frequentemente passam parte da sua vida ociosa em Pau, e mesmo na minha época a cidade tinha uma loja inglesa onde duas velhotas vendiam feijões assados Heinz, PG Tips e molho HP em recipientes cujo rótulo quase não tinha cores, tornando-se de um amarelo-pergaminho uniforme. Não me surpreendi ao saber que o prefeito de Pau da época havia decidido, numa reação ao rancor do nosso Parlamento, criar uma matilha de cães de caça à raposa de propriedade do município.

O Jurançon doce foi servido no batizado de Henrique IV e a partir de então esteve presente em todas as cerimônias reais da casa de Navarra; foi também louvado por

Lamartine como um acompanhamento para os pensamentos religiosos. Recentemente procurei um Jurançon doce para emparelhar com as empoeiradas garrafas de 53 e 55 que nas tardes de domingo meu vizinho, o velho senhor Boulet, abria depois do seu cassoulet. Esses xaropes oleosos, acariciadores, com seu aroma carregado de incenso, faziam no espaço de meia hora o monólogo do senhor Boulet passar de um rosnado camponês a um hino de louvor. Desde então nenhum Jurançon se igualou aos dele. Mas foi uma garrafa de 55 seco que me ajudou a ver por que razão eu deveria dedicar-me à filosofia da música.

Certo dia chegou a Deux Chevaux um grupo de estudantes trazendo queijo, vinho e violões. Eu lhes estava ensinando canções de Natal em duas vozes; eles me estavam ensinando a gostar de *Dans l'eau de la claire fontaine/Elle se baignait toute nue*. Era uma barganha e, *enfim, bref,* nós nos divertimos juntos, embora seu desinteresse pelos clássicos me tenha contrariado. Na França rural da década de 1960, música significava canções tradicionais, com um pouco de Piaf, Greco, Prévert e Brassens, e de vez em quando um entusiasmo desconcertado por Buddy Holly, Elvis Presley e Chuck Berry.

Comecei a conferenciar a eles e logo me vi num atoleiro de perguntas. Por que o gosto é importante na música? O que exatamente eles estão perdendo, afinal de contas, por não conhecerem nenhuma das sonatas de Beethoven? Por que as sinfonias são tão importantes? Por que eles tinham de se interessar por esse grupo chamado Beatles, e o que há de tão especial nas músicas folclóricas inglesas que eu tentava lhes impingir como o ponto mais alto da inspiração popular? Falei, falei e acabei num beco sem saída; fiquei ali empacado, com a linda martinicana chamada Lótus mostrando seus dentes brilhantes num grande sorriso. Foi então que Pierre tirou da mochila uma garrafa de Jurançon 55 roubada da adega de seu pai e a ofereceu dizendo que era apenas para mim. Eu a abri e enchi a taça. A Manseng faz um vinho ácido, cítrico, longevo, e que depois de dez anos na garrafa se torna amarelo-dourado, maravilhosamente aromático e intenso. Ataca com sabores doces, espumantes, e depois fica limpo no paladar como areia após o recuo de uma ondinha. E esse sabor limpo veio em socorro dos meus pensamentos. Como o senhor Boulet, eu parei de rosnar para as coisas de que não gostava e em vez disso comecei a louvar as que eu gostava. Procurei palavras que faziam sentido para mim e também para eles e lhes expliquei por que eu havia conservado a razão em Côteaux de Jurançon graças à execução mental das sinfonias de Beethoven e como a luz solar dessa música estava sempre dentro de mim quando eu caminhava na neblina.

O distrito de vinho tinto mais próximo de Jurançon é Madiran, e também esse vinho eu bebi durante o meu aprendizado, apreciando seu caráter viril profundo quase tanto quanto seu preço absurdamente baixo. Durante a Idade Média, o Madiran era o vinho dos peregrinos de Santiago de Compostela, que o levavam consigo para não terem de sofrer com os vinhos do norte da Espanha – no que eles estavam totalmente enganados, como mostrarei no próximo capítulo. O Madiran é um produto generoso, saboroso, da uva Tannat local: púrpuro, picante, duradouro e – depois de uns poucos anos na garrafa – tão suave e complacente quanto uma bochecha de mãe. Durante todo o ano que passei nos Pirineus o Madiran era o meu tinto preferido, e foi somente depois, ao voltar para Cambridge, que fiquei enfeitiçado pelo Bordeaux.

Enquanto isso eu viajava na minha lambreta pelas aldeias do Béarn e do País Basco, às vezes chegando a Languedoc; sempre entrava nas igrejas para absorver sua umidade e seu silêncio propício à oração, e também para me ligar por um momento às pessoas ali enterradas. A França foi danificada pela Revolução e por sucessivas derrotas militares, pela traição dos seus próprios cidadãos, pela imigração hostil e pelo surgimento do Estado socialista; mas sua paisagem é uma paisagem santificada, e nos anos entre Carlos Magno e Luís, o Pio, quando as vinhas começaram a consolidar-se, cada centímetro da França tinha seu santo protetor, cujo nome frequentemente nomeava o lugar e, ao longo do tempo, tornava-se liso e polido como as pedras de um regato. Assim, o fluxo constante de fé e dialeto suavizou Sanctus Sidonius, que passou a ser Saint-Saëns. Do terroso St. Gengoux até o seráfico St. Exupéry, esses nomes expressam a realidade arqueológica de uma nação enraizada num lugar, numa fé e numa língua. Tudo isso é lindamente transmitido por Proust, sendo o *curé* de Combray um símbolo, para mim, do *pays réel* que está sob os escombros.

Alguns nomes de aldeia são surpreendentes, como o de St. Amour, no Beaujolais, que vem de Amor, um soldado romano martirizado como cristão. Os leitores de Proust se lembrarão do jovem e sedutor marquês de Saint Loup, que, oferecendo proteção masculina e submissão feminina a um narrador indigno de ambas, descobre o supremo objeto de fantasia – o receptor impossível de um desejo impossível. Mas muitos se surpreenderão ao saber que houve um Saint Loup real e que um lugar real foi nomeado em sua homenagem. E embora você não possa comprar um beijo do fofo marquês de Proust, pode beber o lugar que tem o seu nome.

No século XIII, Thieri Loup era um dos três irmãos em disputa pela mão de uma mulher das redondezas de Montpellier que não se entregava a ninguém. Thieri foi para a Cruzada a fim de provar suas virtudes, e ao voltar soube que ela havia morrido para demonstrar que era dele. Em vez de ir contar sua história para a imprensa sensacionalista, Thieri retirou-se para um eremitério no alto de uma colina e passou os anos de vida que lhe restavam rezando. Seus irmãos fizeram o mesmo. Passado o tempo, Thieri foi canonizado e a colina recebeu seu nome.

O Pic de Saint Loup é a parte mais setentrional de Côteaux de Languedoc, que por sua vez é a área mais setentrional da região vinícola de Languedoc. Ali as aromáticas uvas Syrah, Mourvèdre e Carignan destilam em essências líquidas o ar carregado de ervas. A combinação de noites frescas, dias quentes e subsolo gredoso transmite uma finesse incomum para o Midi, e o Pic de Saint Loup tornou-se o epicentro da revolução de Languedoc. Uma região que antes se dedicava à produção de álcool industrial está rapidamente se tornando um paraíso do vinho.

Languedoc é um lugar de experiências – não somente porque as normas da *appellation contrôlée* permitiram isso, como também porque essa é a natureza do povo que ali vive. Eles foram heréticos, templários, albigensianos, gente que, como descobriu Thieri Loup, não dizia *"oui"*, mas, na melhor das hipóteses, apenas *"oc"*: o suficiente para mandar para a Terra Santa o mais ardente admirador. É um lugar no limiar da oficialidade, em sua maior parte com permissão para chamar seus vinhos de *vins de pays*, mas com algumas *appellations contrôlées* surgindo nas extremidades. Um *vin de pays* não é um produto industrial, como os *vins ordinaires* que frequentemente eram os únicos acessíveis ao meu bolso quando ainda jovem viajava pela França, mas uma tentativa cuidadosamente alimentada de captar o solo e o caráter do lugar. Existem produtores de *vins de pays* que rivalizam com os das *appellations* cultivadas nas terras que os ladeiam à direita e à esquerda, e para os quais a falta de reconhecimento oficial estimula o zelo competitivo. Assim são, por exemplo, os *vignerons* de Côtes de Thongue em redor de Pézenas, fabricantes de tinto, branco e rosé que se atiçam mutuamente para adaptar novas variedades ao seu solo antigo e para rivalizar com os famosos vinhos produzidos ao leste, oeste e norte de onde estão. E por toda Languedoc as experiências continuam, com novas variedades e novas combinações sendo cultivadas sob a proteção de um rótulo de *vin de pays*.

A economia de Languedoc, baseada no vinho, foi devastada pela filoxera. Somente os vinicultores das vinhas exportadoras renomadas puderam arcar com a onerosa atividade de enxertar em troncos importados dos Estados Unidos, e áreas inteiras de Languedoc encontraram-se subitamente sem uvas e – o que é pior – sem vinho. O primeiro resultado disso foi o surgimento de um campesinato feroz e implacável, determinado a punir os funcionários da Terceira República e se possível ganhar acesso às suas adegas. Em 1907, a população de Béziers, Perpignan, Carcassonne e Nîmes, comandada por um certo Marcellin Albert, induziu os prefeitos de toda Languedoc a devolverem seu cinturão de prefeito e a fechar as prefeituras. O remédio óbvio era liberar vinho suficiente das adegas da Assemblée Nationale para matar a sede dos manifestantes. Em vez disso, Clemenceau mandou tropas para lá. Cinco pessoas foram mortas, mais de cem ficaram feridas e Albert foi preso em Montpellier. Os camponeses entenderam o recado e as vinhas de Languedoc permaneceram sem plantio durante meio século.

A região só veio a reviver depois da guerra, trabalhando voltada para as poucas *appellations contrôlées* que mencionei. Uma delas, concedida para o tinto e o rosé em 1982, e para o branco em 2006, é a de Faugères, uma área ao norte de Béziers que incorpora aldeias com nomes de raízes profundas como Cabrerolles e Caussiniojouls. A população da *appellation* de Faugères é de 3 mil habitantes (um século antes era de 4.750) e a produção vinícola ainda é inferior a 100 mil litros. Isso significa menos de 330 litros por pessoa, o que, ao consumo de um litro diário, não deixa muita margem para exportação. Mas pode-se ocasionalmente encontrar os tintos que pela entropia global foram dar em praias distantes; se isso lhe acontecer, você certamente vai cumprir seu dever para com o campesinato sofredor de Faugères e comprá-los. Corte complexo de Cinsault, Carignan, Syrah, Mourvèdre e Grenache, o tinto tem a estrutura sólida de um *vin de garde* sob uma roupagem de fruta estival que se agita fascinantemente em suas próprias brisas endógenas.

Circundando Languedoc, contudo, ficam as regiões vinícolas mais antigas, com rotinas estabelecidas desde priscas eras e plantios consolidados: o Rhône a leste, Cahors, Bergerac e Bordeaux a oeste, o Loire ao norte e, abrigados contra os Pirineus, St. Mont, Madiran, Corbières e Collioure. É em razão do longo estabelecimento que nessas regiões as variedades desapareceram, por assim dizer, atrás dos santos e de seus santuários. Por vezes foi preciso tomar uma decisão ponderada para isso acontecer. Quase sempre, no entanto, a natureza e as proporções das variedades foram estabelecidas enquanto a terra ia sendo ocupada, por acomodação e conciliação, e pela mão invisível que atua na esteira do empreendimento humano.

Uma ilustração notável é fornecida pelos vinhos do vale do Rhône, que em alguns lugares são produto de uma única e localizada uva entrincheirada, e em outros resultam de cortes que são explicados exclusivamente pela tradição. Antes do ressurgimento do Languedoc era na verdade o vale do Rhône que abastecia os bares parisienses, com seus tetos de zinco. Plantadas pela primeira vez por colonos gregos no século IV a.C., as vinhas são a epítome da história francesa, e os melhores vinhos do norte do Rhône são hoje tão caros quanto os da Borgonha.

Os tintos são feitos com a uva Syrah, às vezes mesclada com um pouco da branca Viognier. Os de Hermitage, a colina em forma de sela entalhada pelo Rhône no Maciço Central, e da vizinha Côte Rôtie, são de uma fineza incomparável, que só pode ser plenamente apreciada quando eles foram mantidos em repouso durante uma década ou mais. A longevidade e o fascínio do Hermitage tinto são bem captados no trecho abaixo, extraído de *Notes on a Cellar Book*, de George Saintsbury, que descreve um Hermitage de quarenta anos, o vinho "mais viril" que o autor já havia bebido:

> *"Era mais marrom do que a maioria dos Hermitages que eu conhecera; mas o marrom estava impregnado de um vermelho que o transfigurava. O buquê tinha algo do goivo, que é menos doce. E quanto ao sabor, começa-se facilmente a declamar ditirambos. Nesses casos o jargão do vinho fala do "remate", mas aquele vinho era tão pleno e complexo que parecia nunca chegar a um remate. Podia-se meditar sobre ele, e ele acompanhava as meditações. A "pederneira" que – embora não tão forte no vinho tinto quanto nos brancos do distrito – deve sempre se fazer sentir, estava presente; mas não era importuna e não se intrometeu demais no toque especial do Hermitage..."*

Já se passaram muitos anos desde que o preço do Hermitage tinto era bastante acessível, e para encontrar um Rhône tinto que concilie a quantidade normalmente exigida com o dinheiro normalmente disponível é preciso rumar muito para o sul, até o Ardèche, onde estão as vinhas de St. Joseph.

Mallarmé frequentava o Ardèche porque esse nome encerrava as duas maiores influências da sua vida: *l'art et la dèche* – arte e penúria. St. Joseph não é na verdade um vinho de pobres, mas é barato pelo que é: acetinado, suave e frutado, relativamente leve, mas com o sutil buquê picante do Syrah no seu ponto alto. À medida que avançamos para o sul a confusão enológica aumenta. Um grande número de comunas tem direito à *appellation* Côtes du Rhône Villages, mas poucos têm uma *appellation* própria. Muitas aldeias ficam indignadas com isso e algumas têm conseguido sucesso na pressão que fazem pelo reconhecimento, inclusive Crozes-Hermitage, Cornas, Lirac, Vacqueyras, Gigondas e mais recentemente Rasteau. As duas primeiras estão na extremidade meridional da parte setentrional do vale do Rhône; as quatro restantes ficam próximas da mais famosa (e mais superestimada) vinha do Rhône meridional: Châteauneuf-du-Pape. Ao lado dessas há muitas aldeias que, embora obrigadas a vender seu vinho sob o rótulo genérico, inscrevem seu próprio nome sob ele – sendo Sablet, Brézème e Saint-Gervais excelentes exemplos.

O Vacqueyras, como todos os vinhos produzidos no Rhônes meridional, é feito com uma mescla de uvas que lhe dão o *accent du midi* da região. Costuma ser vendido ainda jovem demais; mas quando amadurecido, depois de cerca de seis anos, ele desliza da taça como um suave coro de trompas. Quanto ao Châteauneuf, as diferenças de qualidade refletem tanto as diversas posições das vinhas quanto a intensidade variável das preces feitas ali. Cada Châteauneuf é um corte específico de muitas variedades permitidas, e cada um reflete um aspecto particular desse *climat* inundado de sol, cujos patamares de barro vermelho elevam-se cada vez mais sobre a margem esquerda do Rhône.

Um dos melhores remédios para uma sombria noite de inverno nas terras argilosas de Wiltshire é o Rasteau produzido pela casa de Tardieu-Laurent; autodenominados *terroiristes* e convictos disso, buscam seus vinhos entre bronzeados *vignerons* sovinas, donos de vinhas velhas e murchas, supondo que a gota de suco que vier deles contém a própria essência do pecado, do sol e do solo. Seu vinho é um corte rico, negro, de Cinsault, Syrah e Grenache, com a força de um Châteauneuf e um condimento de tâmaras e amêndoas que talvez lhe tenha sido comunicado pelo mistral das praias da Tunísia.

Dentre os vinhos brancos secos do norte do Rhône, nenhum é tão amplamente apreciado quanto o de Condrieu. Sua história, contudo, é triste. Depois de uma rebelião local, o imperador Vespasiano, que lançou a culpa pelo problema no hábito de beber demais o vinho do lugar, mandou que acabassem com todas as vinhas. Seu sucessor, o imperador Probo, viu com mais clareza a questão e reconheceu que se o vinho fosse bom e disponível para todos, a rebelião só ocorreria num estado de incapacidade. Assim, no ano 281 ele fez com que replantassem as vinhas, importando da Dalmácia a uva Viognier branca. Essa uva é de difícil manejo: além de propensa a doenças, ela floresce quando ainda há ameaça de geada. O solo granítico de Condrieu e os declives íngremes onde ficam as vinhas são mais um problema para os *vignerons* do lugar, e o resultado do êxodo rural no pós-guerra foi que em 1965 restavam apenas oito hectares de vinhas.

Agora tudo isso mudou, tendo a reversão da migração para a cidade, os subsídios agrícolas e a mobilidade social se conjugado para substituir os ramos murchos da França rural por extensões postiças de Paris. Hoje mais de cem dos duzentos hectares disponíveis estão plantados, produzindo anualmente meio milhão de garrafas. O vinho é justificadamente famoso pelo seu delicado aroma de damasco, pela fina combinação de opulência e acidez cítrica e pela atitude robusta em face até das comidas mais inoportunas. É tão refinado e evocativo quanto qualquer outro vinho produzido com uvas cultivadas mais ao norte e deve à Viognier seus maravilhosos beijos florais e a travessa ferroada de vespa. Mas é tremendamente caro, às vezes rivalizando com os *premiers crus* da Borgonha, especialmente quando garantido por um produtor famoso como Guigal.

Do outro lado do rio no Ardèche, entretanto, o plantio da Viognier teve êxito num solo não inteiramente diferente do de Condrieu e com um clima comparável. O *vin de pays des Côteaux de l'Ardèche* resultante desse plantio é hoje exportado por vários cultivadores, e algumas de suas versões podem ser sugestivamente comparadas com o de Condrieu, embora não se equiparem a ele. Não quero dar a entender que a qualidade desse vinho deva ser atribuída exclusivamente à uva, como se o mesmo efeito pudesse ser alcançado na África do Sul, na Nova Zelândia ou na Argentina. A versão do Ardèche mostra as virtudes do clima e do solo, e seus caramanchões de perfume erguem-se sobre bases de pedra que só podem ser igualadas pelos magníficos vinhos produzidos do outro lado do rio. Rigorosamente comparável ao de Condrieu, no entanto, é o vinho de Château Grillet, uma única vinha também dedicada à Viognier que, apesar de ter sua própria *appellation*, estende-se por apenas oito acres. O Château foi visitado por Thomas Jefferson durante sua bíbula temporada como embaixador da França, e o famoso "príncipe Curnonsky" (Maurice Edmond Sailland, *príncipe dos gastrônomos*) considerou-o um dos cinco melhores vinhos da França.

Em Hermitage produz-se um branco com as uvas Marsanne e Roussanne. Esse vinho não tem acidez, mas depois de engarrafado por poucos anos adquire uma fragrância e uma corpulência que o levam a ocupar sozinho uma classe. Seu sabor denso e complexo responde bem a pratos condimentados de frutos do mar, como polvo cozido. No entanto, a verdade é que o melhor acompanhamento para uma garrafa de um bom e velho Hermitage branco é um ouriço-cacheiro assado no barro; uma pena as espécies protegidas pela lei obrigarem-nos a usar em seu lugar o esquilo grelhado.

No passado eu normalmente ia à Berry Brothers para comprar o Rhône branco, um pouco por razões ecológicas (enquanto a lei permitiu, a Berry continuou importando em tonéis o seu Hermitage), um pouco pela sua relação duradoura com a empresa de Chapoutier, cujo Hermitage branco, produzido com um corte de muitas vinhas diferentes e chamado "Chante Alouette", ofereceu-me consolo nas épocas mais difíceis com seu aroma de caixa de charutos e sabor outonal. Foi também na Berry Bross que eu obtive um notabilíssimo branco St. Joseph: Les Oliviers, feito pelo Domaine Ferraton. Caracterizam o Domaine, atualmente dirigido pela quarta geração da família Ferraton, um artesanato meticuloso, o desprezo pelos atalhos e um profundo amor pelo vale do Rhône e seus *terroirs*. Esse vinho é engarrafado sem ter sido filtrado e tem uma claridade dourada e um aroma de amêndoa que prendem firmemente à taça nossos olhos, lábios e nariz. Sendo o extremo oposto do Chardonnay industrial pelos seus matizes suaves e o caráter intensamente local, é contudo muito encorpado e rico; um excelente acompanhamento para aves cozidas e também para pratos mais delicados. Na verdade é um vinho que não devia ser desperdiçado em refeições, mas sorvido num prado semeado de flores ao lado da nossa companhia predileta.

Rhône é provavelmente a mais antiga região produtora de uvas da França, e suas vinhas pontilham o mapa como lantejoulas. Isso aconteceu graças ao longo trabalho de pequenos produtores – alguns deles cultivam apenas um ou dois acres –, que descobriram com labor lento e sacrificante o melhor modo de tratar o solo para que ele renda a fruta, e esta o aroma. Esses pequenos produtores já foram reconhecidos como heróis nacionais, mais importantes para a boa reputação do seu país do que qualquer time de futebol. Em 1990, contudo, sob a pressão dos fanáticos por saúde, a Lei Evin foi aprovada, proibindo que os produtores anunciassem os méritos dos seus vinhos. Isso foi um impulso para os grandes barões do vinho, que por terem garantida a sua fatia de mercado, não dependem de publicidade. A proibição da propaganda de bebidas na França é o primeiro passo na direção da globalização de um produto cuja maior virtude é exatamente a de valorizar o local, convidando-nos a ficar onde estamos. Como sempre, no entanto, os queixosos preferem proibir nossos prazeres em vez de descobrir suas formas virtuosas.

Até agora as *appellations* menores escaparam do turbilhão. E uma em particular merece ser mencionada aqui, uma vez que se apresentou num momento de meditação profunda. Perdida sob a extremidade oriental dos Pirineus, suas vinhas chegando até a costa do Mediterrâneo, no último bolsão da França catalã antes da verdadeira Catalunha, fica uma das menores *appellations* francesas – apenas oitocentos acres de vinhas, que produzem vinhos tinto e rosé com Grenache Noir, Carignan e Mourvèdre, tendo como tempero Syrah e Cinsault. Os vinhos tintos de Collioure são cheios, ricos, redondos, frutados e acetinados como os luxuriantes nus de Aristide Maillol, que viveu na região e cujo túmulo fica ao lado da vinha de Clos Chatard. Deixe o nome "Maillol" permanecer em sua boca enquanto imagina nádegas bem modeladas e um vinho bem maduro, e você não estará longe do sabor do Collioure. É a versão serena, consagrada, paramentada e pontifícia de um sabor imitado remotamente pelos candidatos do Languedoc ordenados há pouco. Seus taninos suaves, o rubi profundo e o sabor de cherry-brandy que ele deixa na boca garantem que, se alguma coisa é capaz de fazer-nos reviver, renasceremos com o Collioure.

Foi uma taça de Collioure que com suas cintilações afastou meus pensamentos sobre a morte do nobre e generoso Barney, que ficará para sempre na minha memória. Barney tinha desmoronado sob mim alguns dias antes no Badminton Park. Enquanto sorvia o vinho, eu me lembrava da boca de Barney, abrindo-se como se para implorar por alguma poção desse tipo. Sem encontrar alívio, ele relinchou duas vezes no lusco-fusco e morreu. Agora nenhuma bebida revive tão vividamente a lembrança de Barney quanto o Collioure que poderia ter revivido seu coração. Sempre que tenho diante de mim uma garrafa, lembro-me das suas virtudes e da sua determinação de prosseguir até o fim, meio cego, artrítico e mesmo assim um líder da manada.

A melhor das vinhas de Collioure é o minúsculo Domaine La Tour Vieille, cujo Puig Ambeille 1998 ganhou três bem merecidas estrelas no guia de vinhos da Hachette e cujo La Pinède 2002, que alimentou minhas lembranças de Barney, é igualmente suave, rico e frutado. A 14,5% ele fica perto do vigor de um vinho fortificado, mas sem os sabores de beterraba queimada dos venenos subtropicais da Austrália. Na verdade, o Collioure alia resistência a suavidade, arrojo a graça, exatamente como Barney.

Tudo o que Barney fez para mim, algum outro cavalo poderia ter feito – embora seja justo dizer que eu procurei por esse outro cavalo em vão. Ao lamentá-lo, contudo, reflito sobre outra coisa além das suas qualidades. Atribuo a ele uma individualidade que está *na sua essência*, que não é derivada ou dependente das suas qualidades e sim o lugar a que essas qualidades são inerentes. Ao mesmo tempo essa individualidade não é como a de uma pessoa: não se localiza em algum centro de pensamento e ação que é o "eu" autorreferente. Não lamento, em Barney, a perda de uma relação pessoal ou de um amor verdadeiramente abnegado. Esse amor não é oferecido por um cavalo, nem mesmo por um cão, cuja dependência de seu dono humano sempre fica aquém do verdadeiro endosso metafísico que ocorre quando "eu encontra eu".

Refletindo sobre isso, passei a ver que a difícil situação metafísica do ser humano – o profundo embate contido nas palavras "eu sou", a primeira afirmando transcendência e a outra negando-a – transforma inteiramente nossas afeições e nos põe no caminho de lamentar não só pessoas, mas tudo o que capta a nossa afeição. A égua de Sophie, Kitty, não se lamentou, embora ela tenha parado quando Barney morreu, como se tivesse ouvido aqueles relinchos emitidos de modo tão débil e implorante a cinco quilômetros de distância; mas no dia seguinte ela já havia transferido suas afeições, como uma vinha que se agarrasse a outro galho.

Embora essas mesmas meditações inglesas tenham sido provocadas por uma taça de Collioure, devo reconhecer que o acompanhamento natural dos pensamentos da velha Inglaterra são os vinhos de Bordeaux, uma cidade que ainda é incluída nos títulos da nossa coroa, cujo produto é especialmente adequado ao temperamento inglês pelo caráter sóbrio e fleumático de sua qualidade frutosa. Séculos de obstinada excentricidade inglesa estão contidos no singular nome "clarete", dado aos vinhos de cor tão profunda quanto aquele que Homero tinha em mente quando descreveu o "mar escuro como o vinho" (embora digam que Homero era cego). Lembre-se que

Não devemos parar de explorar,
E o término da nossa exploração
Será chegarmos onde começamos
E conhecermos esse lugar pela primeira vez.

A famosa descrição – de T. S. Eliot – da nossa jornada espiritual aplica-se igualmente à nossa jornada enológica. Começando com o Clarete, aventuramo-nos em busca de uma fruta estranha, de paisagens exóticas, de modos de vida curiosos e de países que nada têm a recomendá-los além dos seus vinhos. E depois de punir corpo e alma com o Syrah australiano, o Tempranillo argentino, o Cabernet Sauvignon romano e o Retsina grego, rastejamos de volta para casa como o Filho Pródigo e imploramos perdão pela nossa loucura. O Clarete estende um abraço caloroso e indulgente, renovando o antigo vínculo entre a sede inglesa e o refresco da Gasconha, suavizando nossos pensamentos penitentes com seu aroma sóbrio e distinto, ressoando sua absolvição nas profundezas da alma. Esse é o vinho que nos fez e para o qual fomos feitos, e frequentemente fico perplexo ao descobrir que bebo outros.

Pois, fora as plantações classificadas, o Clarete é barato. Este não é o lugar para refletir sobre essa extraordinária classificação realizada em 1855 para a Grande Exposição de Paris, mas preciso comentar que, com uns poucos ajustes, ele é hoje um guia tão perfeito quanto o era 150 anos atrás, apesar de todas as mudanças de donos e de técnica – prova segura da filosofia *terroiriste*. Voltando de Jurançon para Cambridge, de forma a conhecer o lugar pela primeira vez, encontrei-me fruindo direitos de jantar no King's College, na época um feudo da aristocracia trabalhista, hoje não muito melhor. Nas noites de domingo, o vinho da sobremesa era Ch. Latour 1949 – garrafas pagas com o equivalente à minha renda mensal, despejadas na garganta de sociólogos sarcásticos! Eu ficava num canto junto com E. M. Forster, já idoso, compartilhando o desalento que ele sentia ao pensar nos seus antigos sonhos liberais e acompanhando as suas reminiscências de Alexandria e Cavafi, ao mesmo tempo em que conjurava no aroma glorioso daquele Clarete inesquecível uma imagem do meu futuro, longe daquele lugar onde ambos éramos exilados, eu temporariamente e ele para o resto dos seus dias. "Apenas conecte-se!": suas palavras famosas frequentemente estavam na minha mente, enquanto ele e eu nos sentávamos radicalmente desconectados do resto da mesa onde era servida a sobremesa, observando ciumentos o decanter enquanto aquelas mãos indignas despejavam o seu tesouro. Morgan Forster era um cavalheiro que fazia o possível para parecer benevolente em relação às coisas que deplorava. E essa própria benevolência mostrava que ele tinha repudiado o espírito surgido entre os "apóstolos" de Cambridge, que haviam explorado as salas e quartos de Bloomsbury e que tinham finalmente voltado para casa, não para conhecer o lugar pela primeira vez, mas para destruí-lo.

Saí de Cambridge depois de minha curta estadia como lente, associando firmemente o Clarete à grande questão que me iria ocupar pelo resto da vida: o que resta da Inglaterra e como os restos podem ser salvos? Isso pode não parecer uma questão filosófica, mas no devido tempo ela me levou por um caminho filosófico fascinante pela floresta mal-assombrada onde a Coruja de Minerva de Hegel esvoaça nos galhos, na direção da clareira feita pelo direito consuetudinário inglês. Descobri a ideia que a ortodoxia da esquerda tinha banido de todas as discussões – a ideia da personalidade coletiva, ou "a alma da polis", segundo Platão. A alma coletiva da Inglaterra cintilava no fundo da taça de Clarete, e desde então associei meu velho país a esse vinho feito no meu país espiritual.

O Bordeaux é ao mesmo tempo um e muitos: uma infinidade de *terroirs*, cada um com sua própria personalidade e seu destino espiritual próprio, compartilhando o formato de uma garrafa, uma história e uma lei consuetudinária duradoura. E nisso ele se parece com a

Inglaterra, esse lugar onde individualistas excêntricos se associam espontaneamente num clube. Na minha mente as garrafas de Bordeaux ficam lado a lado em ordem de regimento, suas fileiras escritas no grande édito de 1855, que por sua vez não foi nada mais que um resumo do que o costume e a tradição tinham santificado. E cada garrafa, reivindicando como "château" o que na verdade pode não ser mais que um barracão de jardim (embora eventualmente o barracão tenha trinco na porta e essa porta esteja trancada), tem a sua própria dignidade excêntrica, recusando-se a ser dissolvido na hierarquia em que desempenha um papel próprio. Até os nomes podem ser ingleses: Talbot, Cantenac-Brown, Léoville-Barton, Smith-Haut-Lafitte. E sempre considerei que o fato de Henry James ter elogiado o Pontet-Canet pelo seu "toque de razão francesa, completude francesa" em *A Little Tour in France* era prova de um paladar arruinado por uma juventude da Nova Inglaterra. Na verdade, uma garrafa de Ch. Pontet-Canet 1959 selou o contrato que me mandou para Jurançon. Mas eu a bebi com Nico Mann em seus aposentos no King's College, de onde olhávamos através de janelas góticas para as tranquilas águas do Cam. E enquanto eu sentia na boca o Pontet-Canet, meu coração subia para encontrá-lo, sabendo que aquela sala, aquele amigo, aquela paisagem e aquele sabor faziam parte do meu adeus à Inglaterra.

Não posso falar grande coisa sobre as muitas horas de meditação e boa vontade que devo aos vinhos de Bordeaux. Mas um ponto merece ser mencionado: o das consequências sociais e culturais da classificação de 1855. Desde esse importante acontecimento, os vinhos de Graves, St. Émilion e Pomerol também foram premiados com categorias, ao passo que à lista de vinhas classificadas acrescentou-se uma longa extensão final de *crus bourgeois*. Assim, o comércio francês de vinhos perpetua o mito dominante da cultura francesa: o mito do "*bourgeois*" como o cidadão de segunda classe, o sujeito insensível e tacanho que contrasta com a sensibilidade exuberante do aristocrata e do artista. O esnobismo do vinho emprestou força a Flaubert, Sartre e Foucault no grande esforço de fazer o francês comum parecer pequeno.

Isso nos apresenta a *bourgeoisie* com um problema conhecido. Como nos insinuarmos nos escalões superiores sem parecermos ridículos? Como arrebatarmos algumas das recompensas apropriadas pelas classes dos proprietários da terra e dos proprietários de cérebro ao mesmo tempo em que conservamos o dinheiro ganho com tanta dificuldade e mantemos nossa atitude de honesta autossuficiência? Uma resposta é ir em busca dos "segundos vinhos". Atualmente as vinhas classificadas de Bordeaux vendem alguns dos seus produtos com esse rótulo, que supostamente indica vinhos mais jovens ou amadurecidos num estilo mais "temporão", mas que de qualquer modo serve para manter os preços ridiculamente altos dos seus aparentados. Muitos desses vinhos são indistinguíveis do seu artigo oficial e vendidos por menos da metade do preço. Eu recomendo os segundos vinhos do Ch. Branaire Ducru e do Ch. Mazeyres – este oferece uma prova formidável e barata de que o Pomerol é, no seu ponto alto, o mais magnífico de todos os Claretes, e lembra-me o mais magnífico de todos os Pomeróis, o Trotanoy 1945, que me seduziu para que eu cometesse o pecado original, e cujo roubo foi a causa da minha queda.

Contudo, foram quase sempre os *petits châteaux* que tornaram a vida interessante para mim. Primeiramente as pequenas vinhas de St. Emilion, que conseguiram uma classificação vaga em 1954, identificando os *premiers grands crus classés*; com isso ficaram inacessíveis. Os *grands crus*, pelo contrário, que podem ganhar ou perder esse título a cada ano, estão frequentemente dentro da minha amplitude de preço, e um deles, o Ch. Barrail du Blanc, trouxe-me consolo e amizade, sendo o vinho que bebo no Natal com meus amigos que têm fobia de Papai Noel. Essa combinação de Merlot e Cabernet Franc, de uma vinha minúscula que não é maior do que o campo ocupado por Sam, o Cavalo, tem uma fruta plena e harmoniosa e um aroma delicado sem imperfeições ou cavidades peludas. Sirva-se desse vinho depois do jantar e você irá observar na taça uma calorosa luz noturna, com ninfas e sátiros nadando numa lagoa púrpura. E seu efeito sobre o Natal é como o efeito do espírito puro num vitral.

Igualmente importantes foram os vinhos dos Châteaux Cissac e Potensac, ambos *crus bourgeois* do Médoc, que produzem ótimos Claretes escuros com cortes em que predomina o Cabernet Sauvignon. Uma vez que a *appellation* Médoc simples não tem o atrativo do esnobismo, esses vinhos são acessíveis e, não só pelo equilíbrio de fruta e tanino como também pela delicadeza de aroma, merecem ser bem mais conhecidos. Seus nomes romanos, que exigem decifração erudita, tornam sua bebida ainda mais prazerosa.

Procedente do Haut-Médoc e beneficiando-se igualmente da ausência de uma *appellation* de aldeia é o púrpuro profundo do Château Villegeorge, o vinho de 1961 que tive a felicidade de beber durante meu período de penitência como lente em Cambridge. Por alguma razão, lembro-me dos sabores desses três tão vividamente que é como se estivesse passando-os pela língua enquanto escrevo.

Tanto para o Bordeaux quanto para o Borgonha vale a indicação de que se deve sempre procurar a propriedade vizinha. Se você é um entusiasta do Graves, gaste pouquíssimo para comprar o Château Picque-Caillou, uma propriedade formada em 1780 que se ergue sobre cascalho arenoso nas proximidades do Château Haut-

Brion e produz um vinho com a limpeza pedregosa sugerida pelo seu nome, o granada-claro e o perfeito equilíbrio do seu vizinho caro. Mas talvez seja na questão do Bordeaux doce que o princípio do vizinho seja mais compensador.

Existe um Sauternes *premier cru* chamado Ch. Lafaurie-Peyraguey, que todos os leitores de *Memórias de Brideshead* conhecem como o vinho que dá início à história. "Não *finja* que você já ouviu falar dele", adverte Sebastian ao entregar uma garrafa para o fatal piquenique; e depois disso todos nós ouvimos. Embora comparável, num bom ano, ao Ch. d'Yquem, situado em terras próximas, o Lafaurie-Peyraguey custa um terço ou menos. Há quem fique incomodado quando os ricos gastam centenas, e às vezes até mesmo milhares de libras com uma garrafa de vinho, enquanto outros são obrigados a beber água. Mas se você tem muito dinheiro, esbanjá-lo é melhor – melhor para você, desde que se livre do fardo, melhor para quem recebe, que precisa dele mais do que você (do contrário por que você o está esbanjando?), melhor para todos nós, que estamos a jusante da sua loucura. E quanto mais perecível e fora de propósito for o objeto em que seu dinheiro é desperdiçado, mais valioso será o ato. O pior uso do dinheiro é quando ele faz aumentar a coleção de carros antigos ou o número de casas kitsch. O melhor uso é comprar vinhos caríssimos, transformando seu dinheiro em urina biodegradável e devolvendo-o para o fluxo primordial.

Mas então, perguntará você, quem vai querer beber vinho doce? Bem, existe um precedente nobre. As aventuras de Ulisses e sua tripulação têm uma única forma: provação, fuga, sacrifício, banquete e depois o *glukon oinon* que restaura o mundo. Se você gosta de vinho doce, então siga o exemplo homérico: beba-o sozinho, depois do jantar, sem precedê-lo de nenhum vinho. E se puder precaver-se antes da refeição com um cegante de ciclope, um quebra-mar contra-Caribdes ou uma poção antissereias, tanto melhor. Para pessoas como eu, com valores cavalheirescos mas conservadores, a vida é repleta de aventuras que arrepiam os pelos. Depois de um dia matando um leão não é lícito nos recompensarmos com uma garrafa de Bordeaux doce?

Infelizmente nisso, como em tudo o mais, a moda prejudica-nos. Tornou-se hábito beber Sauternes e Barsac na refeição; inclusive eles são chamados de "vinho de pudim" por aqueles que querem lembrar uma infância tranquila num casarão rural. Mas pior do que essa afetação à Mitford é o hábito de beber Sauternes com *foie gras* – como se o excesso se tornasse sucesso quando em dobro.[6] Ainda melhor para terminar seu jantar (carne de porco assada e torresmo, sem sobremesa) é colocar na mesa o vinho, fresco, claro e dourado. Pode-se até mesmo decantá-lo, já que o Sauternes velho tem cristais de tártaro que dançam na borra como fadas engarrafadas.

As vinhas que produzem os melhores vinhos doces de Bordeaux estão agrupadas em redor da junção do Ciron com o Garonne. As águas frias do Ciron refrescam os vapores do Garonne, mais quente, criando um microclima de "névoas e frutas maduras". Então o *Botrytis cinerea* – "apodrecimento nobre" – instala-se nas uvas e elas murcham. A colheita é feita videira por videira, as vinhas precisam ser podadas várias vezes e as quantidades são mínimas. As safras dependem de longos outonos quentes

6. Barry Smith faz o interessante comentário de que "o acompanhamento mais magnífico para o Sauternes é o Roquefort. A combinação de adstringente, salgado e ácido desse queijo e os sabores doces do vinho mesclam-se em algo mais notável que os dois".

e se não ocorre o apodrecimento nobre, o vinho é totalmente desprezado. O fato de ser caro – embora não mais caro do que merece ser – não é de surpreender.

O que me leva de volta ao Lafaurie-Peyraguey. As culturas classificadas de Sauternes ficam em desvantagem na comparação com o Yquem. O Yquem não tem absolutamente mercado entre os verdadeiros amantes do vinho. Se esses tiverem dinheiro suficiente para uma garrafa de Yquem, irão comprar meia dúzia de Ch. Suduiraut (um *premier cru* fabuloso) ou de Lafaurie-Peyraguey. O Yquem pode manter seu preço somente porque o mundo está cheio de grosseiros e fétidos ricos que não sabem nada sobre vinho e por isso compram o melhor. Mas, assim como acontece com as mulheres e os cavalos, o melhor de fato é o segundo melhor.[7]

Logo depois do Suduiraut, conhecido da maioria dos adeptos do Sauternes, está um terceiro melhor vinho que, num ano bom, é comparável ao seu vizinho ilustre. Esse vinho – Château Briatte, orgulho e alegria de M. Roudes, seu proprietário, não provém de uma cultura classificada e nada do que é capaz de inflar seu preço está associado a ele. Mas suas vinhas antigas produzem um elixir rico que recebeu uma medalha de ouro no Concours Général realizado em Paris. Se você aprecia o gosto de mel e o aroma de rainha-dos-prados do Suduiraut, saiba que há versões dele pela metade do preço em Briatte. Esse também é um vinho que sempre tenho em minha adega,

---

7. Outro ângulo desse interessante fenômeno é fornecido pela teoria dos "bens de Veblen" na economia – ou seja, bens (nome dado por Thorstein Veblen, teórico do "consumo ostentatório") que se tornam mais desejáveis com o aumento do seu preço. Veja a obra: WEINBERG, Justin. *Taste How Expensive This Is* [Experimente como isto é caro]. In: ALLHOFF, Fritz (Org.). *Wine and Philosophy: A Symposium on Thinking and Drinking* [Vinho e Filosofia: um simpósio sobre o pensar e o beber]. Oxford, 2008.

pois certa noite, quando estava compartilhando uma taça dele com Sam, o Cavalo, ocorreu-me o que ainda me parece ser a mais plausível teoria da expressão musical. Se apreendemos o conteúdo expressivo de uma obra musical ao encontrarmos as palavras para ela, não é menos verdade que reunimos o significado e a virtude de um vinho quando tentamos descrever seu sabor. Naquela noite, nos estábulos com Sam, fui levado pelo Château Briatte 1991 a lembrar-me de *La fille aux cheveux de lin*, do primeiro livro de Prelúdios de Debussy, sem por nem um momento supor que essa menina estava contida no vinho como um rosto num retrato ou um pensamento numa frase. Tampouco ela está contida na música. Debussy põe o título no final da peça, precedido de três pontos, para mostrar que é uma associação, e não um significado, que ele tem em mente. Pode-se apreender a música e nunca ter um pensamento sobre a menina de cabelo cor de linho.

Essa observação estimula outra: a de que há uma grande diferença entre evocação e expressão. Tanto o vinho quanto a música podem evocar coisas; mas somente a música pode *expressá-las*. A expressão é o que se apreende quando se ouve ou se executa com compreensão. Ela não é uma nuvem criada pela música, mas sim um fio que a liga. A ternura do prelúdio de Debussy está contida em seu tema pentatônico e desenvolve-se ao longo da música: as harmonias modais enfatizam o sentimento, apresentando a linha melódica com a suavidade de um toque de pele. Ao descrever essa ternura não nos referimos a uma evocação, e sim a algo que faz parte do que a música significa – algo que ganha, da música, inteligência e identidade próprias. Alguém que não percebe essa ternura deixa de entender as notas que a contêm. E nós teremos uma pista para o conceito de expressão musical se pudermos mostrar exatamente quando as palavras que uma peça musical desperta em nós descrevem o *processo da música*, e não um processo em nós, e um processo que devemos entender se pretendemos ouvir ou executar com compreensão.

A comparação entre o vinho e a música ajuda-nos igualmente a compreender por que o vinho não é uma forma de arte. As notas da música são também gestos, marcados pela intenção. Ao ouvi-las deparamo-nos com um ato de comunicação, um *fazer compreender* intencional de um estado mental imaginado. Ouvimos também um processo de desenvolvimento, um argumento lógico de nota para nota, de modo que forma e conteúdo avançam juntos, como numa sentença. Outras coisas que produzimos intencionalmente não são *marcadas* pela intenção do modo como as obras de arte o são. As alfaces que crescem na minha horta foram intencionalmente cultivadas e eu trabalhei para garantir que elas tivessem a forma e o sabor que têm. Nesse sentido sua forma e sabor são intencionalmente produzidos. Mas o sabor da alface não é o sabor da minha intenção na horticultura do modo como o som do tímpano no início do concerto para violino de Beethoven é o som de uma intenção musical. Não sentimos intenção numa alface como ouvimos intenção na música. E isso vale também para o vinho. Por mais que os sabores de um ótimo vinho sejam resultado de uma intenção de produzi-los, não experimentamos a intenção ao experimentarmos o vinho do mesmo modo como ouvimos a intenção na música. O vinho resulta da mente, mas nunca a expressa.

Entendi a podridão da indústria inglesa na França quando viajava pelas aldeias na velha AJS de quinhentas cilindradas que havia substituído minha lambreta. Por onde quer que eu fosse, essa máquina era acariciada por mãos e olhos admiradores, e não havia um único *gars du village* que não teria trocado sua mãe por ela. Mas nenhuma motocicleta inglesa estava à venda naquele mercado aberto, nenhum fabricante havia aberto uma loja ou providenciado a exibição de uma propaganda, e não se encontrava nenhuma peça avulsa. Quando o pneu dianteiro rasgou perto de Libourne, em Dordogne, fui forçado a deixar a moto numa garagem e voltar para a Inglaterra em busca de um pneu.

Como me disseram que não haveria trens antes da manhã seguinte, escolhi uma árvore como abrigo e me enfiei no saco de dormir. À luz dos últimos raios de sol, um fazendeiro estava trabalhando no campo ao lado e veio até onde eu estava para saber o que eu pretendia fazer. Minha história deve tê-lo comovido, pois ele voltou uma hora depois trazendo pão, patê e uma garrafa de vinho: Entre-Deux-Mers, da recém-recuperada vinha do seu vizinho, que ele jurava ser comparável em qualidade a qualquer vinho branco do mundo. A parcialidade do verdadeiro patriota sempre me persuade, e eu avidamente fui confirmar o julgamento. Naquela noite tranquila, nos arredores da aldeia de Vayres, com o rio Dordogne cintilando à distância e um coração cheio de gratidão, eu me converti facilmente a esse vinho que antes me haviam apresentado apenas como o branco mais barato da despensa do Jesus College.

O que então eu não sabia é que Vayres não é absolutamente uma aldeia de vinho branco, mas sim o centro de um distrito conhecido desde o século XIX pelos tintos ali produzidos e que recebeu a sua própria *appellation* em 1931. Graves de Vayres – que não deve ser confundida com Graves, mais famosa, na margem esquerda do Garonne – produz vinhos cheios e com muito sabor, ricos em minerais do solo pedregoso aludido em seu nome. O Château Bel-Air é um excelente exemplo: um vinho que tem como base o Cabernet, personalíssimo, com minerais tremeluzindo no seu dossel de frutas e um toque de ferro e couro, como o vinho em que Sancho Pança detectou a mancha de uma penca de chaves. Somente depois de alguns anos na garrafa suas asperezas são removidas, mas a espera é muito compensadora. É impossível confundi-lo com os vinhos aveludados da outra Graves: o Graves de Vayres é feito para grandes jantares rústicos, como os que oferecemos aos nossos vizinhos fazendeiros de Wiltshire; e desce urrando pelo tubo digestivo em perseguição a um porco assado, exatamente como tantos anos atrás minha moto urrava ao me levar pelas vinhas que o produziam.

Avançando mais para o nordeste, vindo de Bordeaux, entramos em Bergerac, que com as variedades de Bordeaux produz vinhos baratos mas bem-feitos. O Bergerac era conhecido como o Clarete dos pobres, a bebida preferida dos militantes do Partido Trabalhista que tentavam imitar o modo de vida nobre, quando não a presunção vazia de Roy Jenkins. Felizmente a memória humana se apaga, e até mesmo a memória daqueles gordos aborrecidos que abriram seu caminho até o topo fingindo-se de socialistas. Tampouco precisamos lembrar dos cortes grosseiros de supermercado que tinham o nome "Bergerac" e que os australianos justificadamente fizeram desaparecer. O Bergerac amadureceu e todos os enófilos deviam interessar-se por uma bebida que nos acolhe de volta a casa depois dos embates, qualquer que seja a nossa causa, e independentemente do seu resultado. Gosto especialmente do Château Grinou, que em anos bons como o de 2003 tem a profundidade e a fruta de um St. Emilion, com aroma picante e doçura redonda, cheia, na língua. Pode-se tomá-lo diariamente sem nunca se cansar dele, até mesmo quando perdemos os dias com campanhas políticas. O branco da mesma propriedade é também exemplar, logrando um casamento perfeito entre o rico sabor frutado da uva Sémillon e o frescor herbal da Sauvignon. La Tour Monestier, a propriedade ao lado de Grinou, ilustra a diversidade do Bergerac branco, aprimorando o corte Sémillon-Sauvignon com 20% de Muscadelle, que acrescenta seu aroma de damasco e o sabor duradouro.

Tenho também um fraco pelo vinho de Cahors. Durante a Idade Média, essa linda cidade situada às margens do Lot – que ela presenteou com uma espetacular ponte de pedra – foi capaz de mandar seu vinho rio abaixo para o mar. No século XIV, "o Cahors preto" estava sendo exportado para toda a Europa. Sua reputação continuou tão boa quanto a do Bordeaux, e a cor escura – efeito do cozimento das uvas ou da fervura do mosto antes da fermentação – fazia-o parecer o substituto perfeito para o sangue perdido num torneio real.

Os métodos modernos de vinificação clarearam-no, mas ainda assim o Cahors continua sendo um dos vinhos mais escuros. Ele deve essa característica às variedades de uvas nele predominantes – a Tannat e a Malbec (conhecida no local como Auxerrois), eventualmente mescladas com a Merlot para tornar o vinho profundo, tânico e com sabor de ameixa, que é néctar para seus apreciadores e fel para os que não o são. Pertenço à primeira categoria e aprovo o Cahors, sobretudo pelo fato de ser, como tantos vinhos do sudoeste da França, inseparável de um lugar e seu solo. Somente agora a Malbec e a Tannat estão sendo globalizadas pelo comércio devorador, tendo a primeira adquirido uma posição segura (depois de tentativas mal-orientadas de erradicá-la) na Argentina, que produz vinhos suaves e ricos incluídos dentre os melhores da América Latina. O subsolo rico em ferro da região de Cahors intensifica os taninos concentrados dessas uvas, o que resulta em vinhos fechados, de amadurecimento lento, que precisam ser adulados com longos e tranquilos períodos de meditação diante da taça.

Amigos que vivem nas proximidades de Fronton, logo ao norte de Toulouse, desqualificam o Cahors como um vinho austero, lúgubre e mesquinho. Em minha opinião, esse julgamento não reflete negativamente sobre o Cahors, mas enfatiza a virtude do Fronton, que tem característica aveludada, madura, suculenta, como um pescoço encantador nos dentes de um vampiro. Mas o Fronton é mais enraizado localmente que o Cahors; a uva Negrette é exclusiva da região, e foi supostamente levada de Chipre, nove séculos atrás, pelos cavaleiros templários. O solo avermelhado, pobre em nutrientes mas rico em minerais, é perfeito para essas uvas pequenas e esféricas com sabor de amora-preta, e seu vinho, quando mesclado com Syrah ou Cabernet para ter mais perfume, é tão dócil e barato quanto o Bergerac.

Nas primeiras peregrinações que fiz aos templos de Dioniso, minha viagem de Paris para o sudoeste tomava a margem esquerda do Loire, deslizando pelas aldeias vinícolas e contornando os muros onde velhos aristocratas endinheirados ainda se mantinham firmes, olhando de altas janelas para os campos sonhadores. A ideia da França parecia brilhar na arquitetura, na paisagem, na vegetação e até no fluir vigoroso do rio; Orléans, pousada no ápice setentrional do Loire, dotava o rio de um ar místico de nacionalidade. Naquela região, o direito de existir da França tinha sido motivo de lutas e fora ganho – ganho na derrota, por meio do martírio de Santa Joana. O Loire evocava esse mais vergonhoso dos crimes ingleses e instigava em mim a esperança de um dia poder tornar-me francês. Eu usava uma boina, fumava Gitanes e viajava com o bolso cheio de poesia simbolista. Mas a AJS era uma traição involuntária e minhas pretensões francesas seguiram todas as outras pretensões que eu tinha na época, acenando um adeus através da névoa bêbada em algum lugar da região de Aux – cujo nome é comemorado no excelente Médoc chamado Patache d'Aux, numa referência à carruagem que circulava entre esse lugar e Bordeaux.

Desde aqueles dias o turismo assediou os castelos e saqueou as aldeias; as estradas foram inescrupulosamente alargadas e trens de alta velocidade aboliram a distância – essa preciosa comodidade sem a qual as pessoas não pertencem mais ao lugar onde estão. No entanto, algumas lealdades locais permanecem, e a primeira delas é o teimoso apego à Cabernet Franc. Todos nós conhecemos os vinhos brancos do Loire – desde o Muscadet cor de lesma até o Sancerre verde e cintilante. Mas as pessoas do lugar gostam mais dos tintos, para os quais a Cabernet Franc empresta uma cor especial marrom-violeta e aroma de almíscar. O Loire tinto produz algumas das mais genuínas pechinchas da nova economia do vinho, e a maioria deles pode ser encontrada ao longo do trecho entre Saumur e Tours.

Depois da Primeira Guerra Mundial, as vinhas foram negligenciadas e a reputação do Loire não ganhou nada com o mercado global, que prefere o vinho novo ao velho e as variedades aos santos locais. A Cabernet Franc não tem outra reputação senão a que lhe é dada pelo Loire (embora haja excelentes exemplos na Hungria), e produz vinhos que precisam ser reservados, se quisermos que seus aromas tímidos e sutis subam furtivamente da garrafa. Os melhores, segundo a minha experiência, são feitos em Bourgueil e na vizinha St. Nicolas-de-Bourgueil, alguns nas declividades amarelas de tufo calcário no alto curso do Loire, outros, mais suaves e frutados, no solo pedregoso rio abaixo. As vinhas são refrescadas pelos ventos do Atlântico, que sopram de oeste para leste ao longo do vale do rio, resultando em vinhos mais notáveis pela sua fruta do que pelo seu corpo, embora com surpreendente profundidade e caráter; quando na sua melhor forma, um estilo civilizado rivaliza com o dos Claretes mais notáveis.

Existem duas escolas de pensamento com relação ao Bourgueil. Uma afirma que esses vinhos devem ser leves, de cor clara, com a fruta e os taninos avançando, para serem bebidos jovens, possivelmente gelados e de qualquer maneira sem o farejar e beber um gole exigido pelas garrafas mais profundas e mais complexas. A outra escola de pensamento sustenta que o Bourgueil deve ser artesanal a ponto de permitir que toda a fruta e todo o sabor sejam destilados da uva, formando um mosto cor de amora-preta e um vinho rico em taninos que precisa de muitos anos na garrafa antes de chegar à sua melhor forma. Esse vinho é o Bourgueil La Petite Cave feito por Yannick Amirault, cuja propriedade de quarenta acres fica entre Bourgueil e St. Nicolas e produz vinho nas duas *appellations*. O Cabernet Franc é conhecido na região como "*breton*", e o prenome bretão do sr. Amirault provavelmente indica alguma intimidade com a uva que pode prosperar nas zonas temperadas.

O centro do Loire tinto são os cinco mil acres em torno do velho forte de Chinon, nas terras que Rabelais descreveu em *Gargântua* e *Pantagruel*. O Chinon não é de modo algum padronizado; na verdade é tão prodigioso quanto Rabelais, produzindo vinhos suaves para o cotidiano e também garrafas de profundidade e sutileza fabulosas, que quando maduras se equiparam às melhores produções de qualquer outra região. Em determinado ponto no *Pantagruel* de Rabelais, Bacbuc oferece a Panurge um livro de prata que havia enchido numa fonte de falerniano. "Engula essa filosofia", ordena. Depois disso, os acompanhantes de Pantagruel, tendo bebido o conteúdo do livro, importunam-se mutuamente com hinos arrebatados ao deus do vinho. Em efusões de disparates filosóficos, eles celebram a capacidade de Baco de transformar um traseiro num rosto e vice-versa, sendo que normalmente o versa é produto do vice.

O próprio rosto de Rabelais, fino, inteligente e compassivo, era tão diferente de um traseiro quanto isso é possível a um rosto. E o vinho de Chinon, região onde nasceu Rabelais, parece-se com ele. Esse tinto fresco, vermelho-claro, avança luminosamente como a testa do grande filósofo. O rosto de Rabelais aparece nos rótulos do melhor Chinon que eu conheço – o de seu colega filósofo Charles Joguet –, e o vinho de Joguet traz a mensagem eternamente válida de Gargântua e Pantagruel: goste de quem você é e os outros também gostarão de você.

No pós-guerra, Joguet estava estudando pintura e escultura em Paris quando a morte do pai o fez voltar para o vinhedo. Charles não era um intelectual francês comum que despreza a fortuna, a fé e a família por causa de algum *paradis artificiel*. Seu maior desejo era pertencer ao território que agora lhe pertencia. Ele e a mãe começaram a restaurar seu escasso patrimônio e ele dedicou-se à questão profunda de por que a Cabernet Franc nunca fora valorizada como merecia. Então concluiu que o erro tinha sido não torná-la local. Por mais livremente que um produto circule, ele pode ter um preço; mas só pode ter um valor quando ligado a um lugar definido. Isso é verdade para os vinhos do mesmo modo como para as pessoas. Na Borgonha, cada enclave compete pela celebridade. Mas embora a *appellation* Chinon tenha existido desde 1937, o hábito não foi de distinguir os *terroirs*, e sim de mesclá-los. Os amantes do Chinon têm suas fontes privadas, mas o mundo não sabe de preferência nenhuma por encosta ou porção de vinhas apreciadas.

Charles herdou muitas porções de vinhas e começou a cultivar a sua diferença. Em 1983 fez uma parceria com Michel Pinard – o nome é muito apropriado –, e dois outros amigos logo se juntaram a eles. Hoje as vinhas do empreendimento Joguet são marcadas não somente pelo sereno amor ao solo que levou Charles a iniciar suas experiências, quanto pelos anos de amor familiar e amizade fiel que são o resultado natural de nos estabelecermos no lugar que nos fez.

A vida virtuosa de estabelecer-se, embelezar e santificar o lugar que é nosso é a vida para a qual Baco nos convida. E essa vida estava por toda parte para ser presenciada na França que eu conheci. Agora a onda global está levando os lugares sagrados, e os santos que deram nome às aldeias, às vinhas e às crianças da França foram retirados dos seus santuários. Mas alguma coisa continua vivendo nas garrafas que os evocam, e é com uma taça de St. Nicolas de Bourgueil que eu encerro este capítulo. São Nicolau, bispo de Mira, supostamente já louvava a Deus ao nascer e, por esse e outros atos de piedade, tornou-se quando ainda muito novo o santo padroeiro das crianças. Daí o terem assimilado ao Papai Noel, o mais odioso de todos os subprodutos da cultura cristã. Contudo, o verdadeiro São Nicolau merece ser resgatado dessa dessacralização. Embora tenha esmurrado o herege Ário quando participava do primeiro Concílio de Niceia – afronta pela qual seus colegas bispos o destituíram das funções sacerdotais –, e esse parece ter sido o único ato de agressão numa vida inteira de mansidão exemplar, o vinho que leva seu nome é suave, com aroma delicado e uma bênção que perdura no paladar. Meus pensamentos voltam-se para 1968, quando os iconoclastas escancararam os santuários da França e levaram as estátuas sagradas para a casa de penhores, em cujas janelas elas ficaram desde então cobertas de pó. É possível resgatar essas imagens nas quais um dia as pessoas confiaram para resgatar a França? Talvez se deva pedir a São Nicolau – que também é o padroeiro dos penhoristas – para intervir. Enquanto isso, no entanto, a França dos iconoclastas, sem Deus e desencantada, continua, e o *pays réel* pode ser visitado apenas na taça.

4
Notícias de outros lugares

A videira, *Vitis vinifera*, foi cultivada no Velho Mundo pelo menos desde 6000 a.C., quando a plantaram na Ásia Menor. O cultivo começou logo abaixo do mar Negro ou até (de acordo com um arqueólogo) sob ele, antes de a represa natural do Bósforo ceder e a bacia do mar Negro ser inundada, afogando os mártires a quem devemos tanta felicidade. Pode-se dizer que o vinho é provavelmente tão antigo quanto a civilização; eu prefiro dizer que ele *é* a civilização e que a distinção entre países civilizados e incivilizados é a distinção entre os lugares onde o bebem e os lugares onde não o bebem.

Assim, não é de surpreender que o vinho ainda seja produzido no Oriente Médio, em praticamente todos os lugares onde o sol não seca as plantas ou os wahhabistas não murchem tudo. Na Turquia, na Líbia, na Síria, em Israel e no Norte da África encontramos os vestígios de um comércio que outrora se espalhava para o sul atravessando a Assíria, a Mesopotâmia e a Palestina, e que levou para a corte dos faraós essa bebida mágica por eles conhecida como *lrp* – um nome que não diz muita coisa sobre o modo egípcio de bebê-la. As terras bíblicas, antes e depois das migrações israelitas, foram colonizadas pela uva, que servia como um tipo de guarda avançada das hordas humanas, domando a paisagem e possibilitando a celebração das vitórias com estilo.

As cidades-Estados da Grécia e da Pérsia assumiram a tradição e com um chauvinismo característico grego criaram o mito de Dioniso, atribuindo a invenção do vinho a uma das suas divindades recém-chegadas, embora nascida, de acordo com o mito, na Arábia. Apesar do chauvinismo, os gregos sabiam que os melhores vinhos vinham de Biblos, na costa levantina; ao transportarem o vinho do levante para as suas colônias em Siracusa e Trácia, chamaram o produto de "Vinho de Biblos" – o primeiro exemplo, já mencionado por Hesíodo no século VI a.C., de um nome-marca global no comércio do vinho.

Biblos era a pátria dos fenícios, que comercializavam o vinho por todo o Mediterrâneo e o levavam consigo para suas colônias – sobretudo para Cartago e o sul da Espanha. O vinho ainda é produzido em Biblos e também no Líbano, e os vinhos do vale do Beqa são merecidamente famosos graças ao Château Musar, feito ali pela família Hochar.

Os romanos destruíram Cartago, mas mantiveram as vinhas, que vicejaram até a conquista pelos muçulmanos. A partir de então, as uvas foram cultivadas para a mesa e para serem secas e comidas como passas. A fabricação de vinho voltou às praias de Cartago pelas mãos dos colonos franceses, que substituíram a Moscatel local pela Chardonnay, a Syrah e a Cabernet Sauvignon. Os vinhos do Marrocos e da Argélia tinham alguns adeptos na França da minha juventude, sobretudo o rosé do mosteiro trapista próximo a Algiers. Infelizmente os mosteiros, que minoravam as carências dos pobres da região, foram expulsos e, no famoso caso de Tibhirine, violentamente destruídos por fanáticos muçulmanos determinados a criar um argumento irrefutável de defesa da recolonização do Norte da

África. No Marrocos, contudo, subsiste um vestígio da civilização francesa na forma de um Chardonnay maduro e apetitoso que pode ser obtido nos bares dos hotéis e também, embora secretamente, em outros lugares; peça um *finjân abyad* e ele lhe será servido num copo de vidro, às vezes com um prato de picles.

O cultivo da vinha não cessou com o Império Romano. Os grandes vinhedos da Borgonha já eram famosos na época de Carlos Magno e os da Dalmácia e da bacia do Danúbio permaneceram em cultivo contínuo durante os domínios romano, mongol, húngaro, turco e austríaco, perdendo sua reputação somente quando os comunistas moveram sua guerra implacável contra a agricultura. Embora os romanos tenham levado o vinho para a Grã-Bretanha, foi somente na era saxônica que se tornou um artigo importante da produção agrícola. Trinta e oito vinhedos estão registrados no livro de Domesday e, por volta de 1125, William de Malmesbury referiu-se às encostas de Gloucestershire como densamente plantadas com vinhas, comentando que o produto era melhor que o francês. Um vinho espumante de Kent foi há pouco considerado, numa degustação às cegas, superior ao Champagne, e talvez num futuro próximo os turistas ingleses na França venham a ter saudade dos vinhos do seu país, como aconteceu com o poeta saxônico Alcuíno de York na corte de Carlos Magno.

Na época em que foi do sul da Mesopotâmia para o Egito, o comércio do vinho começou uma viagem rumo ao norte, para a Geórgia e a Armênia. Essas regiões também merecem a atenção dos enófilos, e os vinhos negros da Geórgia – leves e doces, e de certa forma adequados às alegres caras de lua cheia que até recentemente costumavam acompanhar o seu consumo – estão entre as curiosidades mais interessantes que a região tem a oferecer. O vinho tinto doce era popular no mundo antigo, que controlava a fermentação pelo aquecimento ou adoçava o vinho com xarope feito de suco de uva fervido. O efeito de mascaramento do açúcar tornava esse vinho tolerável para a consciência islâmica, fato que é registrado na palavra árabe tomada emprestada pelos turcos para designar o nosso suco de frutas – *sharap*, em lugar da palavra árabe *khmar*. Os vinhos georgianos, juntamente com o Mavrodaphne doce da Grécia, são a última reminiscência do antigo paladar do vinho e das nobres concessões que possibilitaram aos cristãos e muçulmanos beberem uns com os outros, como novamente deviam fazer.

Os libaneses afirmam que o vinho chegou ao mundo com seus ancestrais fenícios. A questão é controversa; talvez tenha sido um pouco mais ao norte, na bacia do mar Negro, que ainda não havia sido inundada. Talvez tenha sido um pouco mais ao leste, no Crescente Fértil, ou um pouco mais ao sul, nas colinas da Palestina. Mas talvez os libaneses estejam certos ao afirmar que seus ancestrais foram os primeiros a fazer vinho, já que seguramente foram os primeiros a criar uma economia de produção e comercialização de vinhos, exportando seu produto por toda a região mediterrânea e ajudando os egípcios a desistirem dos seus afrescos planos e dançarem um pouquinho em 3D.

Apesar de tudo isso, durante dois milênios o Líbano ficou fora do mapa dos amantes do vinho. Com exceção do Ch. Musar, seus vinhos dificilmente são exportados; e dentro do país bebem-se apenas três milhões de garrafas anualmente. O primeiro estabelecimento comercial voltado para o vinho no Líbano moderno foi o Château Ksara, fundado por monges jesuítas em 1857 e próximo da cidade cristã de Zahleh, no Beqa'a, que é até hoje o maior produtor e o mais popular. No período compreendido entre os fenícios e 1857, o vinho certamente foi produzido no Líbano, uma vez que dentro do sistema otomano *millet* as comunidades cristãs tinham direito de produzir vinho doce para a comunhão, e todas as comunidades, cristãs, drusas, sunitas e xiitas, tinham o hábito de fermentar uvas para a produção do arak. O Château foi vendido em 1972, quando o Vaticano ordenou aos seus estabelecimentos que se desembaraçassem de quaisquer empresas lucrativas, pois nessa época o lucro era politicamente incorreto. Depois de anos de administração desastrosa, agravada pela guerra civil e por muitas invasões, o Ch. Ksara readquiriu agora sua reputação. O tinto e o rosé, feitos com variedades de Rhône como a Carignan e a Cinsault, justificam uma visita a qualquer restaurante de comida árabe em que sejam servidos. E os melhores restaurantes desse tipo de comida ainda são os do Líbano.

Foi com uma garrafa de Ksara rosé que aconteceu uma grande mudança no meu pensamento. Durante a guerra civil libanesa visitei Beirute com um amigo, para escrever sobre o conflito. Atravessar a zona oeste de Beirute era difícil; contudo era necessário. Ninguém pôde nos acompanhar, apenas uma freira magra mas vigorosa do Convento de São Vicente de Paula, cuja ordem é atuante em todo o Oriente Médio, levando, frequentemente em condições perigosas, alívio e educação para muçulmanos e cristãos. Em todos os locais por onde passamos no nosso deslocamento entre redutos semidestruídos encontramos sofrimento: mudo, desamparado e quase sempre terminal. E por toda parte, em torno desse sofrimento havia os braços do amor.

Depois de um dia visitando pessoas que tinham perdido tudo, menos a sua capacidade de acreditar num Deus amoroso, encontramo-nos numa área arruinada da cidade onde os cristãos iraquianos se reúnem e onde ainda se fala a língua de Cristo. Ali fica o convento da madre Teresa, que acolhe somente os casos desesperadores.

Mais tarde naquele mesmo dia, na relativa segurança da zona ocidental de Beirute, com uma taça de Ksara rosé ao meu lado, comecei a refletir sobre o que tinha visto e fiz umas poucas e breves anotações no meu diário.

"Batemos na porta; uma criança aleijada, saída de um canto escuro, arrasta-se pelo chão e uiva para nós como um cão. Uma freira alemã vem nos receber. É jovem, bonita, fresca, serena, e satisfeita por estarem falando-lhe na sua própria língua. Ela nos leva à sua sala, passando por crianças deformadas, gesticulando para mulheres esclerosadas e criaturas semi-humanas que nos olham com olhos arregalados, como pássaros curiosos. Há um clima geral de entusiasmo com nossa chegada, e a certa altura a criança aleijada rasteja até onde está a freira e começa a cacarejar em nossa direção. A freira afasta seu almoço com gestos constrangidos: dois rabanetes, uma laranja, pão sem fermento e um copo de água. Chega a madre superiora – uma bengali miúda e animada que fala inglês. Ela nos mostra sua coleção de criaturas adormecidas: mongoloides; crianças com deformidades paralisantes; outras que choram e se arrastam como animais. Mas nenhuma delas é realmente um animal; são pessoas assistidas com atenção, plantadas pelas boas freiras bengalis no seu solo inauspicioso e cuidadosamente servidas para terem uma vida frouxa, distorcida e no entanto ávida.

Ali, a palavra 'testemunho' está constantemente nos lábios das pessoas. A influência é menos grega do que árabe – *shahada* sempre esteve na mente dos muçulmanos e foi adotada pelos vizinhos cristãos, embora não com o sentido amplamente conhecido. Pois não se dá testemunho da fé cristã anunciando-a, e ainda menos matando inimigos. O testemunho é dado com obras de caridade e com o perdão. Nada no mundo pode realmente superar a beleza dessa ideia, e mesmo quando olho para a obra das irmãs através dos meus óculos nietzschianos, vendo essa assistência dada aos incapazes como um desperdício de energia humana e um desprezo pelos reais interesses da espécie, mesmo se procuro proteger-me da compaixão, como fez Nietzsche, pondo de lado todos os que sobraram do banquete evolucionário, ainda assim eu vejo a obra das freiras como necessária e a caridade como parte da vontade de viver coletiva. Essas boas freiras têm o projeto supremo de acender, em qualquer velinha humana que se apresente, a luz de uma alma humana. Isso serve também para as espécies, e de modo muito mais eficaz do que a vontade arrogante de escolher os sobreviventes. E se existe essa coisa chamada obra divina, é o que elas fazem."

De repente eu rejeitei as atitudes nietzschianas com as quais tentava em vão me proteger da compaixão e fiquei cara a cara com o mistério da caridade – o mistério contemplado por Péguy na pessoa de Joana d'Arc e por Geoffrey Hill na pessoa de Péguy.[8] Eu havia testemunhado o amor descendente, que São Paulo chamou de *ágape*, e ele me deixara incomodamente fascinado. Até aquele momento era o amor ascendente chamado *eros* que havia dominado minha vida. Eu estava sendo levado para uma nova direção, e o sabor daquele rosé simples, quando ao voltar o bebi num restaurante londrino, trouxe de volta a ideia em que se baseia o testemunho cristão: a ideia de que tudo, inclusive nós mesmos, é uma dádiva. As irmãs de caridade tinham uma mensagem de extrema simplicidade: você recebeu muito, mas o que tem dado

---

8. O poema *Le mystère de la charité de Jeanne d'Arc*, de Charles Péguy, foi publicado em 1910 e sua influência preparou o caminho para a canonização de Joana, ocorrida uma década depois da morte de Péguy em combate na Primeira Guerra Mundial. O poema de Geoffrey Hill, *The Mystery of the Charity of Charles Péguy*, foi publicado em 1983.

em troca? E se não deu nada, como vai reparar isso? Anos depois, voltando a essa questão, tentei viver de outro modo, embora sofrendo com a "noite escura da alma", que também afligiu madre Teresa – sem encontrar o ser necessário que é Deus, e tropeçando nos seres apenas contingentes amontoados em todos os caminhos que levam a Ele. É exatamente pelo fato de a fonte desse amor descendente estar oculta de nós que fixamos tantas esperanças no amor ascendente, cuja fonte está em nós.

Na verdade, pode-se dizer que a filosofia ocidental começa com o estudo desse amor ascendente. *Eros* é o fenômeno que fascinou Platão e o fez voltar o coração e também a mente na direção das suas teorias mais famosas: a teoria da alma e sua aspiração com respeito à esfera da eternidade; a teoria das formas e da forma do belo; a teoria da luz que brilha além da cova da nossa mortalidade; a teoria da polis e suas instituições, destinadas ao "cuidado da alma". Em qualquer ponto da filosofia de Platão encontramos argumentos cujo interesse secreto é abolir nossas afeições comuns, voltadas para baixo, que nos fazem aceitar a mortalidade, e no lugar delas pôr o brilho de *eros*. Daí sua hostilidade com a família, seu desejo de que as crianças sejam criadas coletivamente e seu peã ao "viço na face de um jovem". A imagem torturante de um jovem belo retorcia o coração de Platão e atormentava-o com o desejo. Ele não via outra solução para isso senão se afastar do desejo e ascender, pelo amor, à região celestial onde não é o rapaz quem ele contempla, mas sim a forma da beleza em si, a eterna ideia da qual o rapaz não é senão um exemplo e na contemplação da qual encontramos nosso destino eterno.

O vinho ajuda-nos a meditar sobre a caridade e também sobre outras coisas profundas e difíceis. Mas não estimula a caridade como estimula o desejo. Baco e Eros, de acordo com algumas autoridades antigas, são companheiros íntimos e trabalham juntos para a adoração devida a ambos. É preciso recordar que Baco teve um início de vida desastrado, tendo sido salvo, quando ainda feto, das cinzas da mãe e transplantado para a coxa de Zeus. Mas sua educação na ilha de Naxos venceu as desvantagens ligadas ao nascimento (na verdade mais uma amputação do que um nascimento). Ele se tornou amante e instrutor da humanidade, que alivia nossas dores e também garante que os desmancha-prazeres terão o assassinato brutal que merecem. Num tributo a esse deus que é um defensor obstinado da compaixão, de tempos em tempos devemos visitar o lugar de sua primeira missão na Terra – um lugar que mudou muito desde que as árvores foram tombadas, os rios secaram e as pessoas construíram "a casa dos meus sonhos", sendo portanto bem melhor visitá-lo na taça, onde ele permanece como quando Hesíodo o invocou. E você não levará muito tempo para descobrir que o amor que vive no vinho da Grécia não é o *ágape* que eu sempre bebo no Château Ksara, e sim *eros*.

Pelo menos é isso que aprendemos do Retsina. O uso de resina para dar sabor ao vinho tem sido adotado na Grécia desde os tempos antigos: na Antiguidade, as ânforas gregas eram revestidas internamente com resina de pinheiro em homenagem a Dioniso, que era associado à pinha, símbolo da fertilidade. O efeito esterilizador da resina possibilitou a exportação dos vinhos gregos, e daí Plínio se ter deparado com eles, repudiando seu sabor resinoso. Contudo, mesmo se os produtores se valem da resina para ocultar os defeitos da uva, esse é um tributo a Dioniso, que nunca pretendeu ter suas dádivas menores rejeitadas. E a própria uniformidade do Retsina – que permanece igual de ano para ano e de lote para lote, como os molhos HP ou Marmite – faz-nos lembrar o aspecto de *eros* que Platão mais temia: seu enraizamento num apetite geral, que contempla o corpo do outro e ignora a alma. Servido frio com um prato de azeitonas, o Retsina é o modo certo de começar uma refeição num restaurante grego; e quase sempre ele vai levar seus pensamentos para uma direção erótica. E se no fim da refeição você pedir uma taça ou duas do doce elixir de Chipre chamado La Commandaria – numa alusão à fortaleza veneziana onde sua uva é cultivada –, então *eros* não deixará de tomar conta do resto. Esse é certamente o vinho referido por Safo numa das suas grandes invocações a Afrodite, mãe de Eros:

> *Venha cipriota, em copos dourados,*
> *Despejando néctar, suavemente*
> *Misturado ao desejo...*

Por outro lado, o verdadeiro amor erótico surge quando o desejo foi contido e concentrado. Assim, Platão estava certo em temer o apetite generalizador, embora desse instruções falsas para transcendê-lo. O amor erótico deixa de ser amor quando se torna transferível; e *eros* deve seu grande poder e sua verdadeira justificação ao fato de concentrar-se no outro como um indivíduo livre e responsável. Vi essa ideia confirmada não só no descaramento indecente do Retsina, mas também no refinado e despretensioso vinho branco de Creta chamado Xerolithia. Recebendo seu nome das paredes de pedra com que se formam os patamares das vinhas em torno de Peza e produzido com a uva nativa Vilana, esse delicado vinho verde-amarelado é jovem, ativo, ligeiramente *pétillant*, com acidez equilibrada e aroma de feno doce. É um vinho que abre o coração para a afeição e afasta os pensamentos opressivos que sem ele estragam uma corte – ou pelo menos qualquer corte que valha a pena. Pode-se dizer o mesmo do fabuloso vinho branco chamado

Thalassitis, da ilha de Santorini (que não deve ser confundido com a talassemia da ilha de Chipre, embora talvez seja uma cura eficaz para ela). O grito com que em *Anábase* o fatigado grupo de Xenofonte saudou a visão da sua salvação: – *Thalassa! Thalassa!* – O Mar! O Mar! – ressoa no nome e estranhamente no sabor do vinho dessa ilha, e nele se sente o picante limpo e virginal das moças de lá que conheci nas minhas viagens, quarenta anos atrás. Sua sexualidade era mantida em reserva, fora do alcance, para ser oferecida finalmente como uma dádiva de todo o seu ser. Nisso consiste o sexo verdadeiro, e por isso o meu relato é diferente do de Platão.

Em um aspecto, no entanto, eu concordo com a magnífica tentativa de Platão defender *eros*. É claro que ele estava certo em acreditar que a moralidade do sexo deriva do *desejo* e não das suas consequências sociais e biológicas. Mesmo se o desejo sexual não tivesse nenhuma relação com a geração de filhos, nenhuma relação com a formação das famílias e a reprodução da sociedade, ele continuaria sendo para nós um problema moral, uma fonte e um objeto de vergonha e culpa, algo a ser contido até ser corretamente dirigido. Platão considera legítimo o desejo quando ele se dirige não para o indivíduo e sim para *além* dele, de modo a ter como alvo as estrelas. Isso é loucura, e uma taça de vinho com a amada é a melhor prova em contrário da teoria de Platão, uma vez que nos põe imediatamente na posição que apenas os seres racionais conhecem, de olhar não *além* do outro, mas *dentro* dele. Essa experiência pode ser entendida quando colocamos particularidades concretas no lugar de ideias abstratas. Eu olho nos olhos da minha amada porque quero fazer brilhar minha luz no lugar de onde ela também faz brilhar a dela em mim: o próprio centro do seu ser, que ela designa como "eu". E essa experiência, quando "O brilho do nosso olhar se enroscou e mesmo se entrelaçou / Nossos olhos em um fio duplo" – como disse John Donne –, é tornada legítima não pela fome de conhecimento abstrato sobre a qual Platão escreve, mas pela facilidade com que nos damos ao indivíduo, aqui e agora. O enroscar de brilhos do olhar é um prelúdio para a união das individualidades, e ver as coisas desse modo é a base de qualquer moralidade sexual que mereça esse nome.

Essa teoria ressalta a semelhança e a diferença entre *ágape* e *eros*. Ambos são fruídos numa doação. Mas no *ágape* a doação pode ser repetida, renovada, e sempre em busca de algum novo recipiente, ao passo que em *eros* a doação se concentra no outro, é zelosamente retida até o momento certo e dada somente sob a condição da mutualidade. Enquanto a caridade nada pede em troca, o amor erótico dá apenas o que visa receber. Daí o fato de *eros* ser restringido pelo ciúme, ser infinitamente vulnerável à rejeição e precisar se proteger com a vergonha.

Essas são observações do Velho Mundo; Platão as poderia ter feito, e quase as fez. Os textos do Novo Mundo sobre sexo não mencionam o entrelaçar de brilhos do olhar nem o percutir de cordas do coração. Eles tratam do prazer, e até mesmo colocam tudo numa moldura de análise de custo-benefício, como em *Sex and Reason*, do juiz Richard Posner, um livro ridículo que ilustra exatamente até onde a malévola descrição do sexo dada pelo charlatão Alfred Kinsey penetrou na cultura americana. É difícil dizer exatamente quando o sexo se desencaminhou nos Estados Unidos – embora James Thurber, em *Para que serve o sexo?*, tenha alertado para o que estava acontecendo oitenta anos atrás. Arrisco-me a dizer que começou antes, com a lei seca, quando os puritanos, tendo triunfado numa área, relaxaram sua vigilância em outro – e bem mais importante – domínio da tentação. Em uma década os americanos passaram a ver o sexo como viam a próxima bebida: algo furtivo, a ser arrebatado quando há uma oportunidade, misturado com os ingredientes mais fortes. Depois se cumpriu a habitual sequência do puritanismo: por que proibir? Por que controlar? Por que ser furtivo? Que seja tudo às claras! E então, depois da mais breve das colheitas, veio a pornografia e o vício que elimina inteiramente o outro e destrói os últimos vestígios do amor erótico.

Destituídos das uvas e de outras fontes de doçura, e apenas com centeio e cevada para os seus açúcares, os ancestrais da tribo americana que chegaram às colinas e vales férteis dos Apalaches, vindos das charnecas batidas de vento da Escócia e dos pântanos irlandeses, começaram a fazer a brassagem do malte, a maltar, destilar e embarrilar, acabando por chegar à bebida a que Sir Walter Scott, deliciando-se com o som de uma palavra em que ouvimos as chamas e a fumaça da destilaria, dá o nome gaélico de *uisgeah*: a água da vida. Uma vez nos Estados Unidos, eles chegaram a um refinamento maior, que consistiu em armazenar o líquido abrasador em tonéis que já haviam sido queimados internamente. O carvão absorve os gases indesejáveis e também lança um sabor desconhecido e misterioso, como grandes sobrancelhas negras num rosto jovem e alvo. Assim foi criado o Bourbon, que se tornou parte da cultura acomodada da classe média cujo ícone é "a verdadeira América" dos subúrbios, onde as pessoas se sentam em casa lendo sobre um outro país que existe nos romances de Nathaniel West, William Faulkner e Kurt Vonnegut – os Estados Unidos em que as pessoas se embebedam. Para a alma americana o Bourbon é um refúgio, que deve ser visto não como uma bebida e sim como uma "dose" injetada no estômago pela boca. Nessa sociedade consensual as negociações podem ser medidas tendo como referência as doses necessárias para realizá-las. A maioria dos negócios corporativos é caso para duas doses; mas os que conhecem a profunda solidão dos Estados Unidos sabem das colisões de quatro ou cinco doses, das quais os átomos humanos saltam por novos caminhos de exploração, sempre alegres, sempre sós.

Louvando o Bourbon na revista *Esquire,* o escritor americano Walker Percy disse que ele reduz a anomia do mundo moderno. Mas os encontros de quatro ou cinco doses com mulheres por ele mencionadas mostram outro aspecto da "verdadeira América": não se trata tanto de anomia quanto de carência emocional. Não a carência que presenciamos hoje nas novas formas de dependência da tela e de sexo narcisista, mas de qualquer forma um medo crescente de se dar. Esse medo produziu a sua própria invenção engenhosa: o coquetel, em que o Bourbon é misturado com ingredientes kitsch e dirigido ao paladar feminino. E a mistura é eficaz: os casamentos suburbanos são renovados cada noite no gramado, quando ele toma uma dose e ela um trago, e a angústia esgueira-se nas sombras.

Contudo eu não depreciaria a terra da liberdade. Ali é possível cumprir a profecia de Marx, anunciada em *A ideologia alemã*: caçar (isso mesmo, caçar!) de manhã, pescar à tarde e escrever crítica literária depois do jantar, e tudo isso sem circuito interno de televisão para registrar os seus deslizes. Podemos vagar pelos subúrbios deliciando-nos com o silêncio que vem dos castelos da Disneylândia em seus terrenos de três acres. Podemo-nos permitir nossas fantasias nos estabelecimentos que vendem hambúrgueres e nos shopping centers, e olhar os cubos de meia tonelada de carne humana que passam em armações invisíveis e inimagináveis de lugar algum para nenhum lugar, abençoando com liberalidade whitmaniana o que quer que seja colocado diante de seus olhos, bocas e umbigos, sempre sorrindo, sempre cumprimentando e contudo com aquela triste solidão que nada é capaz de curar realmente.

Mas o que as pessoas bebem, excluindo-se as doses letais – pelo menos para a arte da meditação –, de destilados? O povo americano, cujo consumo anual de 72 quilos de açúcar exige dele estar sempre bebericando nas latas que encouraçam seu diafragma, é guiado nisso, como na maior parte das coisas, por um senso teimoso de dever patriótico. A Coca-Cola é americana, por isso é preciso beber Coca-Cola. Seu breve namoro com o vinho francês foi abruptamente encerrado por um arroubo patriótico, e embora eles bebam quantidades copiosas de Budweiser, só o fazem por acharem que essa cerveja é um produto 100% americano, ignorando o processo pelo qual os tchecos estão reivindicando a marca, e a cerveja, Budějovice.

Então o que eles bebem? A resposta é simples: vinho americano. A descoberta dos Estados Unidos trouxe a filoxera para a Europa, mas o enxerto das nossas videiras em troncos nativos americanos salvou-as da extinção. Essa história ilustra a verdade geral de que quando as doenças vêm dos Estados Unidos, de lá quase sempre vem também a sua cura. A lição não é evitar a doença, mas forçar a sua cura. Isso é válido tanto para o livre comércio, a fast-food e o feminismo quanto para a filoxera, e se não fosse pelo fato de estar tentando escrever sobre o aspecto filosófico do vinho, eu poderia fornecer muitos exemplos instrutivos.

A Zinfandel, trazida da Hungria pelo pretenso conde Harasthy em meados do século XIX, dá-se melhor na Califórnia do que em qualquer outro lugar, com exceção da Apúlia, na Itália (onde seu nome é Primitivo). Com ela se faz um vinho rosé que não tem nenhum equivalente nos produtos europeus. E a Pinot Noir está à altura dos

Borgonhas medianos quando adequadamente plantada e cuidada nos vales do Napa e do Sonoma. Por outro lado, essas uvas são uvas do Velho Mundo enxertadas em troncos do Novo Mundo, e têm com o vinho da Europa a mesma relação que as MacMansões dos subúrbios americanos têm com as casas de campo da Inglaterra.

Na verdade, embora nos tempos antigos os pés de Baco pisassem no verde das montanhas da Inglaterra, eles só pisaram nas montanhas da América do Norte quando os colonos sedentos gritaram pedindo socorro. No entanto, o que de modo geral se ignora é que seu pedido foi atendido. Desde tempos imemoriais, as uvas agarraram-se às encostas rochosas e serpearam pelos vales, à espera da visita do deus. Pequenas, firmes e resistentes, elas inicialmente não pareceram justificar o esforço da vinificação. Mas a hibridação e o cultivo seletivo levaram a variedades que durante algum tempo ocuparam um lugar no repertório, antes de serem desalojadas por uvas importadas do Velho Mundo no século XX. E aqui e ali, tolhidas pela onda global, podem-se ainda ver uvas nativas salvas da inundação e cuidadosamente aduladas para se tornarem vinhos com o gosto do solo que as moldou e da história que elas moldaram.

Foi na Virgínia, colonizada por gente mais civilizada do que os puritanos ranzinzas da Nova Inglaterra, que começou o plantio metódico de uvas. Já em 1619, a Colônia da Virgínia aprovou uma lei exigindo que todos os homens plantassem e mantivessem dez videiras. E a primeira uva usada foi a Norton, nativa da Virgínia, cultivada por Jefferson em Monticello e depois plantada pelos discípulos do deus em muitas propriedades rurais da colônia. "Nos Estados Unidos poderíamos fazer uma variedade de vinhos tão grande quanto se faz na Europa, não exatamente do mesmo tipo, mas sem dúvida com a mesma qualidade." Jefferson escreveu isso em 1808.

Excepcionalmente adequada ao clima úmido da região da universidade Old Dominion, a Norton deu origem, no final do século XIX, a um Clarete muito bom, produzido pela Monticello Wine Company, presente com sucesso em competições internacionais. Jefferson tinha defendido ardorosamente o vinho como "o único antídoto para a proibição do uísque". Mas essas distinções sutis não impressionaram as mentes fechadas dos puritanos, e o vinho – bem mais difícil de esconder do que o uísque – foi quase eliminado da dieta americana nos dias da lei seca. Na época do tímido retorno do deus, o Norton teve outra derrota, infligida pelos produtos globalizados da Califórnia. Mas uma quantidade suficiente das vinhas antigas sobreviveu, e recentemente discípulos leais se dedicaram a restaurá-las. O resultado é um vinho admirável que os devotos precisam beber quando ouvem o grito do deus em perambulação por aquela paisagem até hoje inesquecível.

Logo adiante na estrada, quando se vem da casa que compramos nas montanhas Blue Ridge, fica a companhia vinícola Horton, e pouco depois de minha chegada aos Estados Unidos, tendo já adquirido o hábito de toda noite me consolar com aquele Marsannay branco da loja de Little Washington, um amigo trouxe uma garrafa de Norton da Horton. Seu conteúdo negro saiu da garrafa esbravejando como uma nuvem de marimbondos, grudando no nariz, nos lábios e no palato, e aferroando-nos com aromas intensos de avelã cobnut, uva-do-monte e melado. Depois, quando o bebemos, o vinho começou a cantar no paladar a sua magnífica música. A acidez quase imperceptível da uva americana soou como uma nota profunda de órgão sob o coro de perfumes estivais. Minha boca encheu-se de um brilho condimentado e um murmúrio profundo de fruta ecoou na barriga. Reconheci o autêntico sabor da Velha Virgínia – o solo vermelho rochoso, o ar úmido, as brisas povoadas de insetos, tudo espremido naquela uva negra engarrafada e depois liberada em nuvens extáticas sobre a mesa.

É justo dizer, no entanto, que embora os melhores produtos da Califórnia se comparem com os vinhos da Europa, sendo vendidos a preços semelhantes aos dos Bordeaux *premiers* e *seconds crus*, só raramente o vinho americano tem o autêntico gosto do solo que encontramos na Norton. É um solo com poucos mártires além dos mortos que jazem nos campos de batalha da Old Dominion, e não há ali santos e deuses comparáveis aos que jazem nos campos da França. As vinhas são criações recentes, a maioria produto do trabalho de imigrantes italianos cuja vida entre elas é lindamente evocada por Vikram Seth em *The Golden Gate*, sua obra-prima subestimada. Os descendentes da velha tribo tomam bebidas ilegais nas compridas sombras dos Apalaches e cantam músicas cujas letras falam de Jesus, que os chama para casa. E a casa que ele promete é uma cabaninha de madeira como aquela em que eles nasceram, com torta de maçã e cidra na mesa, e talvez, quando o Senhor vier em visita, uma dose de centeio. A velha tribo dos Estados Unidos estabeleceu-se num lugar igualmente santificado por ela. Mas a santificação foi feita sem vinho.

Embora o vinho não seja necessário para a santidade, esta é contudo um maravilhoso acréscimo a ele. A uva dos melhores vinhos cresce em lugares sagrados – templos dos deuses romanos, jardins de mosteiros e encostas de colinas onde calvários dividem a terra. Isso sempre me fez desconfiar dos vinhos da Austrália e da Nova Zelândia. A Austrália é um maravilhoso exemplo de paisagem consagrada – mas consagrada por pessoas que viviam ali como caçadoras-coletoras e cuja cultura foi destruída desde então. Uma parte de sua resposta espiritual à paisagem foi captada por Bruce Chatwin em *O rastro dos cantos*, e é uma resposta violentamente contestada pelas fileiras cerradas de Chardonnays robustos e de alegres Syrahs, e pelos fortes exércitos de 1 milhão de garrafas que vão tilintando para a cidade na primeira etapa da sua viagem para nenhum lugar, vindas do lugar algum onde foram feitas.

Claro que isso é a economia global e tem de ser tolerado. Assim decretou a OMC, e quem sou eu para me opor ao curso da história? (Mas imagine: dentre todos os meus conhecidos, eu sou a única pessoa que se opõe *mesmo* ao curso da história.) Mas dois pontos precisam ser abordados antes da rendição. O primeiro é que a safra australasiana ocorre seis meses antes da europeia. Daí, na moderna cultura da uva irrigada com esgoto, as vinhas australasianas terem uma vantagem de seis meses sobre os concorrentes do norte, e os australasianos procuram tirar o máximo proveito disso. Logo que comecei a escrever sobre vinho, no outono de 2001, pediram-me para discutir os vinhos de 2000, que levaram à minha mesa a certo custo para o planeta, mas a um custo muito baixo para o produtor, e frequentemente com rótulos alardeando suas origens dessacralizadas: Back End, Railway Turning, Wide Bottom, Lone Gum, The Other Side, Over the Hill. Só de vez em quando, em nomes como Hunter Valley e Coonawarra, tem-se um vislumbre da pré-história sagrada da Austrália. E há também o Wirra Wirra, localizado no vale do McLaren, um dos estabelecimentos vinícolas mais antigos e mais bonitos daquele país; e se há um vinho com gosto de Austrália, é o que mistura Grenache e Syrah – um vinho fortíssimo que alia os excessos culposos do porto à jocosidade do sertão australiano. Mais ortodoxo, com sabor de alcaçuz e cor púrpura-profunda associados ao rústico Syrah australiano, é o vinho da empresa vinícola Brokenwood. Se fosse descrever esse vinho, eu diria que seu sabor se parece com o som das cigarras; mas isso simplesmente é outra ilustração de como é difícil descrever o sabor das coisas.

Por que chamá-lo de shiraz? Essa uva – a Syrah – não tem nada a ver com a cidade de Shiraz, apesar da lenda defendida em alguns pontos das margens do Rhône de que a uva chegou àquelas plagas com a volta dos cruzados, e apesar da fama de Shiraz como a terra natal do grande enófilo Hafiz. Syrah é a uva do Hermitage, um vinho que amadurece durante décadas para resultar no mais delicado e perfumado de todos os produtos do Rhône. O nome "shiraz" faz o vinho parecer selvagem e peludo, a ser bebido diretamente da garrafa de tampa atarraxada e com o estoicismo viril de um recém-convertido da cerveja. E forçar a Syrah até 14% ou mais, induzindo-a ao amadurecimento precoce de modo a colocá-la no mercado com os sabores de alcaçuz não abrandados, golfando seu hálito de dragão como uma velha devassa que se inclina para o lado querendo pôr a mão cabeluda em nosso joelho, é caluniar uma uva que, se tratada adequadamente como a tratam na colina de Hermitage ou na Côte Rôtie, é a mais lenta e civilizada das sedutoras.

No entanto, gostemos ou não, há mais Syrahs produzidos na Austrália do que todas as demais variedades de tinto juntas. E isso me leva ao segundo ponto, que é o de que com poucas exceções, como o Wirra Wirra, os vinhos australasianos não têm o sabor do lugar. Daí eles terem resolvido ter o sabor da uva. Eles virtualmente gritam a palavra Sauvignon ou Riesling ao saltarem armados da garrafa, golpeando-nos na altura da cabeça com seus aromas de aço inoxidável.

Mas precisamos nos lembrar da Nova Zelândia, que é bem mais fria, bem mais tranquila, bem menos agressiva do que a Austrália e que nos ofende bem menos. Meu próprio ceticismo foi vencido por um Pinot Noir da

Montana, a maior produtora da Nova Zelândia. Contra todas as minhas expectativas, o resultado foi um sucesso estrondoso: um vinho aromático que melhoraria continuamente durante muitos anos e que já mostrava um fascínio e caráter notáveis depois de apenas três anos na garrafa. Obviamente seu gosto não era o mesmo do Borgonha. Mas ele se parecia com o melhor Borgonha tinto num aspecto importante: eu o continuei bebendo e me senti cada vez melhor.

Como muitos conservadores ingleses, sou ambivalente com relação à Nova Zelândia. As maneiras, os costumes e a velha cortesia dos ingleses ainda resistem, segundo a opinião geral, naqueles prados infinitos de um puro verde inglês; o prédio do correio na aldeia, a igreja anglicana, a capela metodista, o pub da roça e o campo de cricket ainda ocupam seu lugar costumeiro na sociedade rural; a caça com cães não foi proibida, pelo que sei, e talvez ainda haja mel para o chá. Por outro lado, a voz da Nova Zelândia em todas as coisas que importam – sexo, casamento e reprodução, Deus, macacos e anjos – é decididamente pós-moderna. Lendo a literatura produzida pelas feministas, pelos ativistas dos direitos dos animais e pelos multiculturalistas neozelandeses, resolvi tempos atrás que não teria lugar na vida intelectual de Whare Wananga [Casa do Conhecimento Oculto], como Canterbury será chamada dentro de pouco tempo. Mas depois descobri, visitando o site da Universidade de Canterbury, que a sociedade dramática está atualmente encenando o *Filoctetes* de Sófocles, que o departamento de Filosofia mantém a excelente tradição australasiana da Filosofia da ciência, que todos os assuntos antigos continuam sendo oferecidos e que até agora não há um departamento de estudos de gênero (leia-se "da mulher").

Claro que isso não me persuade a visitar o lugar: a viagem estreita-nos a mente, e quanto mais longe vamos, mais estreita ela fica. Existe apenas um modo de visitar um lugar com a mente aberta, e esse modo é na taça. Mas na última vez que fui lá, numa taça de Eradus Pinot Noir 2004, só ouvi o murmúrio das intermináveis discussões em torno da questão de quem realmente é o dono da paisagem, uma prática com a qual os antípodas arruínam a consciência. Isso me fez voltar a uma das coisas mais importantes que aprendi com o vinho: a pessoa que planta vinhas num lugar onde estas nunca haviam existido tem um direito superior ao de qualquer outra, independentemente do curso dos acontecimentos. Se há um afastamento da ortodoxia inglesa pelo qual os neozelandeses merecem um louvor ilimitado é a sua decisão de não só plantar vinhas como também estudar o modo de fazer vinho como ele deve ser feito – em outras palavras, como ele tem sido feito na França. A reputação de que eles desfrutam entre os enófilos decorre principalmente das suas escrupulosas tentativas de combinar os Sauvignons do Loire; mas eles merecem muito mais louvores pelas tentativas de combinar os Pinot Noirs da Borgonha.

As pastagens abertas da Nova Zelândia, que esses vinhos trazem de modo vívido à nossa mente, destinam-se à caça com cães, quer esse nobre esporte seja ou não permitido ali. E o tema da caça leva-me a outra jornada vínica. Os cães de caça são um ramo distinto das espécies caninas, e são os únicos, até onde sei, que na condição de agrupamento se dão bem com os seres humanos. Quem tem gatos para caçar ratos ou terriers para controlar os ratos conhece o tipo de camaradagem entre espécies forjada por meio da caça. Mas os criminosos que mantêm cães de caça para controlar raposas conhecem essa relação numa forma elevada e pungente. Esses cães não são animais de estimação; têm uma vida dura, comendo a carne crua de gado morto ou de cavalos velhos sacrificados. Sua vida cotidiana quase não se distingue da dos cães selvagens. O caçador comanda a matilha e seus cães ligam-se a ele por um vínculo que não é utilitário, como o que existe entre o gato e o armário, mas sim existencial, como o vínculo entre o mundo e Deus. O gato que persegue um rato fará ouvidos moucos aos nossos gritos. Mas a corneta soa nos ouvidos da matilha como a voz da consciência, e pode afastá-la da vítima em praticamente qualquer momento antes do ataque. Os cães comportam-se como nós fomos educados para nos comportar: quando o "sim" se torna subitamente "não", pensamos na Inglaterra.

Um dos meus vinhos prediletos, que sempre me traz à mente essa relação exclusiva, é o Faithful Hound, um tinto de Stellenbosch, na província do Cabo, cujo nome homenageia um cão de caça que, abandonado por seu dono, manteve vigília de três anos diante de uma casa vazia em Mulderbosch Farm, antes de morrer sem receber uma recompensa por tamanha lealdade. Esse vinho não é um tinto sul-africano comum, com o conhecido gosto de sangue, fogo e churrasco feito na véspera. Fora da aldeia que produz o Saint-Julien, o Faithful Hound é o que mais se aproxima dele. É feito com uma mistura de Merlot e Cabernet Sauvignon, com um pequeno acréscimo de Malbec para dar-lhe profundidade. Violeta-escuro na cor, com uma concentração de fruta, ele desprende da taça um buquê sutilíssimo e arredondado. O 1998, disfarçado por um decanter, levou meus convidados a elogiarem minha generosidade por servir-lhes um Ch. Léoville Lascases, e quem era eu para contestá-los e dizer que aquele vinho custava um quarto do preço da poção francesa?

O vinho tornou-se um dos produtos mais importantes do hemisfério sul. Países como África do Sul, Nova Zelândia e Chile, que um século atrás importavam vinho da Europa em quantidades pequenas, estão agora bebendo em grande profusão o produto nacional e exportando o excedente para o mundo. A razão dessa mudança é menos econômica do que cultural. Durante o século XX, esses países cada vez mais se viram não como exilados da Europa, mas sim como assentamentos históricos, com direito ao solo e uma identidade moldada por ele. O modo mais importante de expressar esse sentimento é pelo plantio de vinhas, símbolo do direito divino de estarmos onde estamos e de desfrutarmos a proteção divina. É assim que o vinho é visto no Antigo Testamento, nas lendas de Dioniso, na literatura de Homero e na literatura de Roma. É por isso que na época de Augusto a Itália era chamada Oenotria – terra do vinho –, e a razão pela qual ninguém jamais foi capaz de persuadir um italiano, por mais distante que ele esteja do seu país, de que ele pertence a um lugar que não a encosta coberta de videiras onde nasceram seus ancestrais.

A cultura italiana celebra a família, a cidade e a região; as cerimônias e os santos da aldeia; as virtudes locais, os vícios locais e os pratos locais que produzem. A suposição fundamental dessa cultura é que é melhor estarmos onde estamos e que nos precipitarmos para a frente é perigoso. Talvez tudo tenha começado como uma reação ao imperialismo romano. Horácio escreveu que *caelum non animum mutant qui trans mare currunt*, um modo diferente de dizer que a viagem nos estreita a mente. Mas recentemente a cultura se atualizou, e agora tem uma imagem na moda. O Movimento do Slow Food começou na Itália. O Movimento do Slow Work já não tem um concorrente sério ali. E em qualquer bar italiano se pode ter notícia do Movimento do Slow Drink.

Na verdade, esses australianos loucos que plantam suas variedades globais estão mostrando aos nativos como fazer vinho comercializável em qualquer lugar, para qualquer um e sem grandes distinções. Mas os vinhos italianos continuam tão variados quanto os solos, os santos e as estações que os produzem. Graças a praticamente 3 mil anos de viticultura contínua, as variedades italianas desenvolveram-se penetrando no solo e o solo penetrou nas uvas de um modo que não ocorreu em quase nenhum outro lugar.

Viaje para o sul, partindo das colinas serenas, lisas e temperadas do Piemonte e chegando até as crestadas cordilheiras vulcânicas da Calábria, e você encontrará em cada município uma nova variedade, uma técnica nova, um novo sabor e muito frequentemente uma garrafa de forma nova. A razão pela qual a Itália atrai tantos turistas é que é um lugar onde a maioria das pessoas não é turista e onde o respeito dos nativos pelos costumes locais é maior do que pelos estrangeiros com horríveis roupas leves que os chegam desrespeitando. E as uvas locais sobrevivem, tão reverenciadas quanto os santos que protegem as vinhas e as anciãs que protegem os santos: uvas como a Barbera, a Nebbiolo e a branca Cortese do Piemonte, a branca San Vincenzo do Vêneto, a escura Gaglioppo da Calábria, a Montepulciano de Abruzzo e a Nero d'Avola, da Sicília. E depois há a admirável uva Sangiovese, de que são feitos os vinhos de Chianti: uma uva que é hibridizada logo ao chegar a uma nova aldeia, para tornar-se um produto local, tão enraizada no solo quanto as gerações ali enterradas. A Sangiovese de Montepulciano, de que é feito o celebrado Vino Nobile, é muito diferente da de Florença, ao passo que a apenas seis quilômetros de Florença, no anfiteatro natural de uma encosta, ficam seis hectares plantados com um clone da uva Sangiovese que cresce apenas ali, produzindo o vinho local chamado Camposilio, um elixir complexo, firmemente ligado, que é um Chianti do mesmo modo que um burro é uma mula. Ou considere o Marzemino que prospera no solo basáltico da região de Trentino. O Marzemino de Isera, uma aldeia perto de Rovereto, reivindica ser o vinho citado nas notas registradas do Concílio de Trento e na louca ária "Fin ch'han dal vino" com que o *Don Giovanni* de Mozart exprime seu desejo insaciável pelo prazer sensual. Mas todos os tridentinos concordam que o seu Marzemino não deve ser confundido com o Marzemino de Pádua, um produto bastante inferior.

Uma variedade notável é a Aglianico, plantada na região de Vulture, na Apúlia, desde os tempos pré-românicos. Essa uva de intenso vermelho, cultivada em solo vulcânico cerca de 500 metros acima do nível do mar, num clima com extremos de frio e de calor que poucas variedades globais toleram, produz um vinho seco de profundidade e complexidade notáveis. Amadurecido em tonéis durante vinte meses, ele fica melhor quando repousa na garrafa por mais uns poucos anos, passando então de vermelho-rubi para o granada, com todos os aromas da encosta banhada de sol contidos no seu abraço macio. É um vinho para comemorações, para as *noctes cenaeque deum* – noites e banquetes divinos – invocadas por Horácio em versos fragrantes que compartilham o encanto dessa uva nativa.

Sem dúvida Horácio teria ficado bebendo o vinho da Apúlia se as propriedades de seus ancestrais não tivessem sido confiscadas depois que ele apoiou Brutus na luta contra Antônio. As vinhas haviam passado por períodos de descuido desde a época de Horácio, mas hoje estão restauradas para a glória, com a empresa centenária de D'Angelo assumindo a liderança na produção daquele que certamente é um dos tintos mais sedutores surgidos no sul da Itália. O Aglianico del Vulture da D'Angelo é um vinho muito encorpado que tem um equilíbrio maravilhoso, com os taninos no fundo e a fragrância surgindo como incenso antes da longa procissão de frutas. Ele se demonstrou o acompanhamento perfeito para o jantar com minhas *protégées* adolescentes em Edimburgo, onde elas estavam estudando. Eu temia que minhas orientações tivessem sido destruídas pela universidade, cujo objetivo é ensinar Facebook, The Prodigy e David Beckham. Mas não: quando veio a garrafa e as taças foram cheias, elas disseram em uníssono: "Agora é hora de beber" – o mais longe a que chegaram com Horácio.

Essas *protégées* são filhas de refugiados romenos, e sua presença em minha vida é um subproduto quase inexplicável de um período de revolta intensa: contra o comunismo e todos que o justificavam; contra o sistema socialista, o consenso do pós-guerra e a cultura do bem-estar social – revolta, diriam alguns, contra a própria natureza humana. Não estou certo de quando despertei para o fato de que as instituições britânicas de educação superior haviam tomado a direção niilista que eu deplorava, e que a partir de então o ensino desse país tinha de ser conduzido de fora da academia, se se quisesse honrar como seu objetivo a verdade e não a ortodoxia. Mas dois episódios certamente tiveram um profundo impacto em mim. O primeiro foi uma cerimônia a que assisti por acaso na Universidade de Glasgow num dia em que a conferência que eu fora convidado a dar tinha sofrido um boicote semioficial, como parte de uma política de "nenhum palanque para fascistas". Um grupo de paspalhões idosos usando toga estava conferindo um título honorário a Robert Mugabe. Em reconhecimento por qual contribuição para a vida da mente? – perguntei. Ninguém me soube responder. O segundo episódio foi a notícia de outro título honorário, conferido à sra. Ceauşescu pela então Polytechnic of Central London, com base em sua reputação como química (que não foi negada por nenhum químico romeno, com exceção de uns poucos esquisitões que tinham sido trancafiados para a sua própria proteção).

Nem todo mundo aderiu ao puxa-saquismo do nosso Establishment com os Ceauşescu. Jessica Douglas-Home dirigia um grupo de dissidentes intrépidos que visitava os necessitados, advertia o mundo sobre os fatos e, correndo um grande risco, defendia as aldeias romenas da louca determinação dos Ceauşescu de arrasá-las, assim como eles haviam feito com grande parte de Bucareste. Se o interior romeno ainda vive é, em parte, graças a Douglas-Home e ao fundo que ela criou naqueles anos obscuros – o Truste Mihai Eminescu, que recebeu o nome do poeta nacional da Romênia.

O Truste Mihai Eminescu é o único exemplo que eu conheço de patriotismo romeno eficaz – e que diferença faz o fato de ele ter sido criado por uma inglesa? Desde a queda de Ceauşescu, o Truste levou adiante a tarefa de reconstruir as aldeias saxônicas da Transilvânia. Os visitantes da região conheceram sua beleza assombrosa, que exasperou Ceauşescu do mesmo modo que o Paraíso exasperou Satã. Mas podem não ter descoberto que se produz ali um vinho mais que saboroso e que esse vinho está disponível na Grã-Bretanha. Na verdade o vinho é produzido pelos alemães a partir de uma uva francesa e amadurecido em carvalho importado da Hungria. Mas se subtrairmos da Romênia a França, a Alemanha e a Hungria, sobra muito pouca coisa preciosa: certamente não será Eminescu, Enescu ou Ionescu ou qualquer outro escu, fora talvez Ceauşescu ou a grama festuca com que ele pretendia cobrir o aterro que sepultaria 20 mil aldeias.

La Cetate (que significa *ao lado do castelo*) é um Merlot frutado produzido em Oprisor pela Carl Reh Winery. O 2000 tem um acabamento de baunilha que quase se pode tirar da taça lambendo, e é mais profundo e frutado do que qualquer vinho de preço semelhante. A produção desses vinhos faz parte da tentativa da Romênia de reclamar a sua identidade como integrante da Europa, com vínculos históricos com a França e com a sua própria cultura francófona.

Se isso é possível, agora que o *pays réel* da França desapareceu sob o *pays légal* da União Europeia, é o que as pessoas se perguntam. Mas a Romênia não é o único país que depende da vida moral da França para a sua identidade e formação espiritual. Nessa situação está também a Espanha, que foi inventada por Prosper Mérimée e posta em música por seus compatriotas, o primeiro dos quais foi Bizet (que musicou a *Carmen* de Mérimée). Talvez a maior invocação do país seja a de Debussy em *La puerta del vino*, do segundo livro dos Preludes. Debussy foi certa vez à Península Ibérica e ali ficou durante um fim de semana; então, vendo que havia cometido um equívoco, voltou correndo para Paris.

Como Debussy, eu conheço a Espanha intimamente, tendo seguido pelos Pireneus com a minha velha lambreta durante dois dias. Não encontrei nada digno de nota. Com isso a Espanha ainda está intacta na minha imaginação, e pensar nela – mais ainda, bebê-la – é uma fonte de alegria pura. As aldeias e bodegas que visito em minha taça são caiadas, com pavimento de pedra, empoleiradas em declives íngremes, com o solo ressecado, pobre, arenoso e argiloso aparecendo fora de seus perímetros apertados como saias de terracota.

O Rioja também é uma invenção francesa. Embora as vinhas tenham sido cultivadas nessa região – que parece ser linda – desde tempos imemoriais, a ideia de cultivá-las adequadamente só criou raízes quando a epidemia de filoxera acabou com os vinhedos de Bordeaux e os viticultores se mudaram para o sul. Desde essa época o Rioja tem sido produzido com o respaldo da ciência e é hoje cuidadosamente controlado por lei.

Mais do que um lugar, a bodega espanhola representa um negócio, e é menos um vinhedo do que uma fábrica, frequentemente comprando uvas de toda a região. Daí ser preciso se guiar pela empresa e não pelo *terroir*, e apesar de todos os seus méritos, o Rioja nunca nos levará, como os vinhos franceses nos levam, para um pedacinho específico de terra que é sagrada e tem um nome. O Rioja tinto é feito com a Tempranillo misturada a quantidades menores de Garnacha, Mazuelo e Graciano. É amadurecido em carvalho, normalmente americano, o que explica seu aroma abaunilhado e o final longo. A classificação oficial divide o vinho em quatro tipos, distinguidos pela idade da garrafa e pela idade do tonel: Rioja simples, Rioja de Crianza, Reserva e Gran Reserva. Apenas nas melhores safras se pode fazer um Gran Reserva, e para beber esse vinho é preciso abrir a garrafa somente depois de dez anos. Uma taça de Gran Reserva velho é como uma visão dentro de uma cripta iluminada por velas, onde arcebispos com roupas vistosas cochilam entre naves douradas.

Contudo, pense no vinho comum espanhol, e imediatamente vem à mente o característico sabor da uva Tempranillo, inflamando com vida, mas coberta com uma máscara cremosa como o rosto de um bailarino de flamenco. A combinação de carvalho e Tempranillo fornece um bom resultado na região excepcionalmente favorecida de Rioja (preferida em particular pelos produtores de vinho franceses); mas não dá bom resultado no Valdepeñas, onde a Gran Reserva pode frequentemente sugerir uma overdose de maquiagem escamosa. Tampouco devemos esquecer que existem vinhos espanhóis – e alguns dos melhores – que misturam a Tempranillo com variedades mais setentrionais, ou evitam-no inteiramente.

O mais interessante desses vinhos, pela minha experiência, é o de Bierzo, que tem vinhedos antigos de uva nativa Mencía ao longo do trajeto dos peregrinos de Santiago de Compostela. Esse é o vinho que os peregrinos franceses nunca bebiam, substituindo-o por uma provisão de Madiran, que fica do outro lado dos Pireneus. Uma pesquisa intensa que fiz recentemente me persuadiu de que os peregrinos franceses estavam errados. A uva Bierzo é cultivada em contrafortes gredosos tão íngremes que precisam ser trabalhados com burros; e sempre que eu ofereci um pouco desse vinho a Sam, o Cavalo, ele se afastou apressadamente, como se ouvisse os últimos relinchos dos muitos equinos que se deslocaram ali até a morte em benefício dessa sobra sanguínea do seu trabalho. Mas o Bierzo justifica, na opinião dos homens, o trabalho para produzi-la. Graças ao solo pobre e batido de sol, ela é rica em minerais, tem cor de sangue escuro e o sabor de contemplação de uma canção de amor agridoce de Lorca.

Há quem diga que a Espanha não existe mais. Em 1921, José Ortega y Gasset publicou *España Invertebrada*, profetizando o declínio do seu país: segundo ele, os costumes que colocavam a honra acima do prazer no coração das pessoas estavam desaparecendo. Ortega morreu em 1955, exatamente quando começavam as invasões bárbaras, e assim não teve oportunidade de comparar o efeito do consumismo sobre os espanhóis com o seu efeito sobre os ingleses, que estavam saqueando toda a costa espanhola. Mas precisamos levar a sério a palavra de Ortega e supor que os espanhóis declinaram de um estado de obediência digna até a sua condição atual, e que a fidalguia fútil de Don Quixote exemplificava o caráter do povo.

No entanto, conheço gente que andou por toda a Espanha à procura das personalidades de azeitona seca que Ortega acarinhava, e crédulo ouvi os seus relatos. Segundo eles, a Espanha é profusa em vales retirados, abrigados das tempestades de gafanhotos globais, onde robustas vinhas antigas sugam o subsolo rochoso e as uvas se enchem de gosto de vingança. O que mudou tudo e deixou sem referência a obra de Mérimée, Bizet, Chabrier, Debussy e Ravel não foi a enfermidade moral diagnosticada por Ortega, e sim a guerra civil a que ela levou. Claro que as guerras civis são prova, de certo modo, da nação e do amor do povo por ela. Por que alguém iria lutar se não considera esse solo, essa paisagem, essa história, essa comunidade, como *seus*? Daí a duradoura divisão dos patriotas ingleses entre cabeças redondas e cavaleiros. E daí o sentimento dos americanos em relação à "guerra entre os estados", que – apesar das baixas chocantes – é sempre vista com tristeza compartilhada, objeto de sentidos cantos lúgubres de costa a costa. Essa dor conciliatória é, contudo, o legado de um perdão original, que os sentimentos generosos de Ulysses Grant e Robert E. Lee tornaram possível. E os estudantes da Guerra Civil Americana inevitavelmente se perguntarão se quaisquer desses gestos foram feitos na Espanha, e por quem? O espírito de vingança, que Lorca representa em *Bodas de sangue* e do qual ele próprio foi vítima, está presente também naqueles que hoje querem escavar a vala comum onde o poeta foi enterrado – não para buscar a reconciliação, mas para abrir as feridas. O juiz Garzón, que já perturbou o frágil equilíbrio do Chile com seu zelo acusatório, agora quer justiça para as vítimas da guerra civil – mas apenas para as vítimas de um lado. E como ilustra o exemplo americano, as feridas da guerra civil não são curadas pela justiça, mas pelo perdão, que é o nosso último recurso moral. Essa é a ideia que paira na taça sempre que a encho com o Bierzo que tem sabor de Lorca.

Os crimes do século XX, que agora se estão retirando da memória humana com a rapidez que só a culpa é capaz de provocar, deviam ter inserido firmemente o conceito de perdão no plano de estudos da Filosofia. E se isso não aconteceu (e eu imagino que não), devemos pelo menos esperar (se a palavra é essa) que diante do espetáculo diário dos muçulmanos golpeando o ar, rangendo os dentes e de modo geral fazendo de si o tipo de bobo que as pessoas fazem quando não podem olhar-se num espelho e ver aquilo que odeiam (e não somente por aquilo estar escondido atrás de uma barba), lembremo-nos de que o perdão foi plantado no coração da nossa civilização e corre como um fio dourado através de todas as regras e máximas ensinadas aos nossos ancestrais. Com a taça na mão, eu tenho boa vontade em relação aos espanhóis, sinto-me disposto a perdoar os da direita que derrubaram violentamente seu governo legal e os da esquerda que assassinaram padres e religiosos em quantidades espantosas enquanto sua fúria destruía os ícones da velha Espanha. Mas os espanhóis perdoaram-se uns aos outros? Algo em seu comportamento atual me leva a duvidar disso. E não posso evitar pensar que, se tivessem entendido a mensagem de "La puerta del vino", tal como Debussy a criou, os dois lados teriam deixado para o dia seguinte o derramamento de sangue e se dedicado a um prolongado nirvana. É um pensamento inquietante o de que um país como a Espanha tenha entrado numa guerra civil mais selvagem do que a guerra entre os estados americanos, embora, ao contrário destes, tivesse à mão o instrumento da reconciliação e precisasse apenas abrir a torneira.

Parte Dois: Logo eu existo

5

Consciência e ser

Seria exagero dizer que as três palavras que apresentam a segunda parte deste livro encerram toda a Filosofia. Mas isso não estaria muito longe da verdade. A Filosofia surge da reflexão sobre a razão, a consciência e o ser – as três ideias expressas sucessivamente por "logo", "eu" e "existo".

Frequentemente são as pequenas palavras, os pequenos detalhes da sintaxe, que ocultam os problemas filosóficos mais profundos. Bertrand Russell pôs no seu caminho moderno a filosofia de fala inglesa com um artigo dedicado ao "o" – uma palavra sem equivalente na língua que todos falam e que quando isolada não tem sentido. O artigo de Russell expôs sua celebrada "teoria das descrições"; foi o começo da filosofia "analítica", assentou as bases do atomismo lógico e do positivismo lógico e foi o primeiro de muitos livros que se chocou contra a antiga prática da metafísica pelos iconoclastas de Cambridge.

Pense em "logo". Que outra palavra pode ser tão útil, fazendo conexões sem as quais não poderíamos atravessar nossos dias? Mas o que significa essa palavra? E ela tem um significado único ou estabelecido? O vinho lembra-nos vividamente que os pensamentos podem ligar-se por associação, mesmo se não pela lógica. "Ele é homem, logo é um ser humano" é logicamente impecável e mostra o "logo" no seu melhor comportamento. "Ele é homem, logo é uma casa, uma renda, um protetor" pode perfeitamente entrar na mente da mulher cuja taça esse homem acabou de encher; mas mostra "logo" numa roupagem menos respeitável. Isso não é lógica, e sim especulação – que deve ser criticada não logicamente, mas moralmente.

Em todos os seus usos normais, a palavra "logo" dá a mão para "por quê?": ela responde à nossa necessidade de um relato racional das coisas, mostrando que existe uma causa ou uma razão para estas serem como são. As causas devem ser distinguidas das razões: as causas explicam, as razões justificam. Mas ambas exprimem-se com referência a "por quê?" e "logo". Além disso, as razões são de muitos tipos: algumas são lógicas, outras práticas; algumas compelem à sua conclusão, outras apenas convidam a ela. Mas apesar das diferenças profundas, no discurso normal a palavra "logo" relaciona coisas de modos consecutivos, valendo-se de leis, convenções e expectativas que são propriedade comum de quem está falando. Ela exerce uma força controladora sobre o que dizemos – indicando que as coisas que relaciona são ligadas por natureza ou pelo argumento racional. E os seres racionais são, por definição, seres que compreendem e fazem bom uso das ligações feitas desse modo.

Os seres racionais vivem num mundo diferente do dos animais não racionais – um mundo de leis, tempos, planos e objetivos. E também vivem de outro modo – com intenções assim como desejos, convicções assim como crenças, valores assim como necessidades, felicidade assim como prazer. Suas emoções não devem ser entendidas do mesmo modo que as emoções animais, em termos de apetite e aversão, pois elas envolvem julgamento, reflexão e um conceito do eu e do outro. Os seres racionais experimentam remorso, culpa e vergonha, assim como hostilidade e medo. Encontram satisfação no amor, no dever, na contemplação estética e na prece. E tudo isso se reflete na sua aparência. Ao contrário dos animais, eles sorriem – e "os sorrisos fluem da razão / negada aos brutos, e são do amor o alimento", nos versos de Milton. Como indiquei ao discutir o vinho grego e *eros*, os seres racionais não somente olham *para* as coisas, eles olham *dentro* das coisas, como os amantes que se olham dentro dos olhos; revelam seus pensamentos íntimos em carrancas e rubores, e seus gestos brilham com a alma recôndita. Suas relações são animadas por uma concepção de bom e mau, certo e dever, e eles se aproximam uns dos outros como indivíduos únicos que exigem reconhecimento em consideração a eles mesmos e não simplesmente como um instrumento para algum propósito que não é o deles. Tudo isso e mais ainda é o que queremos dizer, ou pelo menos devemos querer dizer, quando nos referimos a eles como pessoas.

Até na esfera do pensamento a racionalidade manifesta-se de modos que desafiam as leis do raciocínio. Nossos "logos" dançam por estradas imaginárias como os seguidores de Baco, semeando flores em torno de si e ligando ideias como pérolas num cordão. Nesse ponto, contudo, cabe uma palavra de advertência. A experiência de uma coisa pode nos levar a pensar em outra de dois modos muito diferentes. Suponha que eu esteja olhando para uma paisagem de Francesco Guardi em que à luz do sol poente casinhas de estuque amarelo descamado se acomodam à beira de uma estrada poeirenta. E suponha que isso me leve a evocar umas férias perambulando pela Calábria, as casas antigas ao longo da estrada, o cheiro do ar empoeirado no crepúsculo, o toque da mão da minha companheira quando ela parou subitamente na estrada e disse aquela coisa estranha, e o que eu lhe podia ter dito como resposta mas não disse... Aqui o meu olhar para a tela salpicada de pigmento me leva a dois diferentes grupos de ideias. Por um lado imagino casas com estuque descamado ao lado de uma estrada poeirenta, no inimitável estilo de pôr do sol de Guardi, que nos faz sentir de modo tão presente a impressão da passagem do tempo e os consolos da decadência. Por outro lado estou refugiado num sonho só meu, para o qual Guardi não pode reivindicar nenhum crédito especial, e que me leva por lembranças de paisagens, cheiros e sensações, e por episódios e coisas imaginados que eu poderia ter dito mas não disse. O primeiro grupo de pensamentos refere-se a coisas que eu *vi* na tela – coisas que fazem parte do objeto intencional da minha experiência e que pertencem a ele intrinsecamente. O segundo grupo diz respeito a *associações* com o quadro – não a coisas que eu *vejo* nele, mas a coisas que imagino por meio dele.

Essa distinção é importante para a compreensão do vinho. Afirma-se frequentemente que ao passo que os sentidos da visão e da audição admitem dupla intencionalidade – de tal forma que posso ver ou ouvir *em x* o que o próprio *x* pode não conter nem ser –, os sentidos do paladar e do olfato agem somente pela associação de ideias. Assim, quando Marcel – em *Em busca do tempo perdido* – descobre que o sabor de uma madeleine lhe traz de volta as lembranças e imagens da sua vida, trata-se de meras associações de sabor, e não de características deste. Ele não sente o passado *no* bolinho do mesmo modo que eu vejo as casas *no* quadro ou ouço a tristeza *na* música.

Se as coisas são realmente assim e se o vinho opera na imaginação unicamente do modo como operou a madeleine de Proust são questões para as quais voltarei no próximo capítulo. Mas já se vê que existem aqui dois fenômenos diferentes. A imaginação pode nos conduzir por um caminho de sonhos e associações, levando nossos pensamentos a se transformarem em reação a alguma percepção; ou ela se concentra no objeto apresentado, levando nossa percepção a transformar-se em reação aos nossos pensamentos. O ponto exato em que o vinho se situa entre esses dois exercícios das nossas faculdades imaginativas é uma das perguntas profundas que todos os enófilos precisam fazer, se pretendem compreender seu companheiro querido. O vinho é como os devaneios ou como a arte? Aponta para dentro de nós, para nossas impressões subjetivas e lembranças, ou para fora de nós, para o mundo – trazendo ordem como Tintoretto, Wordsworth ou Mozart trouxeram ordem, transformando os objetos da nossa percepção?

A filosofia antiga, a religião cristã e a arte ocidental veem o vinho como um canal de comunicação entre Deus e o homem, entre a alma racional e o animal, entre os reinos animal e vegetal. Por meio do vinho, a essência destilada do solo parece fluir para as veias, despertando o corpo para a sua vida. E tendo inundado o corpo, o vinho invade a alma. Nossos pensamentos disparam; nossos sentimentos libertam-se; planejamos a carreira triunfal, a obra de arte imortal, a conquista do mundo ou a nova cozinha. O poeta grego Baquílides nos diz que "a delícia irresistível desliza da tigela de vinho e aquece o coração. A esperança do amor retribuído dispara pela mente, imbuída da dádiva de Dioniso, fazendo os pensamentos voarem a alturas supremas. Imediatamente ele destrói as ameias das cidades e o homem se vê como um magnífico monarca. Com ouro e marfim, seu palácio brilha e navios carregados de grãos trazem-lhe do Egito sobre o mar claro de sol riquezas incontáveis...".[9] Mas na manhã do dia seguinte tudo estará esquecido. Daí o vinho simbolizar essas mudanças radicais, esses altos voos e quedas

---

9. Fragmento 16.

rápidas de um plano existencial para outro que caracterizam a vida do ser racional. Talvez esse modo de ação sobre nós não seja o modo de devaneios nem o modo da arte, mas algo inteiramente sui generis.

Nenhum artista viu isso tão claramente quanto Wagner. Isolda apresenta a Tristão o que ambos acreditam ser a bebida da morte, arrebatando de suas mãos a taça para ter certeza de partilhá-la. Então eles caem um nos braços do outro. Até um copo de água teria sido eficaz, escreveu Thomas Mann, uma vez que então não havia razão para fingir. Mas o problema não é esse. A poção do amor com que Brangäne substituiu a bebida da morte simboliza o que ela também permite. É uma força que atua a partir de dentro, do corpo. É assim que o amor erótico deve ser vivido, se for genuíno – uma conquista da alma pelo corpo e do próprio corpo por esse mundo de magia, de preparações com plantas, de mistério vegetal e vida inconsciente, ao qual o amor nos une num ato de autorrenovação.

De modo semelhante, quando Siegfried recebe a bebida do esquecimento (*Götterdämmerung*, [Crepúsculo dos deuses], primeiro ato) e esta desliza pelo seu corpo até a alma, ouve-se novamente aquela invasão vegetal que oblitera a memória, que apaga a imagem de Brünilde, levando o exaltado personagem a descer ao nível da ambição comum e assim trair seu amor e merecer a morte.

A experiência do vinho mostra-nos como compreender as grandes transformações existenciais que compõem o tema recorrente da arte ocidental. Poucas obras vieram do ópio – "Kubla Khan", *The Bride of Lammermoor* [A noiva de Lammermoor], *Confessions* [Confissões], de De Quincey; outras poucas receberam um estímulo da maconha. Mas um número bem maior deve a vida, o tema e o simbolismo ao álcool. Pois o vinho lembra à alma que ela se origina no corpo e ao corpo que ele tem um significado espiritual. Faz nossa encarnação parecer inteligível e correta. Esse também é um exercício da imaginação, e talvez seja de um tipo bem diferente dos dois que discuti em relação a Guardi.

Esses pensamentos nos levam do "logo" ao "eu". Estão contidos nessa palavra alguns dos problemas mais intransigentes da Filosofia: os problemas da consciência, do ponto de vista subjetivo, da relação entre sujeito e objeto, do livre-arbítrio e da obrigação moral – e todos eles nos levam de volta, quando os exploramos, ao conceito contido em "logo", o conceito do ser racional. A Filosofia moderna começou com Descartes e seu estudo em profundidade do "eu" – um estudo que exatamente pela profundidade foi totalmente inútil. "Eu" não denota, como pensava Descartes, uma "substância" da qual a percepção pública não tem conhecimento; não há nada a ser descoberto com um olhar para dentro, e a concentração implacável no caso da primeira pessoa, iniciada por Descartes mas com apogeu na nossa época através do método fenomenológico de Edmund Husserl, gerou um dos maiores amontoados de bobagens infestadas de jargão registrados na história das ideias. Não há verdades profundas sobre o eu; mas as verdades rasas são importantíssimas e difíceis de declarar. Thomas Nagel tem um belo modo de expor a questão. Imagine, aconselha ele, uma descrição completa do mundo, de acordo com a teoria verdadeira (qualquer que seja ela) da Física. Essa descrição identifica a disposição de todas as partículas, forças e campos que compõem a realidade e dá coordenadas de espaço e tempo para tudo o que existe. Absolutamente nada foi descuidado; e no entanto há um fato que a descrição não menciona, o fato que para mim é mais importante do que qualquer outro: qual das coisas mencionadas na descrição sou eu? Onde, no mundo dos objetos, eu estou? E o que exatamente está implícito na afirmação de que *essa* coisa sou *eu*?[10]

A essa altura trememos num limiar vertiginoso, e é importante não cair, mas cambalear sem sair do lugar. Na minha experiência, esta é uma das melhores dádivas do vinho: ele nos capacita a sustentarmos diante da mente o problema do eu sem cairmos no abismo cartesiano. O eu não é uma coisa, e sim uma experiência; mas como Nagel nos lembra, as perspectivas não estão *dentro* do mundo e sim *sobre* o mundo, e estar sobre e não dentro é um ato de equilíbrio difícil que pode ser realizado com sucesso somente numa postura meditativa do tipo da que é induzida por aquele menisco sorridente sobre o qual o eu permanece curvado enquanto a coisa é nutrida.

Talvez o que eu queira dizer possa ser mais bem explicado tendo como referência o problema da consciência. Ela nos é mais familiar do que qualquer outro aspecto do nosso mundo, já que é a estrada pela qual qualquer coisa se torna familiar. Mas é isso que torna tão difícil explicar com precisão a consciência. Onde quer que a procuremos, só encontraremos seus objetos – um rosto, um sonho, uma lembrança, uma cor, uma dor, uma melodia, um problema, uma taça de vinho; mas nunca a consciência que brilha neles. Tentar apreendê-la é como tentar observar a nossa própria observação, como se devêssemos olhar com nossos próprios olhos para os nossos próprios olhos sem usarmos um espelho. Assim, não é de se admirar que a ideia da consciência faça surgir ansiedades metafísicas singulares, que tentamos acalmar com imagens da alma, da mente, do eu, do "sujeito da consciência", da identidade interior que pensa, vê e sente,

---

10. NAGEL, Thomas. *Visão a partir de lugar nenhum*. São Paulo: Martins Fontes, 2004.

e é o eu real que está dentro de nós. Mas essas "soluções" tradicionais apenas duplicam o problema. Não lançamos luz sobre a consciência do ser humano simplesmente redescrevendo-o como a consciência de algum homúnculo interno – seja ela uma alma, uma mente ou um eu. Pelo contrário, colocando esse homúnculo num reino privado, inacessível e possivelmente imaterial, apenas agravamos o mistério.

Propor a questão desse modo deixa claro que, pelo menos no primeiro exemplo, o problema da consciência é filosófico, e não científico. Não pode ser resolvido pelo estudo de dados empíricos, uma vez que a consciência (tal como é normalmente entendida) não entra nessa categoria. Podemos observar processos cerebrais, neurônios, gânglios, sinapses e todas as outras questões intrincadas do cérebro, mas não podemos observar a consciência, embora a própria observação seja uma forma de consciência. Posso observá-la observando; mas o que observo não é essa coisa singular que conhecemos a partir de dentro e que está presente, em certo sentido, apenas dentro de nós. Assim parece, pelo menos, e se isso é um tipo de engano será uma discussão filosófica, e não científica, que irá nos dizer.

Uma fonte do problema da consciência é portanto a assimetria manifesta entre o ponto de vista da primeira pessoa e o da terceira pessoa. Quando você julga que eu estou sentindo dor, faz isso baseado nas minhas circunstâncias e no meu comportamento, e pode errar. Quando eu atribuo uma dor a mim mesmo não uso essas evidências. Não descubro que estou sentido dor pela observação e tampouco posso errar. Mas isso não ocorre porque existe algum *outro* fato sobre a minha dor, acessível somente a mim, que eu consulto a fim de estabelecer o que estou sentindo. Porque se houvesse essa faculdade privada interna eu poderia percebê-la erroneamente ou me enganar quanto a ela; e teria de *descobrir* se estou com dor. Além disso, teria de inventar um procedimento para identificar o meu estado interior sem referência a condições publicamente observáveis – e isso, Wittgenstein afirmou plausivelmente, é impossível.[11] A conclusão que se pode tirar é que eu não atribuo a dor a mim mesmo baseado em alguma característica interna, e sim o faço sem me basear em nada.

Claro que há uma diferença entre saber o que é a dor e saber *como* é ela. Mas saber como ela é não é conhecer algum *fato* interno complementar sobre ela, mas simplesmente tê-la sentido. Estamos lidando com familiaridade e não com informação. "Como ela é" não é substituto para uma descrição, mas uma recusa a descrever. Podemos, quando muito, explicá-la detalhadamente em metáforas. P.: "Como é, querida, quando eu a toco aqui?". R.: "Como o gosto de geleia de laranja harmonizado por uma obra tardia de Stravinsky". E essa intromissão da metáfora no cerne do autoconhecimento nos faz lembrar de nossas tentativas de descrever o gosto e o significado do vinho. É exatamente por estarmos descrevendo algo tão *raso* que recorremos a essas descrições profundas. E no entanto as descrições, se realizam bem o seu trabalho, são metáforas que nos levam a uma excursão por outros panoramas antes de voltarmos ao seu ponto de partida, no *isso, aqui, agora*. Existem filósofos que tentaram descrever "como é" em termos ao mesmo tempo *profundos* e *literais*, parecendo fornecer a estrutura interna do caso da primeira pessoa. Um exemplo é Edmund Husserl, pioneiro da "fenomenologia". E se você quiser saber como a Filosofia não deve ser feita, leia a *Phänomenologie des inneren*

---

11. Este não é o lugar para expor a "discussão da linguagem particular", mas veja SCRUTON, Roger. *Modern Philosophy*. Londres, 1993, cap. 4.

Zeitbewusstseins [Fenomenologia da consciência interna do tempo] – ou pelo menos abra o livro, e junto com ele uma garrafa de alguma coisa melhor.

Do mesmo modo, não vamos chegar muito longe na compreensão da consciência se nos concentrarmos na ideia de "sentir" as coisas. Pois há estados mentais conscientes que não têm nenhuma relação com o sentimento. Sentimos nossas sensações e emoções, certamente, do mesmo modo como sentimos nossos desejos. Todos esses estados mentais já foram classificados como paixões, e não como ações mentais (pensamento, julgamento, intenção, dedução), que não são sentidas e sim feitas. Posso deliberadamente pensar em Mary, julgar um quadro, tomar uma decisão ou fazer uma conta, até imaginar um centauro, mas não posso criar mentalmente uma dor no dedo, um medo de aranhas ou um desejo de comer mais bolo. Mesmo se posso ter uma dor por querê-la ou superar meus desejos por um ato de vontade, isso não significa que as dores e os desejos sejam ações, mas apenas que eles são paixões suscetíveis de ser afetadas por meio da disciplina mental, do mesmo modo que um médium pode fazer um armário se mexer. Além disso, há psicólogos e filósofos que parecem muito contentes com a ideia dos "sentimentos inconscientes". Podemos refugar a expressão, mas sabemos o que ela significa. O sentimento é uma marca de consciência apenas se o interpretamos como conhecimento. Mas o que significa ter conhecimento de alguma coisa? Bem, ter consciência dela.

Como conseguimos nos livrar deste emaranhado de definições circulares e quadros enganadores? Duas ideias parecem-me particularmente úteis na explicação do nosso senso de consciência como uma esfera à parte. A primeira é a da superveniência. Os estados mentais geralmente – e sobretudo os estados conscientes – surgem de outros estados dos organismos. Uma analogia útil é o rosto num quadro. Quando um pintor aplica a pintura a uma tela, ele cria um objeto físico por meios puramente físicos. Esse objeto se compõe de áreas e linhas de pintura, dispostas numa superfície que, para fins de discussão, podemos considerar bidimensional. Quando olhamos para a superfície da pintura vemos essas áreas e linhas de pintura e também a superfície que as contém. Mas isso não é tudo o que vemos. Vemos também um rosto que nos fita com olhos sorridentes. Num certo sentido, o rosto é uma propriedade da tela, além das bolhas de pintura; pois se podem observar as bolhas sem ver o rosto, e vice-versa. E o rosto está realmente ali: alguém que não o vê não está vendo corretamente. Por outro lado, há um sentido em que o rosto não é uma propriedade a mais da tela, além das linhas e das bolhas. Pois assim como as linhas e as bolhas estão ali, ali está também o rosto. Nada mais precisa ser acrescentado a fim de gerar o rosto – e se nada mais precisa ser acrescentado, o rosto certamente não é nada mais. Além disso, todo processo que produz exatamente essas bolhas de tinta, dispostas exatamente desse modo, produzirá exatamente esse rosto – mesmo se o artista não estiver consciente do rosto. (Imagine como você projetaria uma máquina para a produção de *Mona Lisas*.)

Um modo de expressar essa questão é dizer que o rosto é *superveniente* sobre as bolhas em que o vemos. Talvez a consciência seja uma propriedade superveniente nesse sentido: não algo a mais na vida e no comportamento em que a observamos, mas tampouco redutível a eles. Eu seria tentado a avançar mais nessa direção e considerar a consciência uma propriedade *emergente*: uma propriedade com capacidades causais além das capacidades próprias dos processos de vida dos quais, em certo sentido, ela se compõe.

O segundo pensamento útil é um pensamento ao qual Kant deu proeminência em primeiro lugar, e que depois dele foi enfatizado por Fichte, Hegel, Schopenhauer e toda uma corrente de pensadores até Heidegger, Sartre e Thomas Nagel. Ele estabelece uma distinção entre o sujeito e o objeto da consciência e reconhece o status metafísico singular do sujeito. Como sujeito consciente eu tenho um ponto de vista sobre o mundo. O mundo *parece* de certo modo para mim, e esse "parecer" define a minha perspectiva exclusiva. Todo ser consciente tem essa perspectiva, uma vez que é isso que significa ser um sujeito, e não um simples objeto. Quando faço um relato científico sobre o mundo, contudo, estou considerando apenas objetos. Estou considerando o modo como são as coisas e também as leis causais que as explicam. Essa consideração não é dada de nenhuma perspectiva particular. Não contém palavras como "aqui", "agora" e "eu"; e embora tencione explicar o modo como as coisas parecem, faz isso propondo uma teoria de como elas são. Resumindo, em princípio o sujeito não é observável para a ciência, não porque exista em outra esfera, mas porque não faz parte do mundo empírico. Está no limiar das coisas, como um horizonte, e nunca poderia ser apreendido "do outro lado", o lado da própria subjetividade. Ele é uma parte real do mundo real? A questão começa a parecer ter sido formulada de modo errado. Eu me refiro a mim mesmo, mas isso não significa que existe um eu a que me refiro. Eu ajo no interesse do meu amigo, mas essa coisa de um interesse em benefício do qual estou agindo não existe.

Aquela bebida fatal – a bebida da expiação – que Isolda oferece a Tristão nos traz à mente uma notável propriedade do vinho – pelo menos do vinho que podemos saborear. No próprio momento da consciência expandida, quando a bebida focaliza as escolhas e preocupações que tiramos da mente para as limpar com elegância, temos conhecimento também da nossa difícil situação como seres encarnados cuja vida consciente explode a partir de forças fora do alcance da decisão direta. Nesse momento, podemos escolher pensar em Anna, lembrar um poema, meditar sobre Deus e a salvação, verificar as finanças da família. Mas não podemos escolher entre nos encontrarmos ou não nesse estado de espírito elevado que surgiu dentro de nós enquanto o vinho descia. O vinho põe-nos diante do mistério da nossa liberdade: amplia a nossa capacidade de dizer "eu" e com essa palavra vagamos livremente no mundo do pensamento, tomamos decisões, entregamo-nos a ações agora e no futuro. E ao mesmo tempo age em nós por meio da rede causal em que nosso corpo está preso como numa armadilha.

Kant, que gostava de vinho e fornecia a cada convidado uma garrafa de meio litro nos jantares que oferecia, escreveu sobre esse paradoxo com mais beleza do que qualquer outro filósofo. O uso da palavra "eu", afirmou ele, distingue o ser racional de todos os outros objetos do mundo natural e também define sua difícil situação como uma criatura ao mesmo tempo presa e livre. Descartes havia discutido a suprema realidade do eu como uma substância unitária cuja natureza me é infalivelmente revelada pelos meus pensamentos introspectivos. Essa opinião, afirmou Kant, é profundamente falha, pois tenta transformar o eu, como sujeito, no objeto do seu próprio conhecimento. Eu me conheço como *sujeito*, não como objeto. Fico no limiar das coisas, e embora possa dizer de mim mesmo que sou isto, aqui, agora, essas palavras não contêm informações sobre *o que* eu sou no mundo dos objetos.

Mas existem duas coisas que sei sobre mim, e sobre as quais não posso estar enganado, uma vez que qualquer argumento contra elas implica a sua verdade. A primeira é que eu sou um centro unificado de consciência. Sei sem observação que esse pensamento, essa sensação, esse desejo e essa vontade pertencem a uma coisa; e sei que essa coisa perdura pelo tempo afora e é sujeita a mudança. Tenho clara consciência, como disse Kant, da "unidade transcendental da apercepção", e isso define o eu como o único proprietário unificado de todos os meus estados mentais.

A segunda coisa que sei com certeza é que sou livre. Essa liberdade está contida na própria capacidade de dizer "eu", que é a decisão da qual se seguem todas as outras decisões: eu vou escalar aquela montanha, beijar aquela mulher, tomar aquela fortaleza. Dizendo essas coisas mudo toda a posição do mundo, ponho-me numa situação de disponibilidade, e faço isso pelo meu próprio livre-arbítrio. Cada declaração, cada pensamento, prossegue com esses gestos livres. E a esse argumento Kant acrescentou outra consideração, que para ele é bem mais forte: que a razão me diz não somente para fazer certas coisas como também que eu *devo* fazê-las. Devo ajudar essa pessoa que sofre; e não fazendo isso é novamente a *mim* que eu culpo. Eu me concentro nesse próprio centro do ser, do qual as decisões fazem fluir toda a força da condenação moral. Nosso modo de pensar sobre nós mesmos é inteiramente construído sobre a "lei moral", e uma vez que "dever implica poder", podemos envolver-nos num raciocínio prático apenas se supomos que somos livres.

Mas isso leva a uma pergunta estranha: que tipo de mundo deve ser aquele que contém uma coisa como eu – uma coisa com liberdade e autoconhecimento? Precisa ser um mundo de objetos duradouros, sustentou Kant, objetos com identidade ao longo do tempo. E eu sou esse objeto: a coisa que, resolvendo isso aqui agora, resolverá aquilo ali depois. Um mundo de coisas duradouras é um mundo preso por leis causais: isso Kant planejou provar na seção imensamente difícil da *Crítica da razão pura* intitulada "A Dedução Transcendental das Categorias". Sem a rede da causalidade, nada "se preserva em ser" pelo tempo suficiente para conhecer ou ser conhecido. Assim, o meu mundo, o mundo do ser livre, é um mundo ordenado por leis causais. E as leis causais, pensava Kant, precisam ser universais e necessárias. Referem-se a conexões na própria natureza das coisas, conexões que não podem ser suspensas nessa ou naquela ocasião e simplesmente para a conveniência das pessoas.

Construindo esse argumento desse modo – por passos numerosos demais, complexos demais e controversos demais para serem expostos aqui –, Kant chegou à seguinte conclusão: qualquer ser que pode dizer "eu" e dizê-lo a sério é livre; e qualquer sujeito que pode dizer "eu" e dizê-lo a sério está situado num mundo de leis causais universalmente restritivas. Sou governado por uma lei da liberdade que compele minhas ações e uma lei da natureza que me prende na teia da vida orgânica. Sou um sujeito livre e um objeto determinado: mas não sou *duas* coisas, um corpo determinado com uma alma livre chocalhando dentro de mim. Sou *uma* coisa, que pode ser vista de dois modos. Isso é algo que sei que é verdade mas que fica além da compreensão. Nunca sei *como* é possível, apenas sei *que* é possível.

O que não pode ser apreendido intelectualmente, contudo, pode tornar-se presente de forma sensorial. Essa é a lição da arte, que por séculos nos proporcionou símbolos sensoriais de concepções que estão além do alcance da compreensão – símbolos como os últimos quartetos de Beethoven, que apresentam a ideia do coração preenchido na solidão por um Deus que não pode ser conhecido de outro modo; ou como as paisagens de Van Gogh, que mostram o mundo arrombado pelo autoconhecimento dele próprio. Não há como explicar essas obras sem usar linguagem de paradoxo: pois o que elas significam não pode ser decifrado adequadamente em palavras e argumentos, mas deve ser apreendido na experiência direta.

O vinho também tem um papel a desempenhar na apresentação do que o intelecto não pode abranger. O primeiro gole de um bom vinho instiga, em seu caminho para baixo, o senso enraizado da minha encarnação. Sei que sou carne, o subproduto de processos corporais que estão sendo levados a uma vida intensificada pela bebida que se assenta em mim. Mas essa mesma bebida irradia o senso do eu: ela é dirigida à alma, não ao corpo, e coloca questões que podem ser formuladas somente no caso da primeira pessoa e apenas na linguagem da liberdade: "O que sou, como sou, onde vou agora?". Ela me convida a avaliar a minha situação, a esclarecer os acontecimentos do dia e a tomar nesse momento de calma as decisões que estão à espera. Em outras palavras, ela apresenta, numa única experiência, a dupla natureza do indivíduo que bebe. Ele pode não ter as palavras para explicar essa experiência, e de qualquer forma as palavras nunca serão suficientes. Com o vinho nós sabemos – o que não se dá com quase mais nada do que consumimos – que somos uma coisa que é também duas: sujeito e objeto, alma e corpo, livres e presos.

Esse conhecimento contido no vinho é posto em uso vividamente pela Eucaristia cristã. Cristo, erguendo a taça para seus discípulos, declara que "este é o cálice da nova aliança no meu sangue derramado em favor de vós". O sangue em questão não é a matéria física que tem esse nome, mas algo intimamente ligado ao "eu" de Cristo. O pão que acaba de ser comido no altar – o corpo de Cristo – é tornado consciente pelo vinho. O pão e o vinho estão um para o outro como o corpo para a alma, como objeto para sujeito, como a coisa *no* mundo para o seu reflexo no limiar.

Não estou querendo insinuar que apenas um cristão pode compreender o mistério do vinho, mas que somente o cristão pode compreender a Eucaristia. Pessoas diferentes e comunidades diferentes renovam-se de modos diferentes. Mas a Eucaristia lembra-nos que essa renovação é uma coisa *interna* – uma retomada de posse da liberdade. E com a liberdade vem o *ágape*, a capacidade de dar, estranha e transformadora, "o amor a que somos ordenados", como disse Kant, cujo significado apreendi naquele dia na Beirute dilacerada pela guerra. Na visão cristã, a Eucaristia é apresentada como "essas dádivas", dádivas que representam a dádiva original de si mesmo feita por Cristo na cruz. E transmitindo essa ideia por meio do vinho, a Eucaristia cristã fornece-nos a imagem sensorial de um pensamento que está além das palavras. Antes de refletir sobre esse mistério, contudo, precisamos examinar a terceira palavra do nosso título: "existo".

De todas as palavras que perturbaram o pensamento humano, o verbo "ser", ou seu equivalente "existir", tem sido a que mais o ocupou. Ele aparece nas questões profundas que nos mostram o abismo metafísico: "Por que existe algo?", "Ser é uma propriedade?", "Como podemos pensar no que não é?", "E como os não seres podem ter propriedades?". Alguns filósofos escrevem sobre a "questão do ser", embora o que é essa questão e qual pode ser a sua resposta sejam temas tão controversos quanto qualquer coisa em Filosofia. Aristóteles e Santo Tomás de Aquino referem-se constantemente à ideia de partir quando o *ser* fica penoso. No entanto, embora todos nós reconheçamos que existe uma ideia de partir, nem todos nos convencemos de que há uma ideia do ser ou de que no ser haja algo mais do que o conceito de verdade. Mas que conceito é esse? E como podemos explicar o que é a verdade se não nos referimos ao ser? Essa discussão dá voltas e depois de algum tempo gera em nós uma necessidade urgente de abandoná-la. Que importância tem haver ou não haver o Ser, ademais das coisas que existem? E por que devemos pensar que existe esse estudo da metafísica, tal como Aristóteles o designou, o estudo do ser sendo *qua*? Por que não *qua* sendo *qua*?

E Aristóteles teria definido a ciência da metafísica do modo como definiu se soubesse o que pensadores como Heidegger fariam com o resultado, tecendo desastrosas teias de aranha de absurdos em torno da "questão do ser", fragmentando o ser em milhares de pedacinhos – ser para os outros, ser na direção da morte, ser à frente de si mesmo –, estendendo a cópula com pseudorreflexões pretensiosas e esquecendo-se o tempo todo de que existem línguas em que o "é" de afirmação não existe? Pense nisso, que para todos os efeitos faz parte de um comentário sobre Santo Tomás de Aquino:

> *a proposição que afirma a necessidade de questionar a existência humana inclui em si mesma a sua própria proposição ontológica, que diz: o homem existe assim como a questão sobre o ser. A fim de ser ele próprio, ele necessariamente pergunta sobre o ser em sua totalidade. Essa pergunta é o imperativo que ele próprio é e em que o ser como o que é questionado se apresenta e se oferece, e ao mesmo tempo, como o que necessariamente permanece em questão, retira-se. No ser da pergunta, que homem está (de forma que ele precisa perguntar) sendo como o que é questionado revela a si mesmo e ao mesmo tempo se oculta em sua própria questionabilidade.*

Então aí está: a pergunta sobre o ser é o que a sua irritante tia Mabel *é*; e não se preocupe com o fato de que a questão do ser acabe, nesse trecho, sendo o ser da questão – no final tudo vai ficar bem e bonito, quando o ser se disfarça mais uma vez na sua própria questionabilidade. O autor do trecho, o teólogo Karl Rahner, é capaz de sustentar uma prosa desse tipo durante quinhentas páginas, e os únicos escritores certamente mais obscuros são os que (e eles formam um grupo de tamanho razoável) se põem a explicar o que Rahner diz. Não vá por aí, é o meu conselho: a vida é muito breve e precisamos chegar ao fim deste capítulo antes de terminar a garrafa.

Desde que mantenhamos a gramática sob controle e combatamos o que Wittgenstein definiu como "o aturdimento da inteligência por meio da linguagem", constatamos que, afinal de contas, o ser não é uma ideia tão ruim. Como mostrou David Wiggins, o "é" da identidade é uma das mais férteis palavrinhas com que a Filosofia começa.[12] E o ser aparece em alguns dos mais contundentes argumentos já apresentados para a existência de Deus. Alguns desses argumentos continuam a fascinar tanto teístas quanto ateístas com seu ar de profundidade – na qual os teístas acreditam piamente e que os ateístas consideram o sinal externo da falácia.

Um deles é o argumento do ser contingente, devido amplamente a Avicena (Ibn Sina), filósofo que viveu no início do século XI em Isfahan e que deve ser sempre estimado pelos enófilos, por recomendar que bebamos durante o trabalho. "À noite eu voltava para casa", diz ele em sua autobiografia, "e me ocupava lendo e escrevendo. Sempre que me sentia sonolento ou enfraquecendo, afastava-me e bebia uma taça de vinho para readquirir meu vigor, e então voltava para a leitura." Avicena deve ser louvado por desafiar a injunção do Alcorão contra o vinho e citá-la como um exemplo de raciocínio desleixado. O valor

12. Veja WIGGINS, David. *Sameness and Substance Renewed.* Cambridge, 2001.

como verdade da frase "O vinho embriaga", escreve ele no *Ishârât*, não é claro. "Devemos levar em consideração se potencialmente ou realmente e se um pouco ou uma grande quantidade." Mas merece um louvor ainda maior o argumento derivado do ser contingente, que ignora toda a tolice tagarelada por Richard Dawkins, Christopher Hitchens e outros, e vai diretamente para o conceito central de qualquer teologia merecedora desse nome: o conceito de contingência. O ser, sustentou Avicena, está preso em três adversidades: existem seres impossíveis (aqueles cuja definição envolve uma contradição), seres contingentes (os que podem não existir) e seres necessários.[13] O ser contingente (*mumkin bi-dhatihi*) tem potencialidade para ser e para não ser, sem contradição. Você e eu somos seres contingentes nesse sentido, e mesmo se me é conferida uma certa intuição da minha própria existência, essa certeza é apenas uma posse pessoal e não garante a minha sobrevivência nem tampouco refuta a opinião de que há mundos possíveis em que eu não sou.

Um ser necessário é aquele que é "inerentemente verdadeiro" – isto é, cuja existência se segue da sua natureza –, ao passo que um ser contingente é "inerentemente falso" e deve sua verdade a outras coisas – por outras palavras, é dependente da coisa que o causa ou o sustenta. O ser necessário não tem outra essência (*mahiyya*) além da própria existência. Daí não poder se distinguir dos outros da sua suposta espécie, todos idênticos a ele. O ser

---

13. O argumento de Avicena, contido em *Najât*, é cheio de sutilezas que eu omito, em consideração ao leitor. Quem se interessar pode encontrar traduções dos trechos importantes em HOURANI, G. Ibn Sina on necessary and possible existence. In: *Philosophical Forum*, IV, 1972, 74-86. O argumento é exposto, juntamente com a tradição da discussão a que ele deu início, em DAVIDSON, Herbert A. *Proofs for Eternity, Creation and the Existence of God in Medieval Islamic and Jewish Philosophy*. Oxford, 1987, pp. 281-406.

necessário, portanto, é uno (*wahid*): uma questão posteriormente retomada por Espinosa e usada para sustentar que nada existe *exceto* o ser necessário, mas que Avicena ligou ao conceito central de todo o pensamento islâmico, o conceito de *tawhīd*, que significa reconhecimento no coração, na mente e na alma, da unicidade essencial e transcendente de Deus. Essa unicidade é também uma unidade, não tendo o ser necessário partes ou estrutura interna, embora tenha os atributos tradicionalmente conferidos a Deus.

Segundo Avicena, uma vez que todos os seres contingentes são contingentes de alguma outra coisa à qual se deve a sua existência, é obrigatório haver um ser necessário do qual todos eles dependem. Avicena argumentou a favor disso de um modo, Maimônides, levando adiante seu argumento, de outro. Suponha, afirma Maimônides, que não há ser necessário e que todos os seres podem não existir. Dado que o tempo, no qual ocorrem todas as contingências, é infinito (não havendo, de acordo com essa hipótese, nenhum ser capaz de estabelecer limites a ele), então é verdade com relação a qualquer ser contingente que haverá algum tempo em que ele não é; e portanto algum tempo em que todos os seres contingentes não são – um tempo de completo nada. Mas esse ponto nulo do universo precisa já ter existido, já que o passado, como o futuro, é infinito. E uma vez que nada pode surgir do nada, então, desse ponto de vista, para sempre haveria nada. Mas alguma coisa há – isto é, essa coisa que está refletindo sobre a questão do ser. Assim, a hipótese deve ser falsa, o que significa que há, afinal de contas, o ser necessário do qual dependem todas as outras coisas. E essa coisa é – adaptando a linguagem de Avicena – *causa sui* (*wajib al-wujud bi-dhatihi*); ela é dependente de si mesma, a sustentadora de tudo. E é *uma* coisa, uma unidade, que, nas palavras do Alcorão, não admite "sócios".

Uma das muitas revelações contidas nesse argumento, e em toda a sutil (embora por vezes tediosa) metafísica dele derivada nas escolas medievais, é a implicação de que o mundo de seres contingentes, ao qual pertencemos, é governado pelas suas próprias leis, as leis da procriação e da morte. Descobrimos essas leis por meio da investigação científica: são as leis da natureza, que nos restringem a todos nós. Elas incluem as leis da genética, que na opinião de Dawkins fornecem uma refutação definitiva à crença em Deus. Mas de acordo com Avicena existe outra relação de dependência, além da explorada pela ciência: a relação do contingente com o necessário, do mundo com seu "sustentador" (*rabb*, para usar o termo do Alcorão), e esta não é empiricamente investigável e tampouco pode ser conhecida ou refutada pelo avanço científico.

Isso nos leva de volta, como aconteceu com Avicena em uma de suas meditações em plena madrugada, às outras duas palavras do título desta parte: "logo" e "eu". A relação de dependência que sujeita o mundo a Deus fornece a razão pela qual as coisas são como são. Mas essa razão não é uma causa: as causas são tema da ciência e deciframse pelas leis universais que descobrimos por meio de experiências e observação. A relação causal é uma relação no tempo, que sujeita entidades temporais (e portanto contingentes). Ao referirmo-nos à razão suprema das coisas, estamos lidando com outro tipo de resposta à pergunta "por quê?" e com outro sentido de "logo". E é isso que dá sentido à vida de preces. Não supomos que Deus possa ser convocado a vir em nossa ajuda em todas as situações ou que Ele esteja à espreita na natureza, dando as cartas. Se levarmos a sério as ideias subjacentes ao argumento de Avicena, então nos voltaremos para outra ideia de Deus, diferente da que anima a mente supersticiosa. A liberdade de Deus é revelada nas leis que nos constrangem e pelas quais também Ele é restringido, uma vez que seria uma perda da liberdade divina, e não um ganho, se Ele desafiasse as leis pelas quais O conhecemos. Mas isso não significa que Deus esteja além do nosso alcance. Ele está dentro de nós e à nossa volta, e nossas preces moldam a relação pessoal que temos com Ele. Nós nos dirigimos a Ele assim como nos dirigimos a quem amamos, não com o "por quê?" da explicação, mas com o "por quê?" da razão. Queremos saber o fim e não a causa, e instruirmo-nos na disciplina da aceitação.

Por que devemos fazer isso, e como? Fazemos isso porque nós, como Deus, existimos exatamente no limiar das coisas, com um pé – ou melhor, uma perspectiva – no transcendental. Nós, como Ele, estamos no mundo mas não somos do mundo, e embora não tenha dito isso do modo como eu disse, Avicena foi instruído pelo vinho na exploração da vida interior. Imagine-se, escreve ele, suspenso no ar, livre de todas as sensações e de todos os contatos com corpos, inclusive o seu. É óbvio que esse pensamento-experiência é possível, e efetivamente ele ocorre todo dia ao verdadeiro enófilo. Mas ao imaginar-se assim, como um "homem flutuante", você não imagina sem hesitação o âmago do ser, o "eu" (*nafs*), que é a própria subjetividade da qual depende a experiência. Não concordo com a conclusão a que Avicena chegou – a mesma a que posteriormente Descartes chegou –, de que o eu é uma substância, um ser primário *no* mundo. Na verdade eu cheguei à conclusão que atribuí a Kant, isto é, de que o sujeito não está absolutamente no mundo, mas está sempre no limiar dele, em relação com as outras pessoas a quem se pode dirigir, uma das quais – e a maior das quais – é Deus.

Como Kant mostrou brilhantemente, a pessoa que tem conhecimento do eu, que se refere a si mesma como "eu", está inescapavelmente presa na liberdade. Ela se eleva acima do vento da contingência que sopra pelo mundo natural, mantida no alto pelas leis necessárias da razão. O "eu" define o ponto de partida de todo raciocínio prático e contém uma insinuação da liberdade que distingue as pessoas do resto da natureza. Existe um sentido em que os animais também são livres: eles fazem escolhas, fazem coisas livremente e também constrangidos. Mas não são responsáveis pelo que fazem. Não precisam justificar sua conduta nem são persuadidos ou dissuadidos pelo diálogo com os outros. Todos os objetivos, como a Justiça, a Comunidade e o Amor, que tornam a vida humana algo com valor intrínseco, têm sua origem na responsabilidade mútua das pessoas, que respondem umas para as outras "eu" para "eu". Não é de surpreender, portanto, que as pessoas fiquem satisfeitas por entender o mundo e conhecer seu significado, quando podem vê-lo como a forma aparente de outro "eu" – o "eu" de Deus, perante o qual todos nós nos apresentamos para sermos julgados e do qual fluem o Amor e a Liberdade.

Esse pensamento pode ser posto em versos, como no *Veni Creator Spiritus* da Igreja Católica, nas palavras rapsódicas de Krishna no *Bhagavad Gita,* nos belos Salmos que são a glória do Velho Testamento. Mas para a maioria das pessoas ele simplesmente está ali, um denso naco de significado no centro da vida, que pesa bastante quando elas não encontram um modo de o expressar nas formas comuns. As pessoas continuam a olhar para os lugares onde, por assim dizer, podem ficar na janela do nosso mundo empírico e olhar para fora, contemplando o transcendental – os lugares de onde as brisas daquela outra esfera sopram sobre elas.

Se pretendemos prosseguir com esse modo de pensar – algo que eu me proponho fazer no restante deste livro, já que ele é também um modo de beber –, devemos levar a sério o status da palavra "eu". Essa é uma palavra "indicante", uma palavra que *aponta*, como "este", "aqui e "agora". E se dizemos que ela aponta para *algo*, devemos ter o cuidado de insistir em que esse algo é também um nada, um lugar no limiar das coisas desprovido de identidade no mundo dos objetos. Na verdade isso está contido na palavra árabe para "alma" – *nafs* –, que nada mais é que o pronome reflexivo. E se existe uma questão do Ser, parece-me, ela diz respeito a esse algo que também é nada, esse ponto de vista que desaparece quando nos viramos para agarrá-lo.

Não apenas os árabes ligaram a alma ao pronome reflexivo. Em sânscrito o pronome é atmã, e os magníficos Upanishads que os sábios hinduístas legaram à humanidade contêm o que talvez seja a tentativa mais profunda de penetrar no Ser e o conhecer como ele é em si mesmo e também como ele é *para* si mesmo: como atmã. Observando seres contingentes, afirmam os Upanishads, ficamos diante apenas de aparências que vão e vêm, e não com o ser que as sustenta. Para onde quer que olhemos, seja para fora – para os objetos – ou para dentro – para os nossos próprios pensamentos e desejos –, deparamo-nos apenas com propriedades, estados transitórios e sensações vacilantes – o véu de Maya, e não o ser que ele oculta de nós. Assim, o que temos de fazer para nos aproximarmos do ser em si, de modo a conhecê-lo tal como ele é? A pergunta, formulada com o uso do pronome reflexivo, contém sua própria resposta. Precisamos entrar no eu, o atmã do ser. Fazendo isso descobriremos o eu universal do mundo, a que os sábios hinduístas chamam Brahman. O caminho para essa descoberta é um caminho de renúncia, de ação desinteressada, em que descartamos todo apego ao sucesso, ao lucro, ao prazer e à recompensa, e fazemos todas as coisas apenas por elas mesmas. Desse modo deixamos para trás nosso próprio eu, que é um eu ilusório, e atingimos o outro eu, que é o atmã divino.

Isso faz parecer que os Upanishads estão repetindo a falácia de Descartes e Avicena, transformando o eu – o atmã, que é a verdade do mundo – num objeto, destituindo-o de sua subjetividade, de sua natureza como um eu. No entanto não é assim, e essa é a parte sutil do hinduísmo que os enófilos, acredito eu, estão em melhor situação para apreciar do que a maioria dos demais mortais. Suponha que nos decidamos a retirar da nossa consciência tudo o que é transitório, tudo o que é contingente, tudo o que é desejado. Então o que permanecerá? Não serão objetos físicos, não será o espaço ou o tempo, não será a causalidade e a teia de leis naturais. Todas essas coisas pertencem ao véu de Maya e se põem diante de nós como *distrações* da tarefa espiritual central. Retirando essas coisas, contudo, teremos retirado todos os modos pelos quais uma coisa se pode distinguir da outra. Retiramos o que Leibniz chamou de *principium individuationis*, e assim ao final do caminho de renúncia o que teremos diante de nós não será um indivíduo nem algo que contém indivíduos. As coisas do indivíduo foram *deixadas para trás*. Brahman não é um objeto, nem mesmo um objeto do pensamento; é *apenas* um sujeito – um pensamento eterno de si mesmo, que é também idêntico a si mesmo, o ponto de vista externo às coisas que é um ponto de vista sobre elas. Esse Brahman é *eterno* porque o tempo foi deixado para trás; ele é *um* porque o número foi deixado para trás. E é eu porque isso é tudo o que nós retivemos na jornada em direção a ele. Chegando ao nosso destino, descartamos o refúgio da existência individual e nos fundimos ao *um*, pondo-nos além de todo mal. É assim que o Rei da Morte descreve Brahman para Nachiketa no *Katha Upanishad*:

> *Quando um homem está livre do desejo, com a mente e os sentidos purificados, ele contempla a glória do eu e não tem tristeza. Embora sentado, viaja para longe; embora*

em repouso, movimenta todas as coisas. Quem, senão o mais puro dos puros, pode perceber esse Ser Radiante que é alegria e está além da alegria? Sem forma é ele, embora habitando a forma. No meio do fugidio, ele para sempre permanece. O eu é supremo e tudo permeia.

O Upanishad acrescenta que o homem sábio, conhecendo atmã na sua verdadeira natureza, transcende toda dor. O encontro com a subjetividade do mundo liberta-nos dos apegos que geram dor e oferece redenção na forma de uma suprema tranquilidade, a tranquilidade do eu eternamente contemplador. Ora, os hinduístas não acreditam que seja fácil atingir essa condição; na verdade muitas vidas podem ser necessárias antes de uma pessoa estar finalmente no caminho do santo hinduísta, deixando para trás seu eu empírico em favor do transcendental. Mas meu ânimo é recobrado com os Vedas, para os quais Soma, o deus do vinho, é um objeto adequado à nossa adoração, e com os eruditos hinduístas que veem Soma como um avatar de Brahman, simbolizando o vinho a bem-aventurança divina que sentimos quando atingimos a fonte do Ser. E eu iria mais longe, dizendo que nós, criaturas fúteis e voluptuosas cujas tentativas de santidade começam toda manhã e no fim da tarde já foram esquecidas, podemos contudo adquirir uma ideia do atmã tomando uma taça de vinho à noite e assim percebendo um caminho para a interioridade das coisas. *Tomar* esse caminho exige sacrifício e renúncia; e certamente não se pode conseguir chegar ao objetivo da Filosofia apenas engolindo uma droga, independentemente do que as pessoas pensaram no seu entusiasmo pela mescalina e pelo LSD tempos atrás.

No entanto, o vinho acende uma luz ao longo desse caminho e o raio que ele lança vai fundo na escuridão interior, destacando com um brilho de subjetividade as formas enigmáticas das coisas. O vinho, bebido adequadamente, transfigura o mundo para o qual olhamos, iluminando o que é precisamente mais misterioso nos seres contingentes que nos cercam: o fato de que eles *são* – e também que eles *podem não ser*. A contingência de cada coisa brilha no seu aspecto, e por um momento ficamos cientes de que a individualidade e a identidade são as formas externas assumidas por um fogo interior único, e que esse fogo é também nós.

É a *primeira* taça de vinho que mostra o seu verdadeiro sabor, escreveu Schopenhauer, assim como é o primeiro encontro com os traços de outra pessoa que revela o que ela realmente é. E dentre os filósofos ocidentais, foi Schopenhauer quem levou mais a sério os Upanishads, reformulando na linguagem kantiana a tese de que a realidade suprema é *única* e *eterna* e a individualidade é uma simples aparência. Para Schopenhauer, contudo, a realidade suprema é a *vontade*, e não o *eu*, e sua filosofia não promete paz e sim a eterna inquietação. Frequentemente me perguntei por que ele tomou esse caminho insatisfatório, e hoje sou inclinado a dizer que o seu gosto pela cerveja é a explicação. Schopenhauer não tinha o hábito de erguer toda noite diante do rosto a taça em que o eu fica diante do seu próprio reflexo. Há um conhecimento contido no vinho, um conhecimento que nós mesmos levamos a ele: num contato direto com o aroma, sentimos que tudo está finalmente repousando no seu ser, cada coisa enrodilhada como um embrião dentro da sua própria aparência. E com o primeiro gole voltamos toda noite para um mundo de tranquilidade amniótica.

Como é que isso acontece? O que há no vinho que lhe possibilita transmitir essa mensagem?

6

O SIGNIFICADO DO VINHO

É adequado começar com a característica do vinho que tem sido mais mal usada: sua capacidade de inebriar. O que exatamente é o inebriamento? Essa palavra denota um único fenômeno? O inebriamento induzido pelo vinho é um exemplo da mesma condição geral de inebriamento induzido pelo uísque, por exemplo? E "induzido" é a palavra certa em algum dos casos ou em todos os casos conhecidos? Por que se faz tanto barulho em torno do *vinho*? Há algo nele que o exclui totalmente da categoria das drogas, como certa vez afirmou Chesterton ao escrever que "além de estarem ambos equivocados, o dipsomaníaco e o abstêmio cometem o mesmo engano. Consideram o vinho uma droga e não uma bebida"? Seria estranho se Chesterton, que estava certo quanto à maioria das coisas, estivesse errado com relação ao vinho.

É possível pôr alguma ordem nessas questões por meio de uma hábil medida filosófica que consiste em perguntar se o inebriamento é uma classe natural – por outras palavras, uma condição cuja natureza deve ser determinada pela ciência, e não pela Filosofia. A pergunta "o que é a água?" não é uma pergunta filosófica, pois com a reflexão sobre o sentido da palavra "água" a Filosofia nada pode afirmar – fora dizer que é *esse* tipo de coisa, mostrando algum exemplo – com relação à matéria a que esse termo se refere. Mas podemos mostrar um caso de inebriamento – digamos, um bêbado –, explicá-lo como *esse* tipo de estado e depois deixar o resto para a ciência. A ciência exploraria as anormalidades temporárias do caso e suas causas normais ou típicas. E poderia sem dúvida associar-se a uma teoria geral, que ligaria as anormalidades comportamentais e mentais dos bêbados às do usuário de maconha quando sob o efeito de um baseado e às do usuário de drogas pesadas. Essa teoria seria uma teoria geral dos efeitos das drogas como uma classe natural. E deixaria o filósofo sem nada a dizer sobre o seu assunto.

Contudo logo podemos ver que a questão que nos preocupa não pode ser abandonada com tanta facilidade. O bêbado está inebriado no sentido de que seu sistema nervoso foi sistematicamente perturbado por uma bebida alcoólica (por outras palavras, por um agente que tem exatamente esse efeito). Esse estado causa efeitos previsíveis nas suas trilhas sensório-motoras. Quando meu coração e minha alma se acenderam com o primeiro gole de Château Trotanoy 1945, no entanto, a experiência *em si* foi inebriante, e foi como se eu experimentasse o inebriamento como um atributo do vinho. Podemos comparar esse atributo com o atributo inebriante de uma paisagem ou um verso de poesia. É bastante óbvio a partir da comparação e a partir da gramática da descrição que não nos estamos referindo a nada parecido com ebriedade. Existem classes naturais às quais pertencem tanto a experiência de beber vinho quanto a de ouvir um verso de poesia: em primeiro lugar ambas são experiências. Mas o impulso de classificar juntas as experiências não deve ser entendido como o primeiro passo de uma teoria científica. É o registro de uma semelhança percebida – uma percepção que fica na superfície e pode não corresponder a uma semelhança neurofisiológica subjacente. Quando perguntamos o que entendemos que seja esse inebriamento, portanto, estamos fazendo uma pergunta filosófica e não uma pergunta científica. Pois esta, no meu modo de pensar, é a tarefa básica da Filosofia: fornecer uma teoria abrangente de *como as coisas se parecem para nós*, seres racionais. (E fazer isso, eu acrescentaria, evitando o jargão empastado e a fútil venda de teoria da fenomenologia husserliana.)

Além disso existe uma questão real sobre a relação entre o inebriamento que experimentamos com o vinho e a bebedeira. O primeiro é um estado de consciência, ao passo que o segundo é um estado de inconsciência – ou que tende para a inconsciência. Embora com tempo o primeiro leve ao segundo, a conexão entre eles não é mais transparente do que a conexão entre o primeiro beijo e o divórcio final. Assim como o beijo erótico não é nem uma versão inofensiva nem uma premonição da amarga separação à qual ele acaba por levar, do mesmo modo o sabor inebriante do vinho não é uma versão inofensiva nem uma premonição da bebedeira: eles simplesmente não são o "mesmo tipo de coisa", embora em algum nível da teoria científica se descubra que ambos têm o mesmo tipo de causa.

Também é questionável falar do inebriamento que experimentamos com o vinho como se ele fosse "induzido" pelo vinho. Pois isso implica uma separação entre o objeto provado e o inebriamento sentido, como a que existe entre a sonolência e a pílula sonífera que a causa. Quando falamos de um verso de poesia inebriante não nos estamos referindo a um efeito, na pessoa que o lê ou que se lembra dele, comparável ao de uma pílula energética. Estamos nos referindo a um atributo do verso em si. O inebriamento de *abolit bibelot d'inanité sonore* está na página de Mallarmé, não no meu sistema nervoso. Os dois casos de inebriamento – vinho e poesia – são parecidos a ponto de possibilitarem-nos o uso de um para lançar luz sobre o outro? Sim e não.

Os animais não racionais farejam em busca de informação, e portanto estão interessados em cheiros. Além disso discriminam com base no sabor o que é comestível e o que não é. Mas não sentem prazer com o cheiro nem com o sabor das coisas que consomem. Pois o prazer é um estado mental reflexivo em que a experiência é sustentada para inspeção crítica. Apenas os seres racionais podem sentir prazer com sabores e cheiros, já que somente eles podem interessar-se *pela experiência em si*, e não pela informação por ela transmitida. A tentação é, assim, assimilar o prazer ao interesse que temos pela cor e padrão, pelo som da música e pelas obras de arte literárias e visuais. Como interesse estético o prazer está ligado à experiência sensorial, e como experiência estética ele envolve manter em suspensão os nossos interesses normais práticos e de coleta de informações. Por que não dizer, portanto, que a sedução do vinho sobre nós é semelhante à atração que a poesia, a pintura ou a música exercem sobre nós, apresentando um objeto de experiência que é significativo em si? Por que não dizer que o atributo do inebriamento está no vinho, do mesmo modo que o atributo do inebriamento está no verso da poesia? Nossa discussão sobre o vinho se reduzirá então a uma defesa especial da questão geral, relativa à natureza dos atributos estéticos.[14]

---

14. Essa questão geral foi definida para toda a discussão posterior por SIBLEY, F. N. In: "*Aesthetic and Non-Aesthetic*" e "*Aesthetic Concepts*", ambas republicadas em BENSON, J., REDFERN, B., COX, J. Roxbee (orgs.). *Approach to Aesthetics: Collected Papers in Philosophical Aesthetics*. Oxford, 2001. Reprovo amplamente Sibley em *Art and Imagination*, Londres, 1974.

O sensorial e a estética

Os filósofos tenderam a considerar os prazeres gustativos como puramente sensoriais, sem os traços intelectuais que são a marca distintiva do interesse estético. O prazer sensorial está disponível independentemente do estado da nossa educação; o prazer estético depende do conhecimento, da comparação e da cultura. Afirma-se que os sentidos do paladar e do olfato estão bem mais abaixo na escada intelectual, proporcionando prazeres mais sensoriais do que os fornecidos pela visão e pela audição. Ao contrário dos sentidos da visão e da audição, eles não representam um mundo independente de si mesmos, e assim não oferecem para a ponderação nada além de si mesmos. Esse aspecto foi sustentado por Platão e enfatizado por Plotino. Foi importante para Santo Tomás de Aquino, que distinguiu os sentidos mais cognitivos da visão e da audição dos menos cognitivos do paladar e do olfato, afirmando que apenas os dois primeiros podiam proporcionar a percepção da beleza.[15] Hegel também, na apresentação de *Cursos de estética*, enfatiza a distinção entre os prazeres do paladar e a experiência estética, que é "a incorporação sensória da *ideia*".

Frank Sibley afirmou que essa tradição filosófica se baseia em nada além de preconceito e que o prazer com os sabores e odores é uma experiência tão estética quanto a do prazer com as imagens e sons.[16] Todos esses traços que comumente se acredita caracterizarem a experiência estética ligam-se também à nossa experiência

---

15. Veja PLOTINO. *Enéadas*, 1, 6, 1; AQUINO, Tomás de. *Suma teológica*, I, II, 27, 1; SCRUTON, Roger. Art and Imagination, op. cit., p. 156; HEGEL. "*Introduction*" de *Aesthetics:* Lectures on Fine Art, v. 1. Oxford, 1981.

16. Veja SIBLEY, F. N. Tastes, Smells and Aesthetics. In: *Approach to Aesthetics*, op. cit.

dos sabores e odores. Um odor ou sabor pode ser apreciado "por si mesmo"; pode ter qualidades estéticas, como fineza, beleza, harmonia, delicadeza: pode ter um significado emocional ou contar uma história, como o sabor da madeleine de Proust; pode ser emocionante, estimulante, deprimente, inebriante, etc. E há o bom gosto e o mau gosto nos odores e sabores assim como há o bom gosto e o mau gosto na música, nas artes plásticas e na poesia. Todas as tentativas de pôr uma cunha entre prazeres estéticos meramente sensoriais e prazeres estéticos verdadeiros acabam, acredita Sibley, fugindo da dificuldade. Assim, não nos devemos surpreender com o fato de haver formas artísticas baseadas no odor e no sabor do mesmo modo como existem as que se baseiam na imagem e no som: a cerimônia de incenso dos japoneses, por exemplo, ou o teclado de harmonias olfatórias imaginado por Huysmans em *Às avessas*, um tanto extravagante mas absolutamente possível. Talvez a alta gastronomia seja uma forma de arte assim; e talvez o vinho também seja um artefato estético, comparável a produtos como carpintaria, que permitem transpor a velha e hoje inútil divisão entre as artes "belas" e "úteis".

    O argumento de Sibley, embora desafiador, em minha opinião não é bem-sucedido. Pense nos odores: o objeto do senso do olfato não é a coisa que cheira, e sim o odor emitido por ela. Falamos em cheirar uma almofada, mas o odor não é um atributo da almofada. É uma coisa emitida pela almofada, que poderia existir sem ela e na verdade existe num espaço onde ela não está – o espaço em torno dela. Daí os odores permanecerem nos lugares dos quais sua causa se retirou. A aparência visual da almofada não é algo emitido por ela, nem existe em outro lugar fora ela ou permanece num lugar depois que ela saiu de lá. (Imagens posteriores não são aparências e sim imagens mentais, que se ligam apenas acidentalmente ao aspecto das coisas.) Além disso, para identificarmos a aparência visual da almofada precisamos nos referir às suas propriedades visuais. O objeto da minha percepção visual quando vejo a almofada é a almofada – não outra coisa, uma "visão" ou imagem, que ela "emite". Dito de outra forma: a experiência visual atinge por meio da aparência de uma coisa a própria coisa que tem a aparência. Eu não "farejo" no odor a coisa que cheira, pois a coisa não está representada no seu odor do mesmo modo que está representada na sua aparência visual. Assim, os traços mais importantes das aparências visuais não estão reproduzidos no mundo dos odores. Por exemplo, podemos ver uma figura ambígua ora como um pato ora como um coelho; podemos ver uma coisa em outra, como quando vemos um rosto numa figura. Parece que não há um caso de paralelo claro de "cheirar como" ou "cheirar em", ao contrário da construção de hipóteses oponentes quanto à causa de um cheiro. Daí haver uma grande dificuldade – quase impossibilidade – de fazer, para os odores, o tipo de distinção que eu fiz no capítulo anterior em relação à pintura de Guardi: a distinção entre significado e associação, entre o que experimentamos *no* objeto e o que o objeto simplesmente evoca.

Uma conclusão a ser tirada disso é que os odores são ontologicamente como os sons: não são atributos dos objetos que os emitem, mas objetos independentes. Chamo-os de "objetos secundários" com base na analogia com os atributos secundários, a fim de chamar a atenção para a sua dependência ontológica em relação ao modo como se experimenta o mundo.[17] Os odores existem *para* nós, assim como os sons, e precisam ser identificados por

---

17. Sobre a teoria dos objetos secundários veja: SCRUTON, Roger. *The Aesthetics of Music*. Oxford, 1997, cap. 1; Sounds as Secondary Objects and Pure Events. In: O'CALLAGHAN, Casey; NUDDS, Matthew (orgs.). *Sounds and Perception*. Oxford, 2009.

meio das experiências dos que os percebem. Contudo não podem ser organizados do mesmo modo como os sons o são: ponha-os juntos e eles irão misturar-se, perdendo seu caráter. E tampouco podem ser dispostos dentro de uma dimensão, como se dispõem os sons pela altura, de forma a exemplificar a ordem do "entre".[18] Eles permanecem flutuando livremente e sem relação, incapazes de gerar expectativa, tensão, harmonia, suspensão ou libertação. Pode-se admitir que apesar disso os odores podem ser objeto de interesse estético, mas apenas se postos no limite da estética – o limite ocupado pelo som dos chafarizes, onde a beleza é uma questão de associação mais do que de expressão, e de contexto mais do que de conteúdo. Mas seria mais iluminador insistir na distinção radical existente entre esses objetos de prazer sensorial que adquirem significado apenas pela associação de ideias e os objetos que são vistos ou ouvidos, cujo significado pode ser visto e ouvido diretamente.

Se me pedirem para escolher, portanto, eu diria, por razões filosóficas, que o inebriamento experimentado com o vinho é uma experiência sensorial mas não estética, ao passo que o inebriamento da poesia é totalmente estético. Dizer isso é pressupor que a estética não é redutível ao sensorial e que os prazeres estéticos têm um caráter cognitivo e exploratório que os distingue dos prazeres puramente físicos. Mas não importa muito se concordamos ou discordamos da distinção ou se estamos ou não inclinados a classificar como "estético" o prazer

---

18. Como observou David Hilbert há mais de um século (*Foundations of Geometry*, 1899), o "estar entre" é um dos conceitos básicos da geometria, permitindo a axiomatização da distância e da direção. Daí haver uma geometria do som, mas não dos odores, e na música a experiência fundamental ser uma experiência de objetos musicais situados em, e movendo-se por, um espaço musical compartilhado.

do vinho. O que interessa é o status cognitivo do vinho – seu status como um objeto de pensamento e um veículo de reflexão.

O status cognitivo do vinho

Minha emoção num jogo de futebol americano não é uma condição fisiológica que poderia ser produzida por uma droga. Ela é dirigida ao jogo: é emoção *com o* espetáculo e não somente emoção *causada pelo* espetáculo; é um efeito dirigido à sua causa que é também um modo como essa causa é *entendida*. Uma coisa semelhante vale para o vinho. O inebriamento que sinto não é apenas um efeito causado pelo vinho: ele se alimenta de volta na minha experiência do vinho, de forma a tornar-se parte do seu sabor. É um modo de ter prazer com o vinho. O atributo inebriante e o prazer sentido relacionam-se internamente pelo fato de o segundo não poder ser adequadamente descrito sem referência ao primeiro. O vinho vive no meu inebriamento assim como o game vive na emoção do fã: eu não engoli o vinho como engoliria uma droga sem sabor; eu o bebi de forma que o seu sabor e a minha disposição de ânimo estivessem inextricavelmente ligados.

Vou expor a questão de outro modo. Existem dois tipos de inebriamento: o que é experimentado como um atributo da sua causa – como o caráter inebriador do vinho – e o que ocorre apenas *como resultado* da sua causa, sem mudar o modo como a causa é experimentada. Assim, a primeira chave para entender o vinho é a seguinte: o inebriamento induzido pelo vinho também é dirigido ao vinho, mais ou menos do mesmo modo como a emoção produzida por um jogo de futebol americano é dirigida ao jogo. No entanto os casos não são inteiramente semelhantes. Dizemos sem esforço que estávamos emocionados com o jogo, tanto quanto por ele; apenas com um certo esforço podemos dizer que ficamos inebriados com o vinho, e não por ele. E isso leva à segunda questão mencionada no início deste capítulo: a questão do conhecimento. Existe algo que aprendemos com o sabor do vinho e não só por ele, assim como aprendemos coisas com as nossas imagens visuais e não só por elas?

Ao descrever minha experiência visual estou descrevendo um mundo visual, levando em consideração conceitos que são de certo modo *aplicados na* experiência e não dela deduzidos. Outro modo de expor isso é dizer que a experiência visual é uma *representação* da realidade. Como já observei, o sabor e o odor não são assim. Eu poderia dizer sobre o sorvete que está na minha mão que ele tem sabor *de* chocolate ou que o sabor dele é *como* chocolate, mas não que eu o sinto *como* chocolate, como se o sabor fosse em si uma forma de julgamento. A distinção nesse caso é refletida na diferença entre as convincentes explicações de pinturas feitas pelos críticos e as forçadas e estapafúrdias descrições de vinho que saem da caneta dos especialistas. De certo modo o discurso sobre o vinho não tem fundamento, pois não descreve o modo como o vinho é, mas apenas como é o seu sabor. E os sabores não são representações dos objetos que os possuem.[19]

19. Essa alegação é controversa, assim como o que eu digo com relação ao status dos comentários sobre vinho. Algumas pessoas aproximaram a crítica de vinho da crítica de arte, na qual as descrições pretendem ser aceitas na experiência, em vez de ser fiéis a atributos que podiam ter sido identificados de alguma outra forma. Veja: BACH, Kent. Knowledge, Wine and Taste: What Good is Knowledge. (In: *Enjoying Wine?*). In: SMITH, Barry C. (Org.). *Questions of Taste:* The Philosophy of Wine. Oxford, 2007. E a resposta: LEHRER, Keith; LEHRER, Adrienne. Winespeak or Critical Communication?. In: ALLHOFF, Fritz (Org.). *Wine and Philosophy:* A Symposium on Thinking and Drinking. Oxford, 2008. John W. Bender, escrevendo no mesmo livro num artigo

Em *Memórias de Brideshead*, Evelyn Waugh mostra Charles e Sebastian, sós em Brideshead, provando a coleção do conde:

"[...] *É um vinho tão miúdo, tímido, como uma gazela.*"
"*Como um duende.*"
"*Mosqueado, num prado de tapeçaria.*"
"*Como uma flauta sobre águas tranquilas.*"
"[...] *E este, um velho sábio.*"
"*Um profeta numa caverna.*"
"[...] *E este é um colar de pérolas num pescoço branco.*"
"*Como um cisne.*"
"*Como o último unicórnio.*"

O diálogo expressa o amor imaturo entre os dois adolescentes, que exploram as capacidades imaginativas um do outro. Mas ele descreve os vinhos que os rapazes estão bebendo? Não do modo como eu descrevo uma pintura, detalhando o que percebo nela. Um profeta numa caverna não é algo que se possa saborear num vinho do mesmo modo que se vê São Jerônimo na pintura de Ticiano. Tampouco essa descrição de um vinho tem muita semelhança com as descrições que fazemos de músicas quando descrevemos sua força expressiva – como o "angustiado" (*beklemmt*) que Beethoven escreveu na partitura da Cavatina do segundo quarteto em si bemol. O vinho não é um meio de representação; mas tampouco

chamado What the Wine Critics Tell Us, tenta traçar um paralelo sistemático entre as descrições de vinho e as descrições das obras de arte, identificando ambas como parte de um processo de raciocínio em que o julgamento e a faculdade de distinguir são os objetivos. O problema, contudo, é que ao passo que os críticos de arte descrevem *obras de arte*, os críticos de vinho descrevem sabores, e os vinhos não têm seus sabores descritos como as obras de arte têm seu aspecto ou som descrito.

é um meio expressivo: não podemos ler as emoções nos sabores que se elevam da taça do mesmo modo como as lemos na música, porque esses sabores, embora produzidos intencionalmente, não são *marcados* pela intenção como são as notas musicais. De certa forma, as descrições que oferecemos, por mais adequadas que possam parecer, nunca migram da sua origem na vida mental do discursador para o objetivo que elas têm, no vinho que as sugere.

Isso não significa que não podemos descrever o sabor de um vinho ou o desmembrar em seus componentes sensoriais. Se digo de um vinho que ele tem odor floral, permanece no paladar, com sabores de baga madura e uma sugestão de chocolate e amêndoas torradas, então o que eu digo transmite informações reais, com as quais alguém pode ser capaz de construir uma imagem sensorial do sabor do vinho.[20] Mas eu descrevi o sabor em termos de outros *sabores*, e não tentei associar à descrição um significado, um conteúdo ou qualquer tipo de referência. A descrição que fiz não implica que o vinho evoca, significa, simboliza ou apresenta a ideia de chocolate; e alguém que não tenha usado essa palavra como uma descrição do sabor do vinho não mostraria absolutamente que deixou de perceber o significado do que bebemos ou na verdade deixou de perceber qualquer coisa importante.

Nossa experiência com o vinho está ligada à sua natureza como bebida – um líquido que desliza suavemente pelo corpo, acendendo a carne enquanto desce. Como mostrei no capítulo anterior, isso dota o vinho de uma interioridade singular, uma intimidade com o corpo de um tipo que raramente é alcançado pela comida sólida,

---

20. Daí o uso (limitado) de "roda de aroma" na identificação de sabores e cheiros, e no seu agrupamento como tipos sensoriais. Veja isso apresentado por: NOBLE, A. C. em: <www.winearomawheel.com>.

pelo fato de a comida precisar ser mastigada, sendo com isso desnaturada antes de entrar no esôfago. E tampouco essa intimidade é alcançada por algum cheiro, pois o cheiro não entra em contato com o corpo, simplesmente encanta sem tocar, como a mulher linda que está no outro canto da festa.

O uso simbólico do vinho em cultos religiosos reflete-se na arte e na literatura, nas quais bebidas mágicas aparecem como poções que mudam as ideias e até a identidade. Parece-nos fácil entender esse simbolismo porque ele se baseia na maneira como as bebidas inebriantes, e sobretudo o vinho, "entram na pessoa", e assim somos tentados a interpretar quase literalmente essas três palavras. É como se o vinho chegasse até o eu da pessoa que o bebe. Claro que quanto a isso há uma grande diferença entre o bom vinho e o ruim, e o eu com o tempo aprende a acolher um e lutar contra o outro. Mas é precisamente porque o eu está envolvido de modo tão ativo que esse combate tem de ser lutado e ganho, assim como têm de ser lutadas e ganhas as batalhas entre o Bem e o Mal e entre a Virtude e o Vício. Há mais coisas em jogo quando se trata do sabor do vinho do que quando a questão é o simples sabor, e o adágio "*de gustibus non est disputandum*" é tão falsa nesse caso quanto na estética. Não discutimos uma sensação física, e sim escolhas em que estamos plenamente envolvidos como agentes racionais.

O simbolismo da bebida, e seu efeito transformador da alma, reflete a verdade subjacente de que somente os seres racionais podem apreciar coisas como o vinho. Assim, mesmo sendo um sentido menos cognitivo, o paladar tem um aspecto que para as criaturas não racionais é fechado, o qual inclui o aspecto que estamos considerando, o do inebriamento. Os animais podem se embebedar; podem ter seu comportamento alterado com drogas e maconha; mas não experimentam o tipo de inebriamento dirigido que experimentamos com o vinho, pois essa é uma condição em que apenas os seres racionais podem encontrar a si mesmos, uma vez que depende de pensamentos e atos de atenção que ficam fora do repertório de um cavalo ou um de cão. Saborear é algo que apenas um ser racional pode exibir, e que portanto só ocorre a um ser racional. E daí, nos meus deveres de crítico de vinho, quando me valho de Sam, o Cavalo, para experimentar uma garrafa, jogando uma taça de vinho na sua aveia e estudando o modo como ele reage, não distingo entre o prazer que ele sente com a bebida e o simples gostar dela. O sabor é uma fonte de prazer para ele, mas não um *objeto* de prazer. Sam não concentra seu pensamento no *sabor* do vinho – na verdade ele não tem esse conceito e nenhuma ideia que poderia ser captada por uma frase como "mim degustando isso". E menos ainda ele experimenta o atributo inebriante como um atributo *do vinho*. Esse atributo não faz parte do sabor, mesmo sendo parte do que Sam sente ao absorvê-lo.

Tipos de estimulantes

Ao dizer isso, contudo, subentendo que nem todas as formas de inebriamento, mesmo para os seres racionais, são espécies de um único gênero. É portanto necessário fazer algumas distinções entre as substâncias que tomamos na busca de estimulação, inebriamento ou alívio da *lacrymae rerum*. Devemos distinguir particularmente entre quatro tipos básicos de estimulantes: os que nos dão prazer mas não alteram a mente de nenhum modo fundamental, mesmo tendo efeitos mentais; os que alteram a mente mas não transmitem nenhum prazer no seu consumo; os que alteram a mente e também nos dão prazer quando os consumimos; e finalmente os que alteram a mente e fazem isso, ao menos em parte, *pelo* e *no ato de* nos dar prazer. Existem casos intermediários, mas essas categorias amplas oferecem um mapa, acredito, desse território até agora não mapeado. Assim, passo a tratar de cada um deles.

1. Os que dão prazer e têm efeitos mentais mas não alteram a mente. O tabaco é provavelmente o exemplo mais conhecido dessa categoria. Tem efeitos mentais, levando a uma redução da tensão nervosa, com concentração e controle maiores, mas não altera fundamentalmente a mente, de modo a levar o mundo a parecer diferente, de modo a interferir nas trilhas da percepção e motoras ou de modo a dificultar ou redirigir a vida emocional e intelectual. O prazer nele envolvido liga-se intimamente ao seu efeito mental, e embora o caso não seja exatamente como o do vinho, há um sentido claro de que o sabor de um bom cigarro é relaxante do mesmo modo que o sabor de um bom vinho é inebriante – ou seja, o efeito mental faz *parte* do atributo gustativo. Esse é um fenômeno peculiar, que tem um paralelo na estética. Surge quando há uma experiência bem definida de *degustar* o que quer que se consuma: algo que, como disse acima, nenhum animal não racional pode fazer, e que somos capazes de fazer apenas quando o efeito mental de uma substância pode ser lido de volta, por assim dizer, dentro do seu sabor. Alguma noção do que isso envolve pode ser adquirida ao se considerar o segundo tipo de estimulante, que não é absolutamente degustado:

2. Estimulantes que têm efeitos de alteração mental mas não trazem com seu consumo nenhum prazer. Os exemplos mais óbvios dessa categoria são as drogas ingeridas, como o ecstasy, ou as injetadas, como a heroína. Nesse caso não se sente prazer ao tomar a droga, mas ela provoca efeitos mentais radicais – efeitos desejados por si mesmos e independentemente de como foram causados. Não se cogita saborear uma dose de heroína e, depois do seu consumo, a mente que se solta com essa dose continua solta. Os efeitos mentais nesse caso não se voltam para a droga ou para a experiência do uso da droga: eles se dirigem para objetos da percepção e do interesse diário, para ideias, pessoas, imagens, etc. Não se tem prazer com a droga em si, mesmo quando há outros prazeres que resultam do seu uso. Obviamente isso é muito diferente do primeiro caso e do caso que considero a seguir:

3. Estimulantes que têm efeitos alteradores da mente e dão prazer no ato de consumi-los. Os dois casos mais interessantes são a maconha e o álcool. Refiro-me ao álcool em geral e não somente ao vinho. A transformação física que ocorre com o consumo da maconha é, dizem-nos os especialistas, muito extensa e perdura por horas ou dias depois do momento de prazer. Contudo, é inegável que o momento de prazer existe, e ele não é diferente daquele proporcionado pelo tabaco, embora envolva uma perda mais do que um ganho de concentração mental. Do mesmo modo, o álcool também tem um efeito de alteração mental, elevando as emoções, confundindo os pensamentos e interferindo nos caminhos nervosos; e esse efeito de alteração mental vai além do momento de prazer e em parte não se liga a ele. Na verdade, é exatamente pelo fato de a transformação mental perdurar depois do prazer que somos levados a contrastar o caso do alcoólatra – que se tornou dependente do efeito da bebida e mais ou menos indiferente ao seu sabor – do caso do enólogo, para quem a transformação mental *é* o sabor, por assim dizer, e permanece depois dele apenas do modo como o prazer de ver um velho amigo perdura depois de finda a sua visita. Daí a necessidade de distinguir um quarto tipo de caso, aquele que realmente me interessa:

4. Estimulantes que têm efeitos alteradores da mente internamente, relacionados de certo modo à experiência de consumi-los. Nesse caso o exemplo óbvio é o vinho, e é isso que antes eu quis dizer quando me referi ao atributo de inebriamento do sabor. É no ato de beber que a mente se altera, e de certa forma a alteração se liga inseparavelmente ao sabor: o sabor impregna-se de consciência alterada, exatamente do modo como a consciência alterada se dirige ao sabor. Mais uma vez, isso se aproxima da experiência estética. Todos nós sabemos que para ouvir um quarteto de Beethoven, apreendendo-o plenamente, é preciso que toda a nossa psique seja tomada e transformada por ele: mas a transformação da consciência interpreta de volta o som que a produz, que é o som dessa transformação, por assim dizer. Daí o conhecido problema do conteúdo musical: queremos dizer que essa música tem um significado, mas também queremos negar que o significado seja separável do modo como soa a música.

Embora eu tenha colocado a maconha ao lado do álcool, é muito importante ter conhecimento das diferenças entre eles. Obviamente há diferenças médicas e psicológicas significativas. O álcool é expelido rapidamente do sistema e cria dependência apenas em grandes doses – pelo menos para aqueles como nós cuja composição genética foi influenciada pelos milênios de fabricação de vinho. Os inuítes do Círculo Ártico e outros cujos ancestrais jamais cultivaram a uva são incapazes de processar o álcool inocuamente e em pouco tempo se tornam dependentes dele; mas para o objetivo do que se segue eu me refiro apenas a você e eu. E de você e eu pode-se dizer com segurança que do ponto de vista fisiológico se devem diferenciar nitidamente a maconha e o vinho. Os efeitos da *cannabis sativa* permanecem por dias; ela causa mais dependência e é mais radical, levando não somente a alterações mentais temporárias como também a transformações permanentes ou semipermanentes da personalidade, e em particular a uma perda amplamente observada do senso moral. Essa perda do senso moral também pode ser observada nos alcoólatras, mas não deve ser explicada apenas pela dependência. Aparentemente a dependência do tabaco, fumado ou mascado, não leva a alterações do senso moral, e embora as pessoas cometam crimes sob a influência das drogas e causem acidentes sob a influência do álcool, elas não fazem nada disso sob a influência do cigarro.

A natureza temporária dos efeitos fisiológicos do vinho é de grande importância na descrição de sua aura emocional. O efeito do vinho é compreendido, pelo observador tanto quanto pelo consumidor, como uma posse temporária, uma alteração passageira, que não transforma o caráter da pessoa. Assim, esta pode retirar-se e dormir até que o efeito desapareça; e as antigas caracterizações de Silenus (o professor e companheiro de Dioniso) são as de uma criatura que alternava beber e dormir, com um crescendo de bebedeira entre os dois. Além disso – e o que é mais importante –, o álcool em geral e o vinho em particular têm uma função social única, aumentando a loquacidade, a confiança social e a boa vontade dos que bebem juntos, desde que bebam com moderação. Surgiram muitas maneiras de beber socialmente destinadas a impor um rigoroso regime de moderação. Comprar bebidas para a roda no bar, por exemplo, tem o importante papel de permitir às pessoas ensaiarem sentimentos de generosidade recíproca e se agregar como um grupo, sem contar com qualquer intimidade específica.

A maconha também tem uma função social – no Oriente Médio associa-se ao ritual de fumar no narguilé – que produz um entontecimento mútuo confundido com paz, um artigo raramente encontrado na região. Todos os agentes intoxicantes ao mesmo tempo refletem e reforçam uma forma de interação, e assim é importante compreender que os atributos do vinho interessantes para nós refletem a ordem social da qual ele faz parte.

O vinho não é simplesmente uma dose de álcool ou uma bebida misturada. É uma transformação da uva. A transformação da alma sob a sua influência é apenas a continuação de outra transformação que começou talvez cinquenta anos antes, quando a uva foi colhida na vinha. (Essa é uma razão pela qual os gregos descreveram a fermentação como obra de um deus. Dioniso entra na uva e a transforma; e depois esse processo de transformação é transferido para nós quando bebemos.) Embora saibamos que a habilidade humana está envolvida nessa transformação, essa habilidade é de um tipo muito diferente da necessária à pessoa que mistura um coquetel, pois é uma habilidade de cultivo agrícola, e até certo ponto seu resultado é um tributo não só à habilidade do cultivador e do produtor do vinho, mas a todo o processo etológico que nos transformou de caçadores-coletores em agricultores. (Talvez haja algum eco disso na história da bebedeira de Noé.)

O efeito do vinho

Assim, quando erguemos aos lábios uma taça de vinho, estamos saboreando um processo em curso: o vinho é uma coisa viva, o último resultado de outras coisas vivas e o progenitor da vida em nós. É quase como se o vinho fosse outra presença humana numa reunião social, concentrando o mesmo interesse e do mesmo modo que as outras pessoas presentes. Essa experiência é acentuada pelo aroma, pelo gosto e o impacto simultâneo no nariz e na boca, que – embora não exclusivo do vinho

– têm, como já afirmei, uma ligação íntima com o efeito inebriante imediato, de forma a serem eles próprios percebidos como inebriantes. Todo o ser da pessoa que bebe se arroja até a boca e os órgãos do olfato para encontrar o menisco tentador, assim como todo o ser do amante vem até os lábios num beijo. Seria exagero explorar demais a comparação, por mais antiga que ela seja, entre um beijo erótico e o sorver um vinho. Contudo não é um exagero, mas simplesmente uma metáfora, descrever o contato entre a boca e a taça como um encontro *cara a cara* entre a pessoa e o vinho. E é uma metáfora útil. O uísque pode estar *na* sua cara, mas não está exatamente *cara a* cara como o vinho. Ao correr pelo corpo, a dose de álcool é como algo que *escapou do* sabor, que está agindo de modo furtivo. O conteúdo alcoólico do vinho, pelo contrário, permanece como parte do sabor, mais ou menos como o caráter de uma pessoa honesta se revela em seu rosto. Nesse aspecto as bebidas fortes são comparáveis aos cordiais e às bebidas medicinais: o sabor desprende-se rapidamente do efeito, assim como o rosto e os gestos de uma pessoa frívola se separam das suas intenções a longo prazo. O companheirismo do vinho reside no fato de seu efeito não ser furtivo ou disfarçado, mas presente e revelado no próprio sabor. Esse traço é transmitido aos que bebem vinho juntos e se adaptam ao seu modo honesto de se comportar.

O antigo provérbio nos diz que a verdade está no vinho. A verdade não está no que o bebedor percebe, mas no que ele revela por estar com a língua afrouxada e o comportamento mais desembaraçado. É "verdade para os outros" e não "verdade de si". Isso explica as virtudes sociais do vinho assim como a sua inocência epistemológica. O vinho não nos engana, como faz a maconha, com a ideia de que entramos num outro domínio, mais elevado. Daí ele ser muito diferente até da mais suave das drogas que alteram a mente, que transmitem um vestígio, mesmo que vulgarizado, da experiência ligada à mescalina e ao LSD registrada por Aldous Huxley em *As portas da percepção*. Essas drogas – a maconha inclusive – são epistemologicamente culpáveis. Dizem mentiras sobre outro mundo, uma realidade transcendental ao lado da qual o mundo de fenômenos comuns empalidece, parecendo insignificante ou no mínimo menos expressivo do que ele é. O vinho, pelo contrário, pinta o mundo diante de nós como o verdadeiro e nos lembra que se antes não chegamos a conhecê-lo é porque não chegamos verdadeiramente a pertencer a ele, um defeito que, numa virtude singular, o vinho supera.

É verdade, como já indiquei, que o vinho faz brilhar uma certa luz em nosso interior, o atmã, de coisas contingentes, e aponta na direção de outro caminho – sem oferecê-lo – em que se pode conhecer o ser. Mas faz isso sem ofuscar a luz que brilha no nosso mundo e sem nos enganar por nos levar a pensar que entramos em outra alternativa, menos ilusória. Ele respeita as nossas ilusões e até amplifica as mais benignas dentre elas. Mas não nos oferece uma rota de fuga da realidade.

Por essa razão nós devemos, acredito, elaborar nossa descrição do efeito característico do vinho, que não é simplesmente um efeito de inebriamento. O efeito característico do vinho, quando bebido em companhia, inclui uma abertura do eu para o outro, um passo consciente na direção de pedir e oferecer perdão: perdão não para atos ou omissões, mas pela impertinência de existir. Embora o uso do vinho na Eucaristia cristã tenha autoridade na Última Ceia, como está registrado no Novo Testamento, há outra razão para a importância do vinho na cerimônia da Comunhão: ele ilustra e em menor grau cumpre a postura moral que distingue o cristianismo das religiões mais antigas, resumida na prece que diz "perdoai as nossas ofensas assim como nós perdoamos a quem nos tem ofendido". Essa prece notável, que diz aos cristãos que eles podem obter o perdão apenas se o oferecem, nós todos conhecemos na nossa taça, e esse conhecimento do papel crítico do perdão na formação das sociedades humanas duráveis penetra também no mundo muçulmano, na poesia de Hafiz, Rumi e Omar Khayyam, todos eles enófilos. Na surata xvi, verso 7 do Alcorão, o vinho é louvado sem reservas como uma das dádivas de Deus. Quando o profeta, oprimido pelas provações do exílio em Medina, tornou-se mais irritável, sua atitude em relação ao vinho começou a azedar, como na surata v, versos 90-91. Os muçulmanos acham que as últimas revelações anulam o que foi dito anteriormente, sempre que há um conflito entre elas.[21] No entanto eu desconfio que Deus se move de modo mais misterioso.

Gosto e cognição

O vinho da Comunhão leva-me de volta a uma questão que já enfatizei anteriormente: a de que os efeitos mentais pronunciados do vinho são, por assim dizer, lidos de volta na sua causa, de modo que o próprio vinho os relembra no seu sabor. Do mesmo modo como degustamos o sabor inebriante do vinho, degustamos seu poder de reconciliação: ele nos apresenta o sabor do perdão. Essa é uma maneira de entender a doutrina cristã da transubstanciação, ela própria uma sobrevivência da crença grega de que Dioniso está de fato *no* vinho e não é somente a causa dele. Embora a maioria das tentativas de classificar a

---

21. As últimas revelações são apresentadas antes na ordem canônica do texto – um erro fatal, em minha opinião, dada a inspiração inegável das *surahs* de Meca e a fúria inflexível de boa parte do que é atribuído aos anos de Medina.

experiência do vinho seja de comparações literais de sabor com sabor ou então rapsódias extravagantes do tipo da que discuti mais atrás com relação a Charles e Sebastian em Brideshead, existem aqueles casos intensos em que o limite entre associação e significado fica indistinto: os efeitos mentais do vinho tornam-se intensos a ponto de invadir o sabor, de modo a termos uma experiência que não é inteiramente diferente da de ver a emoção numa pintura ou a ouvir na música. Exatamente que conclusões devemos tirar daí eu não sei. Mas isso não nos deve levar a ignorar a diferença fundamental entre sabores e outros atributos, e vale a pena resumir quais são elas.

Primeiro, os sabores não são atributos no mesmo sentido das cores. Todo retalho de azul é uma coisa azul. Mas nem todo sabor de morango é uma coisa com sabor de morango. O sabor pode estar ali sem a substância, como quando tenho um sabor na boca mas não engoli nada. O sabor está na boca de modo semelhante ao modo como o cheiro está no ar ou o som está na sala. Os sabores pertencem, com os cheiros e os sons, à categoria ontológica dos objetos secundários. Daí o sabor de um vinho poder permanecer por muito tempo depois de ter sido ingerido.[22] Os sabores podem separar-se da sua causa, como ocorre com os sons na música, e ter uma vida emocional própria. Uma vez que eles são ligados a, e não inerentes a, seus objetos, eles lançam facilmente encadeamentos de associação, ligando objeto a objeto e lugar a lugar, numa narrativa contínua como a que foi elaborada por Proust.

Ligada a essa característica dos sabores está a conhecida dificuldade que experimentamos de descrevê-los. As cores pertencem a um espectro e variam ao longo de dimen-

---

22. O atributo de "permanecer" no paladar, como seu "aparentado final", é produzido pelo olfato retronasal – a aplicação acessória do sentido do olfato ao que já foi captado pela boca.

sões reconhecidas dos fenômenos, como brilho e saturação. Nossas descrições de cores também as ordenam, de forma a sabermos onde elas estão umas em relação às outras e como umas penetram nas outras. Os sabores exibem ordem em certas dimensões – por exemplo os contínuos doce-amargo, suave-apimentado. Mas a maioria das suas peculiaridades não mostra ordenação intrínseca e tampouco transições claras. Normalmente nós os descrevemos em termos das suas causas características: amendoado, frutado, carnoso, amanteigado, etc. Daí o fato de o processo de discriminar e comparar sabores começar com um esforço de associação, pelo qual aprendemos a identificar a causa característica. Aprendemos a colocar os sabores num campo gustativo, por assim dizer, cujos pontos de referência são as coisas familiares que comemos e bebemos e os lugares e processos que as produzem.

Esse último ponto me leva de volta ao anterior, que trata da inocência epistemológica do vinho. A natureza mundana da consciência elevada que o vinho nos traz indica que, na tentativa de descrever o conhecimento que ele nos dá, procuramos características do nosso mundo atual, características que podem ser, por assim dizer, sintetizadas, comemoradas e celebradas em seus sabores. Daí a percepção tradicional do bom vinho como o sabor de um *terroir* – que significa não somente o solo, mas os costumes e cerimônias que o santificaram e o colocam, por assim dizer, em comunhão com quem o bebe. Não me parece que aqui o uso da linguagem teológica seja acidental. Embora o vinho não diga mentiras sobre um reino transcendental, ele santifica a realidade imanente, familiarizando-nos com a sua subjetividade oculta, apresentando-a sob o aspecto de Brahman. É por isso que ele é um símbolo tão efetivo da encarnação. Ao degustá-lo estamos conhecendo – como se por contato – a história, a geografia e os costumes de uma comunidade.

Desde os tempos antigos, portanto, os vinhos têm sido associados a lugares determinados e foram aceitos não tanto como o sabor desses lugares quanto como o sabor comunicado a eles pelo empreendimento do povoamento. O vinho de Biblos era um dos principais produtos exportados pelos fenícios, e Horácio tornou lendário o velho Falerno. Os que têm os nomes mágicos de Borgonha, Bordeaux, Reno e Mosela não estão apenas se exibindo: estão empregando a melhor e mais confiável descrição de um sabor lembrado com prazer e inseparável da ideia e da história da povoação que o produziu. Os egípcios antigos, aliás, embora frequentemente dessem aos vinhos o nome do local da sua produção e os comercializassem com todos os melhores fornecedores do Mediterrâneo, classificavam os vinhos pela sua função social. Os arqueólogos recuperaram ânforas com etiquetas "vinho para comemorações de primeira classe", "vinho para o dia da coleta de impostos", "vinho para dançar", etc.[23] Contudo, é duvidoso que essas classificações possam funcionar como um guia para o sabor. É fácil imaginar um sabor em que o cliente erga a taça até o nariz, tome um golinho e então diga: "Borgonha"; mais difícil é imaginá-lo dizendo "coleta de impostos". Por que isso é assim?

Nesse ponto devemos novamente voltar ao significado religioso do vinho. Correndo o risco de uma simplificação exagerada, acredito que há dois elementos distintos que compõem a consciência religiosa e que nossa compreensão da religião sofreu uma ênfase demasiada num deles. O primeiro elemento, sobre o qual a ênfase foi forte demais, é o da crença. O segundo elemento, frequentemente desconsiderado pelo pensamento moderno (embora não o seja pelos sociólogos da religião como Émile Durkheim e

---

23. Veja o relato informativo: McGOVERN, Patrick. *Wine in the Ancient World*. Londres, 2004.

Max Weber), é o elemento que pode ser resumido no termo "associação", pelo qual me refiro a todos os costumes, cerimônias e práticas com os quais o sagrado é renovado, de modo a ser uma presença real entre nós, e um endosso vivo da comunidade humana. As religiões pagãs da Grécia e de Roma eram fortes quanto à associação mas fracas quanto à crença. Daí se centrarem no culto, como fenômeno religioso primário. Era por meio do culto, e não da crença, que o adepto demonstrava a sua ortodoxia religiosa e a sua fusão com os companheiros. Nos últimos séculos, a civilização ocidental tendeu a enfatizar a crença – particularmente a crença num reino transcendental e num rei onipotente que o preside. Essa ênfase teológica, representando a religião como uma questão de doutrina teológica, expõe-na à refutação. E isso significa que a verdadeira necessidade religiosa das pessoas – uma necessidade posta em nós de acordo com alguns pela evolução e de acordo com outros por Deus (embora por que não por ambos?) – busca outros canais para a sua expressão: normalmente formas de idolatria que não atingem a humanidade alentadora do culto.

Longe de supor que o culto seja um fenômeno secundário, derivado das crenças teológicas que o justificam, eu adoto a opinião oposta, e acredito que tenho do meu lado a Antropologia moderna e seu verdadeiro fundador, Richard Wagner.[24] As crenças teológicas são racionaliza-

---

24. LÉVI-STRAUSS, Claude, na "abertura" de *O cru e o cozido*. São Paulo: Cosac & Naif, 2011, diz que Wagner foi o fundador da antropologia estrutural. É verdade que uma disciplina chamada antropologia existia antes da época do músico, sendo Kant o primeiro a apresentá-la num curso universitário com a sua *Anthropologie in pragmatischer Hinsicht*, que reuniu anotações de conferências dadas em 1798. O reconhecimento da religião como uma necessidade profunda da psique humana, que sempre se expressava de forma simbólica, é transmitido pela transformação que Wagner faz de Feuerbach em *Die Religion und die Kunst*, em

ções do culto e a função do culto é a associação. É por meio da criação de um culto que as pessoas aprendem a reunir seus recursos. Daí todos os atos de fixação e de transformar a terra para as necessidades comuns de uma comunidade envolverem a construção de um templo e a reserva de dias e horas para festas e oferendas com sacrifício. Quando as pessoas prepararam desse modo um lar para si, os deuses vêm mansamente habitá-lo, talvez passando despercebidos no início e só depois vestidos com os trajes transcendentais da Teologia.

Mas parece-me que o ato de se fixar, que é a origem da civilização, envolve ao mesmo tempo uma transição radical na relação com a terra – a transição conhecida em outros termos como a de caçadores-coletores para agricultores – e um novo senso de pertencimento. As pessoas de um grupo assentado não só pertencem umas às outras: elas pertencem a um lugar, e com esse senso de raízes partilhadas se desenvolvem a fazenda, a aldeia e a cidade. Os cultos de plantio são os mais antigos e mais profundamente arraigados no inconsciente, uma vez que há os cultos que afastam o totemismo do caçador-coletor e celebram a própria terra, como o cúmplice voluntário da nossa aposta de nos fixarmos no lugar. A nova economia agrária e a cidade que se desenvolve a partir dela geraram um senso de santidade da safra plantada e em particular

Gesammelte Schriften und Dichtungen, vol. x, Leipzig, 1911. O estudo do mito e da religião na Antiguidade como dando forma a realidades psíquicas universais foi comum na cultura alemã, em grande parte por causa de Hegel. A verdadeira origem da abordagem foi provavelmente a obra: CREUZER, Georg F. *Symbolik und Mythologie der alten Völker*. Leipzig: Darmstadt, 1810-12, que provocou muita controvérsia na época. No entanto, foi só com Wagner que se ofereceu um exemplo de uma religião fabricada, em que os deuses eram deduzidos da necessidade e não o inverso. Essa foi certamente a primeira tentativa de uma ampla antropologia da religião.

do alimento básico – gramíneas, normalmente na forma de milho e arroz – e da vinha que envolve as árvores acima dele. Essa, certamente, é a pré-história do pão e do vinho da Eucaristia. Além disso, o fruto da vinha pode ser fermentado e assim armazenado numa forma esterilizada. Ele fornece uma lembrança ao lugar e às coisas que crescem ali, tornando-se assim um símbolo de uma comunidade estabelecida e da sua vontade de perdurar.

Em algum nível, arrisco dizer, a experiência do vinho é uma recuperação do culto original pelo qual a terra foi ocupada permanentemente e a cidade construída. E o que degustamos no vinho não é apenas a fruta e a sua fermentação, mas também o sabor peculiar de uma paisagem para a qual os deuses foram convidados e onde eles encontraram um lar. Nada mais do que comemos ou bebemos nos chega com esse halo de significado, e ao recusarem-se a bebê-lo, as pessoas mandam uma mensagem importante: a mensagem de que elas não pertencem a essa terra.

7
O significado do lamento

No século XIX, a bandeira da moderação foi levantada não pelos políticos, mas por cidadãos privados, muitos dos quais animados por uma ferocidade a que raramente se assiste, agora que os problemas sociais eram legados ao Estado cuidador. O que perturbava os bons samaritanos da Inglaterra vitoriana não era somente a visão de alcoólatras arruinados nas calçadas da cidade, mas também saber que muito mais pessoas erguiam felizes a taça e bebiam sozinhas em casa, ficando seu vício invisível para os olhos do público. H. L. Mencken definiu o puritanismo como "o temor persistente de que alguém, em algum lugar, esteja feliz". Quando lemos sobre as reuniões e os compromissos de abster-se de bebidas alcoólicas feitos pelos tietes da moderação, e sobre a sua vigilância intrometida que não respeitava nem a privacidade nem as relações sociais das vítimas, suspiramos aliviados porque o passado é passado e agora é agora.

Que se diga a favor do puritanismo, contudo, que nem todos os prazeres são inocentes. Todas as sociedades – inclusive a nossa – dividem os prazeres sexuais entre os inocentes e os culpados. Os movimentos pela moderação surgiram da tendência de transferir a reação moral natural para um domínio em que ela não tenha um significado claro. Não é o excesso, e sim a escolha errada do objeto, que determina a culpa sexual, ao passo que beber é sempre inocente, a menos que haja excesso. Ao mesmo tempo, como Mencken nos lembra, é a ansiedade com relação a "do que os outros são capazes" que anima o puritanismo em todas as suas formas.

Se há um pecado ligado ao vinho, eu diria que ele reside não em beber, mas no divórcio que pode ocorrer entre o Prazer e a Virtude. Todas as culturas prosperam permitindo alguns prazeres e proibindo outros. E os prazeres que sustentam a cultura precisam ser governados pelos bons hábitos. Em nossa herança abraâmica, os bons hábitos são os que expressam o espírito da caridade. O bebedor virtuoso é aquele para quem "o vinho é tomado pelo fermento do amor", nas palavras de Rumi, o poeta sufi.

O legado puritano pode ser visto em muitos aspectos das sociedades inglesa e americana. E o que é mais interessante para o antropólogo é a facilidade com que a indignação puritana se desloca de um tema para outro e a igual facilidade com que da noite para o dia a coisa antes desaprovada se livra totalmente da mancha do pecado. Isso ficou muito evidente no caso do sexo. Nossos pais e avós preocupavam-se em fazer com que os jovens vissem o sexo como uma tentação a que se devia resistir. Contudo eles não viam a castidade como uma preparação para o prazer sexual: aos seus olhos era exatamente o prazer que era errado. Por isso eles não faziam uma distinção real entre o desejo virtuoso e o vicioso. O assunto inteiro era tabu, e a única resposta para a questão da necessidade sexual era "não!". A antiga ideia da castidade como uma forma de moderação escapava a eles. Mas o que Aristóteles disse sobre a raiva (para elucidar a virtude da *praotes* ou "mansidão") aplica-se igualmente ao sexo. Para ele não está certo sempre evitar a raiva. Em vez disso, é necessário adquirir o hábito certo – por outras palavras, disciplinar-se para sentir a quantidade certa de raiva em relação à pessoa certa, na ocasião certa e durante o período de tempo certo.

Devíamos definir a moderação sexual exatamente desse modo, não como abstenção do desejo, mas como o hábito de sentir o desejo certo pelo objeto certo e na ocasião certa. Em seu *Mizân al-'Amal*, o filósofo sufi Al-Ghazâlî, influenciado nessa questão por Aristóteles, refere-se à virtude da castidade como servindo "para garantir a subordinação do eu ao seu componente racional, de forma a fazer com que o prazer e a contenção se conformem ao intelecto. Ela é um meio-termo entre licenciosidade e falta de desejo". É nisso que consiste a verdadeira castidade, e ela oferece um dos argumentos profundos a favor do casamento, por resgatar o sexo do domínio do apetite e situá-lo no domínio da Virtude. Faz isso aliando o sexo ao caráter, de modo que o desejo e o amor andem juntos, um ampliando e controlando o outro. Tudo isso é brilhantemente formulado e ilustrado nos romances de Jane Austen, e é a verdadeira causa do apetite insaciável das janezinhas por essas obras, em que cada frase é suavemente impelida pelo desejo, mas um desejo inseparável do julgamento do seu objeto e da percepção do que está realmente em jogo quando uma mulher cede ao seu sedutor.

Os puritanos não têm esse senso de desejo avaliado e personalizado. Por isso eles não encontraram nenhuma razão para se abster do prazer quando os tabus sexuais foram derrubados. Uma vez que nenhuma virtude estava correndo risco nas nossas transgressões sexuais, da noite para o dia estas deixaram de ser transgressões. A partir de então não se ouviu falar de nenhuma demonstração do dano causado às crianças pela experiência sexual prematura, de nenhuma demonstração do caos moral e médico que acompanha a sexualidade irrefreada. O puritanismo passou de um não absoluto para um sim absoluto. E procurou por outros prazeres que pudessem ser proibidos, não por serem uma ofensa a Deus, mas porque alguém estava tirando proveito deles. Daí se poder apresentar na tela jovens em orgias sexuais, xingando e mostrando comportamentos repulsivos. Mas não se deve jamais mostrar um jovem com um cigarro na boca, pois isso é pecado mortal – o pecador não é o fumante, mas os que se aproveitam do seu vício. Imagens de fumantes famosos como Brunel, Churchill e Sartre sofreram alterações feitas pelo Ministério da Verdade para que o artigo transgressor fosse retirado de entre seus dedos, e no mural da escola o édito absolutista "Não fumarás" está ao lado do pôster que orienta os garotos e garotas de doze anos sobre sexo seguro e aborto livre.

Os puritanos tiveram tanta razão para se voltar contra a bebida quanto para perseguir o cigarro, agora que as bebidas são um grande negócio nas mãos de umas poucas grandes empresas. E nesse ponto é muito mais fácil simpatizar com eles, pois o alcoolismo não apenas faz mal ao indivíduo: ele pode destruir a nossa capacidade de relacionarmo-nos com os outros e levar-nos a viver num mar de amargura. Assim, se pretendemos salvar da Inquisição um dos maiores bens humanos, é vital encontrarmos outro modo, mais humano, de tratar do problema do álcool, rejeitando sua proibição. E é por isso que devemos aprender com Aristóteles e ver a questão não em termos de mandamentos, mas em termos do modo certo e do modo errado de beber.

São Paulo diz-nos: "Não vos embriagueis com vinho, no qual há dissolução, mas enchei-vos do Espírito". A intenção desse trecho é nos advertir contra o excesso. O Espírito não é hostil ao vinho – afinal de contas, de acordo com a doutrina cristã, ele está presente no vinho da Comunhão, e Paulo aconselhou seu companheiro mais querido a "não beba somente água, Timóteo, mas também um pouco de vinho" (1 Timóteo 5.23). Na verdade, o cristianismo é uma das religiões mediterrâneas para as quais beber vinho é uma obrigação. É outro aspecto do legado puritano o fato de ele não distinguir entre embriaguez e inebriamento brando nem entre as várias bebidas que produzem os dois estados. Assim, não surpreende que a reação contra o puritanismo seja igualmente indistinta quanto às bebidas que ela recomenda e ao modo de as beber.

A reação americana é exemplificada por um novo periódico chamado *The Modern Drunkard*, que recentemente teve um exemplar atirado em minhas mãos num bar de Washington por um cavalheiro tão grande que sua voz parecia vir de uma região invisível além do seu estômago. O periódico comentava que uma festa de inocentes católicos, todos vestidos de Papai Noel, foi invadida num Natal recente por policiais de trânsito que brandiam cassetetes, embora nenhum dos bêbados fosse nem de longe capaz de dirigir de volta para casa. Havia uma entrevista inspiradora com o Imperador dos Vagabundos, Balmett "Osso de Sopa", que vomitava de prisão em prisão por todo o continente tentando fazer valer seus direitos constitucionais. E o jornal oferecia conselhos úteis sobre a esquecida arte de cambalear, num artigo que deixa cristalinamente claro que os bebedores de cerveja americanos veem a embriaguez como o único modo que restou para os homens – ou de qualquer forma os machos – passarem um tempo com alguém. Mas em nenhum lugar se tratava da verdadeira questão da bebida, que é o que beber, como, quando e com quem. O foco do jornal era a cerveja e os destilados, e seu principal interesse era aconselhar os leitores sobre como consumir uma grande quantidade desses dois tipos de bebida e ainda ser capaz de absorver mais.

Lembro-me dos versos escritos por George Crabbe em "Inebriedade":

Olhe! O pobre bêbado, cujo sentido grosseiro
Vê a bem-aventurança na cerveja e pode dispensar o
vinho;
Cuja cabeça a preferência orgulhosa nunca ensinou a
conduzir
Para além dos êxtases obscuros da cerveja.

Acho que devemos aprender com Crabbe e *The Modern Drunkard* e tentar entender a distinção entre o beber virtuoso e o vicioso, refletindo sobre a bebida que foi, na nossa civilização, veículo da presença real de Deus e o símbolo dos nossos modos de alcançá-Lo. A fim de apresentar uma resposta convincente para os lamentosos que nos pretendem governar, devemos estudar os modos com que o vinho pode ser incorporado na vida moral dos seres racionais, de forma a aumentar, ao invés de diminuir, a satisfação desses seres. O que digo se aplicará, contudo, a outras bebidas alcoólicas, na medida em que elas podem ser incorporadas, como o vinho, a rituais sociais que trazem felicidade e compreensão, e que afastam coletivamente o desespero.

Normalmente nos esforçamos para conosco permanecermos verdadeiros em nossa taça, e para quando, sob a influência do álcool, não revelarmos nada do que em estado absolutamente sóbrio ocultaríamos. Muitos dos modos de beber socialmente que desenvolvemos destinam-se a impor um regime rigoroso de moderação. Comprar bebidas para um grupo no bar, por exemplo, é importante por permitir às pessoas a prática de uma hospitalidade pouco dispendiosa e porque a velocidade do consumo e o equilíbrio entre entrada de bebida e saída de palavras ficam controlados.

Anteriormente me referi ao notável expoente das velhas virtudes anglicanas, o reverendo George Crabbe. Um defeito infeliz do libreto de Montagu Slater inspirado no poema *Peter Grimes* de Crabbe é o modo impiedoso como os aldeões são retratados com suas taças. As palavras que eles dizem, cuja intenção é frisar a sociedade fechada e desconfiada da qual Peter é excluído, também transmitem a atitude esnobe de Slater em relação à cultura do bar:

Vivemos e deixamos viver, e olhamos –
Nossas mãos ocupam-se apenas de nós mesmos.
Sentamo-nos e bebemos a noite inteira
Sem dignarmo-nos a dedicar um
Pensamento à côdea que roemos todo dia
Mas comprando bebidas à larga!

De fato a prática de comprar rodadas no bar é um dos ótimos feitos culturais dos ingleses. Ela possibilita às pessoas que não têm muito dinheiro fazer gestos generosos sem o risco de se arruinarem com eles. Possibilita a cada pessoa distinguir-se dos seus vizinhos e apresentar a sua individualidade na escolha da bebida, e leva a afeição a aumentar progressivamente no círculo de bebedores, dando a cada um sucessivamente o caráter de amigo caloroso e hospitaleiro. De certo modo é uma melhoria moral sobre o banquete grego, em que apenas o anfitrião aparecia com a qualidade de doador, e também sobre o salão comunitário e a casa de campo. A rodada de bebida possibilita até aos mudos e aos oprimidos receberem por um curto período de tempo os agradecimentos, a apreciação e a honra dos seus vizinhos. É um caso paradigmático de "inclusão social", para usar o jargão dos nossos governantes, e certamente não surpreende que agora se esteja fazendo o possível para garantir que a prática desapareça.

O defeito do libreto de Slater é mais do que superado pela música de Britten, que liga os bebedores numa melodia calorosa sobre acordes sincopados e mostra que, se Grimes é excluído, é porque no beber em conjunto existe realmente a capacidade de formar uma sociedade. E não é somente Grimes quem fica separado da intimidade da taberna da titia. O bar contém outro excluído – a sra. Sedley, chocada por ver-se na companhia de pessoas que bebem cerveja e fumam, forçada a relacionar-se em razão da sua necessidade de láudano e com a incapacidade dos dependentes de ver os outros como algo mais que um meio de satisfazer o seu desejo. Britten mostra-nos a virtude social da prática de beber em grupo e o infeliz destino dos que encontram seu estímulo em coisas engolidas sem degustação e consumidas sem cortesia.

Uma bebida fermentada, como a cerveja ou o vinho, não é simplesmente uma dose de álcool e nunca deve ser confundida em seu efeito com os destilados ou até mesmo com os coquetéis. No capítulo anterior eu disse que a transformação da alma sob a influência do vinho é a continuação de outra transformação que começou talvez cinquenta anos antes, quando a uva foi colhida na vinha. Quando erguemos uma taça de vinho até nossos lábios, portanto, estamos saboreando uma coisa viva. É como se o vinho fosse outra presença humana em qualquer reunião social, um foco de interesse igual ao das outras pessoas que estão ali.

A compreensão da função social das bebidas fermentadas foi incorporada de mil modos nas sociedades ocidentais. Sua manifestação mais evidente está na prática de "brindar". As pessoas erguem a taça em celebração, para significar sua boa vontade em relação aos outros e aos seus projetos, e para dar prova da sua disposição de levar esse sentimento benevolente *para dentro* de si mesmas, como um tipo de renovação do coração. O reconhecimento das virtudes sociais do vinho aparece também no mundo muçulmano, na poesia de Hafiz, Rumi e Omar Khayyam. É um sinal do extremismo puritano das versões do islã que hoje parecem tão ameaçadoras o fato de elas enfatizarem a proibição do vinho contida no Alcorão e esquecerem de que muitos dos rios do paraíso, de acordo com o Livro Sagrado, são na verdade feitos dessa bebida (veja por exemplo a surata 47, verso 15).

E quanto a isso é correto registrar um protesto contra os piores lamentadores – os mulás mal-humorados que infestaram nossas cidades, corrompendo a juventude com as suas ordens e convidando os solitários filhos dos imigrantes a juntarem-se à sua causa, que é a causa da não agregação. Suas tentativas de reintroduzir a censura religiosa nos estados da Europa ainda precisam ser endossadas por algum decreto legal específico. Mas eles exemplificam coletivamente o que, para mim, é a verdadeira tragédia do islã: ter entrado no mundo moderno despojado da sua cultura.

O papel vital que os filósofos muçulmanos da Idade Média desempenharam na transmissão do pensamento clássico é um tema familiar da história intelectual. Na minha especialidade acadêmica, a Filosofia da Música, sei que o único grande filósofo que escreveu um livro dedicado totalmente ao assunto é Al-Fârâbî, ele próprio um músico notável, cuja obra é uma tentativa fabulosa de conciliar a teoria neoplatônica da harmonia cósmica com os modos da música árabe antiga. Tampouco – para usar outro dos meus interesses – existe um clássico ocidental sobre o status moral dos animais que seja remotamente comparável a *The Case of the Animals versus Man before the King of the Jinn* [O processo dos animais contra o homem perante o rei do Jinn], compilado pela "Ikhwan as-Saffa" – uma irmandade de filósofos que existiu no Crescente Fértil nos séculos X e XI da nossa era. A ideia do amor cortês (da qual fluiu grande parte da nossa literatura medieval) entrou na Europa pela Andaluzia muçulmana e encontrou seu primeiro sustentáculo teológico nos escritos de Avicena, e a disputa entre Al-Ghazâlî e Averróis sobre a natureza e os limites do conhecimento filosófico é tão pertinente hoje quanto na época em que ocorreu.

Mas o que aconteceu com essa cultura notável e questionadora? Onde se encontrarão, por exemplo, cópias impressas das obras dos filósofos? Nas bibliotecas das universidades americanas, certamente, mas não nas livrarias de Damasco ou Bagdá. E isso coloca o atual conflito com o islã numa certa perspectiva. Chamá-la de "choque de civilizações", como fez Samuel Huntington, é supor que existem duas civilizações.[25] Mas um dos contendores nunca se apresentou no campo de batalha. O choque a que assistimos é entre o secularismo ocidental e uma religião que, por ter perdido a sua parte autoconsciente, não pode mais se relacionar de modo estável com os que discordam dela.

Há cerca de trinta anos Edward Said publicou sua obra seminal, *Orientalismo*, açoitando os especialistas ocidentais que haviam estudado e comentado a sociedade, a arte e a literatura do Oriente Médio. Said cunhou o termo "orientalismo" para designar uma atitude denegridora e condescendente em relação às civilizações orientais, que ele via em todas as tentativas ocidentais de retratá-las. Aos olhos dos ocidentais o Oriente parecia, segundo ele, um mundo de indolência lânguida e sonhos vaporosos, sem a energia ou a diligência cultuadas nos valores ocidentais, e portanto eliminado das fontes do sucesso material e inte-

---

25. HUNTINGTON, Samuel P. *O choque de civilizações e a recomposição da ordem mundial.* Rio de Janeiro: Objetiva, 2007.

lectual. O Oriente era retratado como o "Outro", o espelho opaco em que o intruso colonial ocidental não via nada além do seu próprio rosto radiante.

Said defendeu essa tese com uma prosa viva e brilhante, mas também com citações altamente seletivas, referentes a uma série muito pequena de encontros entre o Ocidente e o Oriente. E ocupado em derramar seu desprezo pelas apresentações do Oriente feitas pelos ocidentais, não se preocupou em examinar nenhuma apresentação do Ocidente feita pelo Oriente ou em fazer algum julgamento comparativo, na avaliação de quem tinha sido injusto com quem. Se tivesse feito isso, ele teria sido forçado a se referir a uma literatura em árabe que ou é inteiramente ocidentalizada, ao modo de Naguib Mahfouz, do Cairo (que em 1994 quase não conseguiu escapar de ser esfaqueado por um muçulmano, e que na época da sua morte, em 2006, era muito censurado), ou que, tendo voltado as costas para a cultura ocidental, retira-se para "a sombra do Alcorão", como recomendou o líder da Irmandade Muçulmana, Sayyid Qutb.[26] O lugar para o qual Qutb convida seus leitores é fresco e tranquilo. Mas também é escuro. E embora Qutb não tenha sido censurado pelas autoridades egípcias, é pertinente ressaltar que ele foi enforcado.

Said estava atacando uma tradição de erudição que com justiça se pode proclamar um dos feitos morais reais da civilização ocidental. Os eruditos orientalistas do Iluminismo criaram ou inspiraram obras que passaram a integrar o patrimônio ocidental, desde a tradução seminal que Galland fez de *As mil e uma noites*, em 1717, passando pelo *West-Östlicher Divan*, de Goethe, e pelo *O Rubaiyat*, de Omar Khayyam, versão de Fitzgerald, até a musicalização dos poemas de Hafiz feita por Szymanowski, o *Das*

---

26. QUTB, Sayyid. *Fi zilâl al-Qu'rân*, 1954-64.

Lied von der Erde de Mahler, as invocações hinduístas de T. S. Eliot e as traduções de Pound para as odes de Confúcio. Obviamente essa tradição foi também uma apropriação – uma versão nova de material oriental com perspectiva ocidental. Mas por que não considerar isso como um tributo e não uma afronta? Só é possível apropriar-se da obra de outros se estes não são considerados fundamentalmente como "Outro".

Na verdade, as culturas orientais têm uma dívida para com seus estudiosos ocidentais. No momento do século XVIII em que 'Abd al-Wahhab fundava na Península Arábica a sua detestável forma de islã, queimando os livros e as cabeças cujos pensamentos lhe desagradavam, Sir William Jones estava reunindo e traduzindo toda a poesia persa e árabe que encontrava e preparando-se para embarcar para Calcutá, onde iria atuar como juiz e ser pioneiro no estudo das línguas e da cultura indianas. O wahhabismo chegou à Índia na mesma época que Sir William e começou imediatamente a radicalizar os muçulmanos, pregando o suicídio cultural que o bom juiz estava tentando a todo custo impedir.

Se os orientalistas cometeram um erro, não foi o de ter atitudes condescendentes ou colonialistas. Pelo contrário, seu erro foi uma lamentável tendência a "tornar-se nativo", evidente em Sir Richard Burton e em T. E. Lawrence, permitindo que o amor à cultura islâmica desalojasse a sua percepção do povo, a ponto de, como Lawrence, deixarem de reconhecer que o povo e a cultura já não tinham muita coisa em comum. Contudo, a obra deles continua sendo um tributo admirável ao universalismo da civilização ocidental e hoje é defendida por Robert Irwin num livro que mostra que o *Orientalismo* de Said é um tecido de meias-verdades.[27] Irwin expõe os erros, omissões

---

27. IRWIN, Robert. *Pelo amor ao saber:* Os orientalistas e seus inimigos. Rio de Janeiro: Record, 2008.

e mentiras cabais contidos no livro e afirma que a principal razão da popularidade de Said nas nossas universidades é o fato de ele fornecer munição contra o Ocidente. Se isso não estava óbvio antes, agora certamente está.

No entanto, essa é uma conclusão deprimente. Pois de maneira geral, parece ser verdade que muitos dos que são apontados como guardiões da cultura ocidental agarrarão qualquer argumento, por mais falho que seja, e qualquer erudição, por mais falsa que seja, para denegrir sua herança cultural. O que faz parecer que agora é a nossa vez de entrar num período de suicídio cultural, aprendendo primeiro a desprezar e depois a esquecer a perspectiva que levou aqueles nobres orientalistas a realizarem a tarefa com a qual apenas quem estivesse impregnado de cultura ocidental sonharia – a tarefa de resgatar uma cultura que não era a sua. Na verdade é esse, na minha opinião, o verdadeiro significado da bebedeira: ela é a tentativa de se encontrar um substituto engarrafado para a cultura perdida e com ele preencher a mente.

Estando conscientes disso, não há escolha, parece-me: precisamos assumir "o fardo do homem branco" e empreender a batalha dos orientalistas. É nosso dever não somente instruir os jovens na cultura que eles estão perdendo, mas também ajudar nossos vizinhos muçulmanos a recuarem na *sua* cultura, a entenderem que existem meios de se interpretar o Alcorão que ajustam os seus mandamentos ao mundo cambiante da interação social. Como se fará isso?

Uma versão dessa questão é conhecida de todas as pessoas cuja fé repousa num livro sagrado. Que garantia temos de que o livro é uma revelação concedida pelo Todo-Poderoso? Só existe uma resposta possível: porque o próprio Deus nos diz isso durante a revelação. A circularidade disso é evidente até para uma criança. Mas a circularidade é inescapável. As revelações de Deus são tudo em que podemos ter esperança, e na natureza do caso não pode haver prova independente delas – melhor dizendo: nenhuma prova compatível com a crença na transcendência de Deus. Isso significa que há três modos de se interpretar um texto sagrado como o Alcorão. O primeiro modo afirma que ele é um produto humano, apresentado por meio do mais pretensioso dos pseudônimos – que não há nada nele, fora os pensamentos daquele que reuniu as palavras. O segundo modo afirma que o texto é a voz do próprio Deus, que o Todo-Poderoso disse tudo o que lá está. O terceiro modo (o modo da hermenêutica) afirma que na verdade o livro é o registro de uma revelação, mas uma revelação que, por ter atravessado, como é certo, um meio meramente humano, e um meio embaraçado nas contingências de uma situação que já desapareceu há muito tempo, deve sempre ser reinterpretada, a fim de recolher seu significado real, que é o significado para nós, aqui e agora.

Nas nossas atuais circunstâncias, o primeiro modo de interpretar o Alcorão é perigoso: uma provocação que ignora totalmente o controle que um texto sagrado adquire sobre os que vivem dentro da sua sombra. Mas o segundo modo é igualmente perigoso. Atribuir a Deus aqueles versos tensos e gaguejantes e supor que o grito dado no deserto árabe catorze séculos atrás é um imperativo irretocável e que em cada uma das suas palavras estabelece uma obrigação é estar em conflito com a realidade, ser lançado num caminho que só pode acabar no assassinato dos "inimigos" de Deus. A terceira interpretação é a única segura, e é a que os judeus e os cristãos adotaram com relação à Bíblia. Sim, disseram-se eles, vemos nisso a mão e a voz de Deus – mas que passou por sabe-se lá quantas testemunhas falíveis, sabe-se lá quantas aterradas e aturdidas secretárias do inominado Eu Sou!

Algo dessa abordagem foi adotado pelos primeiros juristas muçulmanos ao reconhecerem que podemos acrescentar, ampliar e adaptar a *shari'ah*. Fazemos isso pelo esforço individual ou *ijtihad*. Portanto devíamos rejeitar a antiga tradição que nos diz que "o portão da *ijtihad*" está fechado. Devíamos dar um passo decisivo contra a pseudoerudição dos wahhabistas e incentivar o islã a avançar na direção que ele tomava nos tempos de Averróis, a direção que conciliará Deus e o homem, e capacitar os muçulmanos novamente a se desembaraçarem. Devíamos insistir em que os éditos de que Maomé foi o porta-voz estão precisando de interpretação e que a prática que para Avicena, Hafiz, Rumi e Omar Khayyam parecia boa não pode ser tão ruim quanto declaram os mulás. O Alcorão invectiva contra o vinho como "um expediente satânico" (por exemplo, 5.19), embora insista em que os rios de vinho do paraíso são "uma delícia para quem bebe". Eu conciliaria essas afirmações com o seguinte exemplo de *ijtihad*: o vinho não é um direito, mas uma recompensa, e por isso beber vinho sem merecer é um pecado; mas quando a questão do mérito for decidida a nosso favor, podemo-nos juntar ao banquete dos justos. Claro, para os piedosos essa questão só é decidida depois da morte. Mas é apenas o mais venial dos pecados antecipar esse evento e servir-se de uma taça ou duas agora. E essa, observe, é a atitude tomada nas *Mil e uma noites*, com a proibição corânica do vinho sendo respeitada como um ideal que os mortais não podem atingir com facilidade e cuja transgressão certamente seria perdoada por um Deus amoroso. E oferecem-se algumas formas maravilhosas de *ijtihad* como modo de conciliar a vida devota com a necessidade ocasional de uma bebida.[28]

28. Veja, por exemplo, o raciocínio exposto para o devoto xeque Ibrahim na trigésima sexta noite.

Goethe descreveu Espinosa como um "homem inebriado com Deus" por acreditar que ele próprio e tudo no mundo eram um "modo" da substância una divina. A descrição seria mais adequada a Maomé, pois este recitava seus versos nas garras de um espírito tão forte e molesto que ele acreditava estar sob o controle de Deus, que o sacudia até o seu âmago. A sintaxe abarrotada e os ritmos espasmódicos das suratas são um testemunho do estado inebriado do Profeta, e será de surpreender o fato de, ao voltar abalado para a sua congregação, ele se afligir por ver que também aqueles homens estavam inebriados não com Deus, mas com uma das criaturas de Deus? A solução cristã para esse problema – o problema de assimilar os dois inebriantes, de modo a beber Deus e o vinho num só gole – parece não ter ocorrido ao Profeta. E assim, impetuosamente e para grande dor da humanidade, ele acabou proibindo a única fonte de reconciliação pela qual a partir de então o mundo muçulmano ansiou para sempre, qual seja:

A uva que consegue com uma lógica absoluta
Refutar as setenta e duas seitas em disputa

nas palavras de Omar Khayyam. E as 72 seitas ainda estão na mesma situação, deixando em frangalhos o mundo muçulmano, enquanto suas vítimas ofegam pela bebida proibida que trará compreensão e perdão em vez da fúria ditatorial.

Mas o Alcorão está certo num ponto: Satã pode utilizar-se do vinho, como se utiliza de tudo o que é bom. Inebriar-se ocasionalmente é algo perdoável; mas o álcool pode se tornar um vício, e os árabes conhecem de longa data esse vício, sendo essa uma das razões pelas quais usamos a palavra árabe para a substância pura – *al-kuhul*–

que o causa. E se pretendemos compreender a aplicação da "Ética da Virtude" que quero explicar neste capítulo, precisamos saber que o vício é parte do problema.

A celebrada teoria aristotélica da Virtude como o meio entre extremos não deve ser levada muito ao pé da letra. Contudo, muitas virtudes podem ser entendidas pelo contraste entre vícios opostos – nesse caso a necessidade do alcoólatra, que destrói sua alma, e a lamentação igualmente destrutiva dos mulás. Olhando para as ruas das nossas cidades, onde bêbados ignorantes brigam e vomitam enquanto muçulmanos arrogantes passam apressados pensando em assassinato, vemos o início de uma futura guerra civil, em que os dois vícios se confrontam e "exércitos ignorantes enfrentam-se à noite". Para evitar essa terrível possibilidade, impõe-se não somente ensinarmos os muçulmanos a beber como também aprendermos a beber melhor – e isso significa aprendermos a incorporar a bebida numa vida adequadamente vivida e vivida em favor dos outros.

A teoria que Aristóteles desenvolveu sobre a Virtude é também uma teoria da educação moral. É possível, acreditava ele, aprender a ser bom; e fazemos isso adquirindo bons hábitos. Pode ser que inicialmente não queiramos adquiri-los, e pode ser que para os adquirir precisemos ser treinados por meio de recompensas e punições que não têm nenhuma relação com a sua real utilidade. Mas se não adquirimos esses hábitos quando somos jovens, torna-se cada vez mais difícil retificar essa deficiência, pois outros hábitos se desenvolvem em seu lugar. A aquisição dos bons hábitos não é fácil, pois eles envolvem a *superação* das nossas inclinações naturais, a imposição de disciplina aos nossos apetites, a abertura do espaço que, no devido tempo, a escolha racional ocupará nos nossos motivos. A aquisição de maus hábitos é fácil, pois eles derivam do apetite e do fato de permitirmos que a satisfação imediata determine nossas escolhas. Os bons hábitos são as virtudes, os maus hábitos são os vícios. E o aspecto importante dos dois é que eles determinam não só o que uma pessoa fará numa dada ocasião, mas também o motivo que gera o seu comportamento. A pessoa corajosa não somente enfrenta resolutamente o perigo: ela age a partir do motivo da honra. Seria para ela uma vergonha agir de outro modo, e esse senso de vergonha se entranhou no hábito que governa o seu comportamento. A pessoa covarde cede ao medo e foge por causa da sua paixão autocentrada.

Tudo isso foi dito cuidadosamente por Aristóteles. E é difícil negar sua verdade geral e sua pertinência para a nossa situação atual, com as crianças frequentemente crescendo soltas, sem que ninguém se preocupe em frear seus apetites ou em as guiar pelo caminho da Virtude. Essa deficiência é evidente sobretudo na questão da moderação. Beber imoderadamente é apenas um caso especial: como sabemos, também se come, assiste-se à televisão, navega-se na internet e faz-se sexo sem cuidar da moderação. Em todas essas práticas a moderação implica ser sensível ao verdadeiro significado social da atividade em que há excesso. Comer com moderação, por exemplo, significa comer em horas certas, na companhia de outros, enquanto a educação, as boas maneiras e a conversa afável deixam em segundo plano o apetite natural. A ausência dessa disciplina é em parte responsável pela chamada "obesidade" epidêmica. A moderação, tanto quanto a coragem e a prudência, envolve o motivo da vergonha. As pessoas moderadas têm vergonha de ceder ao apetite em circunstâncias em que a razão proíbe isso: elas deixam de comer ou de beber quando isso as mostraria como joguete dos seus desejos animais; estão cientes do significado social de comer, de beber e do interesse sexual, e envergonham-se por comportar-se como se seu apetite por essas coisas pudesse eclipsar todo o respeito pelos seus companheiros.

Daí o fato de a moderação envolver a aquisição do motivo que os gregos chamam de *aidōs*, que eles entendem como um tipo de respeito pelo outro e a facilidade de envergonhar-se diante dele. Esse motivo não é a timidez ou o acanhamento, mas, pelo contrário, um tipo de abertura para o outro, uma valorização do seu julgamento e uma busca da plena mutualidade. Os gregos consideravam a *aidōs* como a principal sentinela contra as más ações e não viam o vinho como um impedimento para o seu exercício. Ao contrário, a cultura do banquete tinha a *aidōs* como um dos seus objetivos. Platão insiste nisso várias vezes em *As leis*, ao referir-se ao vinho como um remédio para a produção da *aidōs* na alma (672d., 5-9). Píndaro tinha a mesma ideia em mente quando escreveu na ode nemeana que

> *A paz ama o Banquete, quando*
> *A recente glória do triunfo cresce com a música suave;*
> *A voz torna-se confiante ao lado da poncheira.*
> *Que alguém misture a bebida, doce profeta da diversão,*
> *E a faça circular em taças de prata*
> *A poderosa filha da vinha.*

Essa reverência para com o outro é, como diz Píndaro, um instrumento da paz, um passo consciente para o pedido e a concessão do perdão. Daí o vinho, quando bebido adequadamente, poder fazer parte de uma educação na moderação, e é por essa razão que os adolescentes devem ser judiciosamente expostos a ele e não, como nos Estados Unidos, proibidos de prová-lo enquanto não tiverem aprendido a se embriagar com todas as outras bebidas.

Quando Aristóteles tornou fundamental para a filosofia moral a ideia da Virtude, foi no contexto de uma teoria do raciocínio prático. A premissa principal do "silogismo prático", sustentou ele, não é uma crença, mas um desejo. Os desejos derivam dos hábitos, e os bons hábitos são os que se manifestam nos desejos certos – desejos cuja satisfação nos traz felicidade ou *eudaimonia*. As virtudes são disposições para querer o que verdadeiramente nos satisfaz. Beber virtuosamente é um aspecto da moderação – mas moderação entendida no sentido grego (*sōphrosune*), como o exercício moderado de um apetite, e não como a recusa absoluta a se permitir esse apetite. Para compreender em que consiste a moderação, devemos estudar as circunstâncias em que a bebida nos torna melhores e ficamos satisfeitos com o seu consumo. Essas circunstâncias são sobretudo sociais, visto que as barreiras para a comunicação são permanentemente derrubadas pelo fluxo. Mas nem todos os modos de beber, mesmo acompanhados, são virtuosos. O bebedor virtuoso é aquele que incorpora a bebida no projeto do *ágape*, ou amor ao próximo. O bebedor vicioso é aquele cujo beber é uma ameaça ao próximo e um menosprezo dos seus deveres em relação ao outro. Quando se bebe como eu recomendei, e como a antiga cultura do vinho incentiva, pode-se ingressar nas fileiras dos bebedores virtuosos. Usado adequadamente, o álcool é um estímulo à conversa, um solvente do constrangimento e um lembrete de que a vida é uma bênção e as outras pessoas também. Existe um limite tênue entre o estado mental benevolente e sagaz e o sentimentalismo falso a que o beber incauto leva com tanta facilidade. E o velho adágio *in vino veritas* é tão falso quando referido à embriaguez quanto é verdadeiro se referido aos primeiros passos em direção dela. As declarações de paixão – seja de amor, raiva, perdão ou dor – feitas pelo bêbado estão contaminadas por uma falsidade perigosa e são o fruto espiritual do vício.

Segundo Aristóteles, os crimes dos bêbados deviam ser punidos com mais rigor do que os dos sóbrios, uma vez que eles não mostram uma falta, e sim duas: o crime que cometem contra o outro e aquele que cometem contra si mesmos ao destruírem a faculdade do julgamento sensato. No entanto deve-se distinguir a bebedeira ocasional do hábito de embebedar-se. Alguém que esporadicamente bebe um pouco mais não demonstra, em suas más condutas posteriores, um caráter vicioso. Além do mais, essa pessoa não pode conhecer antecipadamente o efeito da sua perda de julgamento, e assim ele não faz parte da sua intenção inicial ao beber. Shakespeare dá-nos uma bela ilustração disso na tragédia *Otelo*. Iago intoxica Cássio com vinho e Cássio então perde a lucidez e começa a vociferar embriagado. As consequências são enormes: Cássio torna-se cúmplice involuntário da trama diabólica de Iago. Imediatamente depois Iago envenena Otelo com um *pensamento*. E nesse caso a intencionalidade reside no próprio veneno. Em ambos os casos a alma de uma pessoa fica cheia de falsidade: a de Cássio por pouco tempo; a de Otelo permanentemente. E essa falsidade se expõe no comportamento grosseiro, na perda de julgamento e na incapacidade de se verem as coisas nas devidas proporções, o que, no caso de Otelo, faz o amor transformar-se em ódio e o casamento em assassinato. Mas o veneno em Cássio é rapidamente expelido e não se tornou um hábito, precisamente porque o julgamento pode retomar a sua soberania. O veneno em Otelo não pode ser expelido, pois é um veneno do próprio julgamento. E a questão que a peça levanta é se Otelo deve ser culpado por isso.

Duas breves máximas foram inscritas sobre o portão do templo de Apolo em Delfos: "Conhece-te a ti mesmo" e "Nada em excesso". As máximas ligam-se. Para conhecer-se é preciso controlar-se, e para controlar-se é preciso manter-se no meio. Se você quiser ser feliz, sustentava

Aristóteles, precisa cultivar a Virtude, e ser virtuoso é evitar os extremos. Isso não significa que se deve ser timorato, ascético ou puritano, uma vez que também esses são extremos. Significa que suas paixões devem condizer com o objeto delas, que você deve sentir raiva quando é certo sentir raiva e alegria quando o que se pede é alegria. Esse é o meio dourado – a *aurea mediocritas* de Horácio: não ausência de paixão, mas o equilíbrio entre paixões que deixa o eu no comando.

Essa antiga sabedoria foi aplicada à vida moral, à civilidade e às artes. O vício significou a neutralização da razão pelo desejo. Os maus modos significaram a desconsideração pelos outros que surge quando o apetite assume o comando. O mau gosto significou vulgaridade, grosseria e destempero emocional, falta de *aidōs*. Para atingir a felicidade e o equilíbrio, precisamos descartar todos esses excessos e pôr em seu lugar a moderação dirigida aos outros.

Essa antiga defesa da moderação é um lembrete de que a Virtude deve ser considerada em forma humana, caso se pretenda que ela seja humanamente atingível. Os santos, os monges e os dervixes podem praticar a abstinência total; mas achar que a abstinência seja o único modo de Virtude é condenar todo o resto da humanidade. É melhor propor o modo da moderação e viver com ela em termos amigáveis com a sua espécie. Assim pareceu a Montaigne, pelo menos, e assim me parece. A moderação é a escolha de vida sobre a qual todos podemos concordar. É o Tao, o verdadeiro caminho de Confúcio, a estrada para a Iluminação. Até Kant, o firme defensor da *razão* contra a *paixão*, reconheceu que melhor do que negar inteiramente a paixão é permitir que a razão a utilize. Chega-se ao Meio Dourado por um equilíbrio, e não pela negação, e ele é tão desconhecido dos puritanos e dos mulás malucos quanto dos bêbados.

O acrobata equilibrado é aquele que não permite a nenhum dos seus movimentos ser mais importante que os outros, que permanece indiferente aos impulsos conflitantes dos seus braços e pernas para buscar a harmonia do corpo inteiro. A pintura equilibrada é aquela em que todas as linhas de força dentro de uma figura se resolvem no conjunto. O julgamento equilibrado é aquele que está atento a todos os lados e faz o possível para escolher sensatamente dentre eles, elevando-se acima da controvérsia de opiniões para buscar o conhecimento. Parece que em todas as áreas o equilíbrio exige duas coisas: contraste e resolução. O contraste pode ser de opiniões, sentimentos, movimentos ou apetites. Mas a resolução surge quando chegamos a um nível mais elevado, de forma a exercermos algum tipo de discriminação sensata ou controle. Atingimos o equilíbrio quando nos recusamos a ser diretamente dirigidos por alguma opinião específica, algum desejo específico, algum apetite ou movimento específico, no interesse da verdade e da harmonia.

Assim, quando falamos de excesso não nos queremos referir à força ou à urgência dos nossos apetites. Não é a força do desejo sexual que faz o estuprador ou o viciado em pornografia; não é a intensidade da vontade de comer ou de beber que leva à obesidade ou ao alcoolismo. Em todos os casos o excesso significa falta de controle e a falta de controle significa deixar de dar o devido peso a todas as várias razões que pesam contra o nosso impulso. O que faz corajoso um soldado, sustenta Aristóteles, não é a ausência do medo: isso seria pura estupidez. Tampouco é a raiva do inimigo: isso seria irreflexão, que tanto quanto a covardia é um vício. A coragem é a capacidade de, em meio ao medo e à raiva, ficar afastado de ambos, fazendo o que a honra exige. A Virtude não significa suprimir nossas paixões, mas elevarmo-nos acima delas até o ponto em que a razão possa prevalecer. A pessoa corajosa é aquela que supera o medo, e não a que não o sente.

O excesso é por natureza criador de dependência. O covarde começa com uma fuga desabalada e logo adquire o hábito. O mesmo vale para o viciado em pornografia, o alcoólatra e o valentão: cada um faz algo que aumenta a probabilidade de agir da mesma forma outra vez. Quando cedemos a um impulso e não permitimos que uma consideração neutralizadora se ponha no caminho dele, enfraquecemos nossa capacidade de resistir a ele. A partir disso o excesso leva ao excesso e os hábitos pioram.

Além do mais, o interesse humano depende do contraste. O prazer a que se chega por meio do debate e da variação nunca se repete e é sempre novo. O prazer a que se chega cedendo a um impulso está fadado à repetição; daí se cansar rapidamente e sempre precisar ser reforçado. Vemos isso no caso dos filmes violentos e pornográficos, em que as audiências avançam rapidamente das versões mais suaves para as mais fortes enquanto seu prazer se vai atenuando. Somente choques constantes no sistema podem manter um apetite que provém de choques no sistema. É por isso que existia censura, nos dias em que ainda havia um sistema para chocar: pois uma vez que embarcamos nesse caminho não há como parar antes do fim, que é de total degradação.

O vinho prometido no Paraíso será bebido por almas virtuosas, das quais todos os excessos foram purificados até desaparecerem. Aqui na Terra, contudo, o excesso está à nossa espera, criando os padrões de dependência que vemos à nossa volta. A dependência da raiva é tão difícil de curar quanto as dependências do prazer sensual, e talvez o método de doze passos defendido pelos Alcoólicos Anônimos seja o melhor que podemos fazer para os mulás. Mas ninguém deve ter dúvidas de que a destruição causada pelo alcoólatra é causada igualmente pelos religiosos raivosos que fazem cruzada contra o álcool: a mesma postura de necessidade insaciável; a mesma incapacidade de afastar-se da taça que o queima; a mesma neutralização de realidades por sonhos sentimentais. Pois existe um sentimentalismo de fúria e violência, em tudo e por tudo tão destrutivo quanto o sentimentalismo de amor. Em ambos os casos a raiz pensada é "olhe para mim, sentindo isso – como eu sou correto e como fico justificado no círculo das minhas próprias emoções". Para o sentimentalista não há outro, mas apenas o eu, e o objeto da emoção, seja ela de amor ou de ódio, é construído para satisfazer uma necessidade. A sua condição ilustra a característica fundamental do vício em todas as suas formas: o narcisismo – o amor do eu, que sofreu um curto-circuito e se recusa a reconhecer a realidade dos outros.

Talvez o melhor retrato dos efeitos da dependência sobre a alma seja o traçado por Dostoiévski no personagem Marmeladov, no início de *Crime e castigo*. Dostoiévski conhecia bem o problema, pois o vício do jogo o levou à ruína junto com a sua família. O bêbado Marmeladov acusa-se de modo perfeitamente correto, desnuda a realidade do seu vício para o perplexo Raskolnikov e lamenta num discurso lúcido os sofrimentos da mulher e da filha. No entanto sua penetração psicológica não tem absolutamente nenhuma função. Não é *auto*conhecimento que ele verbaliza, pois o que diz não está ligado à sua vontade, à sua parte de tomada de decisões, ao "eu". E é isso que as duas inscrições de Delfos significam: o autoconhecimento é fruto da moderação e o excesso eclipsa-o. Ao descrever seu vício e os efeitos dele, Marmeladov usa a palavra "eu" do mesmo modo como outros usariam a palavra "ele": registrando com precisão o comportamento de um objeto enquanto ele, como sujeito, retira-se para os confortos da garrafa. É assim que devemos entender o sentimentalismo: uma atitude autocentrada que na verdade é uma perda do eu. Ela implica a incapacidade de assumir responsabilidade pelo mundo como ele é ou de ver as exigências dos outros como exigências sobre *mim*. Eu, o dependente, fico afastado do mundo, só com a necessidade que me consola e me destrói.

Lembrei-me de Marmeladov quando uma amiga muçulmana me relatou sua conversa com um vizinho cuja filha seria mandada para o Paquistão, onde a aguardava um casamento arranjado. O homem havia procurado minha amiga, sabendo que teria nela uma audiência calorosa, especialmente para se permitir derramar a sua dor sentimental por causa da filha. Com detalhes lamentosos, ele se delongou na aflição da garota, em seu desespero fraco e nas ameaças de suicídio, em seu desgosto por causa de um namorado inglês, no temor que ela sentia em relação ao homem que os parentes haviam escolhido para ser o seu destino. Enquanto falava sobre os sofrimentos da filha, as lágrimas rolavam pelo rosto dele, exatamente como as lágrimas que acompanhavam o relato de Marmeladov sobre a filha que ele havia condenado à prostituição. Mas quando minha amiga condenou a atitude criminosa do homem, ele abruptamente parou de chorar e pegou sua garrafa – um trago tóxico de religião não diluída, com que ele xingou a Inglaterra e os ingleses, e saiu furioso, dizendo que a filha faria o que lhe dissessem.

Tudo isso tem um grande significado na apreciação do vinho. Há Virtude e Vício no vinho que bebemos, assim como no modo de o beber. E também quanto a isso a Virtude reside no equilíbrio, significando a resolução e a transcendência de gostos contrastantes. Minha carreira de enófilo deu um enorme passo à frente quando Desmond me ofereceu aquele banalíssimo Puligny-Montrachet do

Nicolas. Digo "banalíssimo" agora, mas a primeira coisa que me impressionou então foi que aquele não era absolutamente um vinho comum. Algo além de uvas e luz solar tinha entrado na sua fabricação, e esse algo mais, percebi, envolvia conhecimento, habilidade, paciência, cultura e história. Se hoje me pedissem para dizer o que distingue um bom Borgonha branco de todas as outras versões do Chardonnay, eu diria sem hesitação: equilíbrio. Esse é um vinho em que nenhum atributo ofusca os demais, mas todos parecem funcionar juntos e se resolverem num todo inclusivo. É por isso que o prazer é sempre novo, quando uma ou outra das muitas camadas brilha até a superfície e momentaneamente rouba a luz.

Mas é possível, com um breve exame, identificar sabores contribuintes num ótimo vinho: os ácidos láticos no Puligny, por exemplo, que dão o seu característico sabor amanteigado; a sugestão de baunilha do carvalho; os ácidos málicos que riem na língua; a ressonância mineral de marga e calcário; a persistência de sabor, tanto na boca quanto depois, transformando cada gole numa sequência de sabores que se desdobram. Pode-se desmontar o sabor – pelo menos até certo ponto – e voltar o interesse para algum elemento desagregado dele. E descobre-se que alguns elementos podem ser imitados e amplificados, de modo a se tornarem contendores que pedem ruidosamente a nossa atenção imediata e exclusiva.

Assim, amplificando-se o carvalho de um Chardonnay, pode-se marcar o vinho pelo seu sabor, em lugar de sua geografia ou história (ambas foram eclipsadas por esses excessos modernos). Logo se terá criado um sabor popular que, confiante na autoafirmação proclamada aos berros, leva rapidamente à extinção de todos os sabores contrastantes. O Chardonnay com sabor de carvalho pode ser produzido na Nova Zelândia bem como na Sicília, na África do Sul bem como na Califórnia. Alguns produtores até dispensam os tonéis de carvalho e põem lascas de carvalho nas cubas de aço – o que equivale a fazer Retsina acrescentando-se essência de terebintina.

Isso ilustra perfeitamente o caminho do equilíbrio até o excesso. O equilíbrio é algo difícil de se adquirir, exige treinamento para apreciar e leva-nos a um reino de harmonia, serenidade e capacidade de bom julgamento. Basta no entanto enfatizarmos uma característica, um apetite, um impulso clamoroso, para não mais termos de nos preocupar com o equilíbrio. Criaremos um sabor baseado não na contenção de algo, mas na permissão para esse algo avançar impetuosamente. Teremos lançado uma nova forma de excesso. E uma vez que excesso gera excesso, cada vez mais nos veremos levados a enfatizar a característica que distingue nosso produto, seja ela carvalho, resina, álcool em alto teor, os intensos sabores frutados sentidos em primeiro lugar que podem ser extraídos do Syrah ou a explosão de groselha do Sauvignon rapidamente fermentado.

Percebo uma relação entre os excessos das novas marcas de vinhos e os excessos da cultura a que eles atendem. Tome o caso da Alemanha, onde a uva Riesling foi disciplinada ao longo de séculos para produzir os vinhos amadurecidos lentamente, de uma incrível sutileza. Esses vinhos, que nos chegam em lindas garrafas com nomes de aldeias históricas do Reno e de seus afluentes, devem sua complexidade aromática e aquela frescura aparentemente imortal a um teor alcoólico tão baixo que o amadurecimento mal chega a acontecer. A nova cultura do excesso dispõe de tão pouco tempo para esses vinhos quanto para a música de Mozart, com a qual eles se parecem. Por isso os alemães começaram a produzir o Riesling forçando-o até 13% e vendendo-o com nomes de marcas, anunciando-o com cartazes em que os paspalhões ingleses incitam seus companheiros a se embebedar com ele. Nos antigos vinhos alemães podiam-se experimentar todas as virtudes que distinguiam o povo alemão: sua diligência, moderação, precisão, erudição e *Heimatsgefühl*. Nos vinhos novos sentem-se apenas os vícios que eles compartilham conosco.

À mesma cultura do excesso pertence a tampa de rosca. Para o observador ingênuo, a função da rolha é manter o vinho na garrafa e o ar fora dela, levando ao resultado de se ter uma pequena – realmente muito pequena – proporção de vinhos de qualidade excepcional estragados por uma rolha deficiente. Para esse observador a tampa de rosca é a resposta. Eu replicaria respeitosamente que o risco da rolha é essencial ao ritual. O ato de beber um vinho precioso é antecedido por um elaborado processo de preparação, que tem muito em comum com as abluções que precediam os antigos sacrifícios religiosos. A garrafa é retirada de algum lugar secreto onde os deuses a guardaram; é levada com toda a reverência à mesa, limpa e desarrolhada com um movimento lento e gracioso enquanto os convidados observam num silêncio cheio de admiração. O súbito pop que então ocorre é como um sino de sacramento, marcando uma grande divisão no plano das coisas, entre uma natureza morta com garrafa e a mesma natureza morta com vinho. Então é preciso fazer o vinho girar, cheirá-lo e comentá-lo, e somente quando tudo isso foi devidamente executado ele pode ser despejado nas taças com a habilidade cerimonial de um padre na missa.

O vinho servido adequadamente desacelera tudo o que acontece à volta, estabelecendo um ritmo de tranquilos goles no lugar de tragos glutões. A cerimônia da rolha lembra-nos que o bom vinho não é uma coisa comum, mesmo se o bebemos frequentemente, e sim um visitante de uma região sublime e catalisador dos laços de amizade. Resumindo, graças à rolha o vinho fica distante do mundo de pegar e gastar, um recurso moral que com um pop conjuramos do plano transcendental.

A tampa de rosca tem um significado bem diferente. Ela cede imediatamente, sem permitir um ritual de apresentação e um efeito de som sacramental. Deturpa a garrafa com resíduos metálicos: imagine uma natureza morta com uma garrafa cuja tampa de rosca foi retirada – impossível. Essa tampa incentiva a dose rápida, o engolir apressado, o agarrar autocentradamente a taça para tomar um trago de álcool. Ela reduz o vinho a uma bebida alcoólica aromatizada e molda-o de acordo com as necessidades do bêbado. Lembra-nos do que perderíamos se os rituais do beber socialmente fossem substituídos pela solidão na multidão sentida pelos vagabundos que bebem para se embriagar.

A ideia principal da minha argumentação neste capítulo é que podemos defender a ingestão de vinho somente se vemos que ela faz parte de uma cultura, e que essa cultura tem um significado social, voltado para fora, de atenção para o outro. Os novos usos do vinho ressaltam o excesso e a dependência, afastando-se do velho modo de beber em que o vinho era *apreciado* e *saboreado*, e aproximando-se da forma de beber exemplificada por Marmeladov, que agarra a garrafa numa condição de necessidade.

Quando as pessoas se sentam juntas num lugar público – um lugar onde nenhuma delas é soberana mas todas estão à vontade – e quando essas pessoas passam a noite juntas, sorvendo bebidas nas quais o espírito do lugar está guardado e amplificado, talvez fumando ou até cheirando rapé, mas sempre trocando de bom grado os dúbios benefícios da longevidade pelas alegrias certas da amizade, elas repetem na alma o ato original da fixação num lugar, o ato que pôs a nossa espécie no caminho da civilização e nos dotou com a ordem da vizinhança e o domínio da lei. No entanto, quando as pessoas tragam bebidas sem que haja um interesse pelo outro, a não ser como membros iguais do grupo selvagem de caçadores-coletores, quando a sua única preocupação é o efeito inebriante e quando a bebida em si não é saboreada nem entendida, elas estão reprisando a época anterior à civilização, em que a vida era solitária, pobre, desagradável, embrutecida e (a única parte boa) curta. Compreensivelmente, o primeiro efeito – e um efeito natural – desse modo de beber é uma beligerância implacável em relação aos sinais circunjacentes da fixação – uma necessidade imperiosa de esmagar e destruir, de substituir o mundo ordenado da casa, da rua e dos edifícios públicos por um deserto arruinado onde apenas os bêbados se sentem à vontade. Beber para embebedar-se pode parecer um ato realizado em comum, mas na verdade é um ato de solidão coletiva presidido por Narciso, e não por Baco.

Nesse ponto, contudo, preciso moderar meus comentários, lembrando que o atributo do embebedamento depende também da característica da consciência que se dissolve nele. A moralidade tradicional que abomina a bebedeira como um vício destruidor da alma está inegavelmente correta. Mas ao mesmo tempo, se nos lembrarmos da luz que penetrou na tenda humana a partir dos cantinhos pelos quais os rematados bêbados escaparam dela, talvez relutemos em ser absolutos na nossa condenação. Pense em Turner, sozinho com sua garrafa de vinho do porto e sua vela, olhando para a chama até que nela tomasse forma o sol de suas gloriosas paisagens. Pense em Baudelaire, bebendo taça após taça até que a sua desolação em forma de soneto se transformasse numa espécie de alegria. Pense principalmente nos famosos compositores bêbados, cujas visões penetrantes derrubaram garrafas até o acorde final. Apenas um rematado bêbado poderia ter entrado na pele da velha Rússia como fez Mussorgsky em *Boris Godunov*. E é aos destilados da Finlândia que devemos a inspiração de Sibelius, que noite após noite era levado para casa com o corpo intoxicado e a mente ausente.

Os especialistas dizem-nos que o álcool queima as células nervosas, contraindo o raciocínio e reduzindo o âmbito e a vivacidade mentais. As sinfonias de Sibelius lançam uma dúvida sobre essa ideia. Embora, é preciso que se diga, tenham ficado mais concisas, mais minguadas, mais intensamente interiores à medida que o compositor azedava o cérebro, seu âmbito musical tornou-se maior, com desenvolvimento mais estudado e lógica mais exata. O lirismo sereno da primeira e da segunda, em que a repetição e o *ostinato* são os principais expedientes arquitetônicos, gradualmente cedem à brilhante elaboração de ideias poéticas – como na quinta e na sexta – e daí para o argumento musical da sétima, cuja lógica implacável tem tudo o que exige um contraponto de Bach.

É verdade que num certo ponto o cérebro parece se ter fechado. Mas não é por ter sido destruído – prova disso é a maravilhosa recuperação da inspiração no final da vida de Sibelius. A questão é que no cérebro do bêbado consumado a própria vida azeda-se, seu sabor reduz-se a uma essência condimentada como um pepino murcho de picles. A vida real sem a bebida perde o sabor; torna-se branda e insípida quando comparada à vida que virou picles impregnado de bebida. E o bêbado fica num canto, saboreando suas visões, agora não mais se incomodando em transcrevê-las para as notas, palavras ou estocadas do pincel, indiferente ao fluxo da conversa comum ou aos gestos de polidez vazios. Pessoas intrometidas podem levá-lo para casa; mas pouco lhe importa onde elas o despejam, pois o seu lar é a garrafa, na qual as criaturas dos seus sonhos estão encolhidas e enrugadas na sua natureza essencial.

Testemunhei essa condição sublime apenas em outras pessoas. E embora possa dotar de glamour a bebedeira, ele na verdade não a desculpa e certamente não fornece um argumento para a bebedeira nas pessoas sem cultura nem massa cinzenta. Assim, vamos voltar à *verdadeira* justificação do vinho, que é a prática do beber virtuoso. Eis um modo de fazer isso. Primeiro se cerque de amigos. Depois sirva algo intrinsecamente interessante: um vinho com raízes num *terroir*, que nos chega vindo de um lugar protegido, que convida à discussão e à exploração, afasta a atenção das nossas próprias sensações e a volta para o mundo. Dentro do aroma que se levanta da taça conjure do melhor modo possível o espírito das coisas ausentes. Compartilhe com seus companheiros todas as lembranças, todas as imagens e todas as ideias; busque uma afeição sincera e descontraída; pense sobretudo no tema que está sendo discutido e se esqueça de si mesmo.

Essas ocasiões exigem dedicação e raramente eu tive tempo ou a paz de espírito necessários para organizá-las. Durante uns poucos anos, *nel mezzo del camin' di nostra vita*, morei sozinho em Londres e, sentindo necessidade de opiniões e experiências diferentes das minhas e de um círculo de amigos que concordaria em divergir, criei regularmente um banquete no meu apartamento. Entre seus frequentadores estavam o crítico de arte Peter Fuller, o filósofo Anthony O'Hear, o cientista político Norman Barry, o compositor David Matthews, o romancista Ian McEwan, a psicanalista Juliet Mitchell e o filósofo Sebastian Gardiner. Nossas discussões estão entre as mais profícuas de que já participei, em parte graças às diferenças subjacentes de visão do mundo e às profundas tensões que, em outras circunstâncias, teriam despertado suspeita. E o que possibilitou essas discussões e criou a atmosfera ímpar em que as pessoas que discordavam aprenderam com seus desacordos foi a presença do vinho. Nenhuma bebida poderia nos ter reunido como o vinho o fez, de modo a podermos engolir as opiniões uns dos outros e conhecê-las a partir de dentro como coisas compatíveis com o sistema humano, por surpreendente que fosse o seu sabor. Tenho as gravações dessas reuniões e às vezes as ouço, pois se tratam do registro de uma verdadeira amizade, um artigo raro no nosso mundo de aflições transitórias. E um dos amigos era o vinho – e com isso não pretendo negar a intenção da frase de Santo Tomás de Aquino (ao discutir a amizade), de que é "tolice falar de amizade com vinho ou um cavalo".

Depois de me mudar para o campo, contudo, houve um período em que vivi sozinho com um cavalo, e fiz o possível para adquirir a outra amizade que Santo Tomás de Aquino achava impossível. Aquela não foi, na verdade, minha primeira experiência de solidão. Pelo contrário, durante toda a minha vida fui perseguido por um tipo de solidão metafísica – um destoar do fluxo das coisas, de modo a ficar sozinho com os meus pensamentos e com dificuldade ser capaz de me ligar aos outros. No final das contas, acabei por aprender (embora sem a intervenção de Morgan Forster) a arte de me relacionar. Olhando retrospectivamente, no entanto, a maior parte do que eu aprendi com o vinho aprendi na solidão. De modo geral meu hábito de beber não foi virtuoso, embora eu tenha tentado, de tempos em tempos, dar-lhe essa qualidade. Mas tampouco foi vicioso, já que foi inteiramente integrado nas minhas tentativas – uma grande parte das quais mais solitárias do que eu teria desejado – de conhecer e amar o mundo dos seres contingentes.

E eu recobro o ânimo com o grande poeta chinês Li Po (701-62):

O SIGNIFICADO DO LAMENTO

Uma taça de vinho sob as árvores floridas;
Bebo sozinho, pois não há amigos por perto.
Erguendo minha taça eu saúdo a Lua,
Pois com ela e a minha sombra seremos três.

A Lua brilha agora através de minha janela escurecida e eu ergo uma taça de Mâcon-Solutré – que tem a simplicidade branca da própria Lua – para a minha sombra no chão. Ela ergue a taça numa saudação amigável.

8

SER E EMBRIAGAR-SE

O mau uso da bebida na nossa sociedade é um aspecto do mau uso do prazer. Nossos educadores modernos riem da regra do *ágape,* que nos diz que os outros vêm em primeiro lugar, que nós existimos não para reivindicar boas coisas, mas para dá-las, e que esse prazer não é um fim em si mesmo, mas um bem a ser colhido porque semeamos o Amor. Essa norma não tem lugar na telinha que balbucia no cenário da vida moderna. Mesmo se o enófilo meditativo pode escapar da loucura ambiente num manicômio cômodo onde o pensamento é permitido, a Virtude é incentivada e a amizade é desfrutada, ele surge contra dois terríveis adversários: *jouissance* e *ressentiment*. O primeiro é destacado por Bataille e Barthes como o verdadeiro objetivo da cultura;[29] o segundo, por Nietzsche, como o fruto não premeditado da cultura. Um faz do prazer um deus, o outro, um inimigo do amor. Na esfera intelectual, o primeiro é exemplificado pelo hedonismo jocoso do intelectual francês, o segundo pela filosofia da "justiça social" proposta pelos gurus grisalhos do meio acadêmico anglo-americano.

---

29. BATAILLE, Georges. *O erotismo.* São Paulo: Arx, 2004. BARTHES, Roland. *O prazer do texto.* São Paulo, Perpectiva, 2008.

A filosofia da *jouissance*, que dominou os estudos literários do Ocidente a partir dos acontecimentos de 1968, permite todas as formas de transgressão como uma contestação das "estruturas" do poder burguês e converte o prazer na finalidade da vida. Essa, em minha visão, é a mensagem da história da sexualidade escrita por Michel Foucault e da "desconstrução" de Jacques Derrida. Uma mensagem que repercutiu na cultura francesa desde que Georges Bataille elevou *l'érotisme* ao lugar anteriormente ocupado pelo amor nos nossos sentimentos sociais. Usar o prazer como objetivo, contestar as tradições e instituições que o impedem, chegar ao círculo dos deleites obstinados e então contemplar o vazio deles – é isso, parece-me, que nos ensinam os niilistas que moldaram o novo currículo das humanidades. E sua mensagem é protegida da crítica pelo jargão pomposo que a encouraçou.

Igualmente perniciosa, no meu modo de ver, foi a filosofia da "justiça social" exposta por Rawls e seus seguidores – uma filosofia dedicada a reconstituir a justiça não como um traço das ações e motivos humanos, mas como uma condição da sociedade, independentemente de como ocorre essa condição.[30] Esse modo de pensar incentiva as pessoas a acharem que todas as desigualdades são também abusos, que temos "direito" a quaisquer bens capazes de corrigir nossas circunstâncias adversas e que a justiça não é uma questão de respeito aos outros e à sua liberdade, mas uma questão de impor uma igualdade regimentar a todos, independentemente das suas energias, talentos, acordos ou objetivos.

Sob esse ponto de vista, na "sociedade justa" não há necessidade de sacrifício, serviço ou doação. Se o remédio para a pobreza é um "direito", então esse remédio não

---

30. RAWLS, John. *Uma teoria da justiça*, São Paulo: Martins Fontes, 2008.

pode ser uma doação oferecida ao sofredor, uma vez que esta já é sua por direito. Nem tampouco o sofredor sente gratidão, pois isso equivaleria a negar os seus direitos. Numa obra recente que objetivou fazer avançar a teoria rawlsiana para as "fronteiras da justiça" seguintes, Martha Nussbaum diz-nos que uma teoria da justiça precisa enfrentar as "injustiças" sofridas pelos que têm defeitos congênitos e outras deficiências e deve ser estendida para conceder direitos aos animais.[31] Vendo todo o sofrimento desse modo – como uma "injustiça" que precisa ser retificada –, Nussbaum está assumindo que podemos retificar a contingência do ser, que podemos sujeitar os acidentes do destino a uma equação suprema e necessária. E inevitavelmente isso significará criar um Estado todo-poderoso, capaz de tomar conta de tudo e de levar a deusa Fortuna para as margens obscuras do mundo humano. Esse Estado-máquina imporá uma ordem que não tem relação com o que queremos, pretendemos, concordamos ou lutamos para alcançar, uma ordem empenhada em defender e perpetrar a injustiça: e nós já não vimos isso acontecer? Pior ainda: Nussbaum está defendendo um mundo em que o *ágape* já não será entendido.

Vamos supor que seguimos a sugestão de Martha Nussbaum e vejamos os refugos que as irmãs de caridade recolheram nas ruas destroçadas da zona oeste de Beirute como vítimas da "injustiça". E suponhamos que trabalhemos para criar o sistema político que retificaria o seu destino, provendo o melhor que nos for possível para as várias "capacidades" que dirigem o bem-estar humano. Então o que dizer da preciosa dádiva que os refugos tinham recebido nesse lugar de abrigo – a dádiva de um amor que eles podem retribuir e com o qual podem crescer? Certamente ela já não seria oferecida. No lugar do

---

31. NUSSBAUM, Martha. *Frontiers of Justice*. Cambridge, 1996.

amor, aqueles indivíduos receberiam apenas as pomadas rotineiras de um Estado que nunca seria capaz de os compensar por sua grande infelicidade. Em lugar de doar, eles aprenderiam a receber, e no lugar da gratidão aprenderiam o ressentimento. A ideia de que o significado da vida deve ser encontrado no atendimento ao próximo e no sacrifício seria estranha ao seu autoconhecimento, pois eles nunca se confrontariam com a ocasião para essas práticas ou com a pessoa que lhes mostraria o que elas significam em termos humanos.

A questão abstrata de Avicena – como pode haver seres contingentes? – admite uma resposta concreta. Caso por caso, podemos encontrar nosso caminho para a subjetividade dos objetos de modo a compreender cada ser a partir de dentro, como uma manifestação do atmã, o "eu do mundo". E então o aspecto dele muda para nós. O que tinha parecido arbitrário é, pelo contrário, referido ao ser necessário do qual tudo depende. Então existir faz sentido para nós, não como um simples ser nem como "ser lá", mas como "ser dado". Essa é a mensagem da religião; e passamos a compreendê-la encontrando dentro de nós mesmos o espírito da doação.

Mefistófiles descreve-se para Fausto como *der Geist der stets verneint*, o espírito que sempre nega. O *ágape* é exatamente o oposto – o espírito que sempre cria, seguindo o caminho da doação e do sacrifício. Por meio do *ágape* superamos a culpa da nossa própria existência; reconhecemos que a contingência traz sofrimento e que não nos cabe refazer o mundo, mas antes doar àqueles cuja contingência os torna vulneráveis como nós. Essa transformação espiritual pela qual passamos a aceitar o sofrimento e o sacrifício e neles encontramos a ordem moral que dá sentido à vida é corretamente descrita como uma "redenção". Embora seja difícil atingir por meio do argumento abstrato uma noção do que isso significa, a arte e a religião podem nos levar a ela por meio dos símbolos. E o vinho faz ao mesmo tempo brilhar sua luz pelo caminho e, em seu uso ritual, coloca-nos no centro do mistério.

O *Parsifal* de Wagner abre-se com um tema em lá bemol maior que fica fora de compasso durante sete notas, subindo por um arpejo dissonante e resolvendo-se rítmica, harmônica e melodicamente com um tempo forte em dó menor. Esse tema se desenvolve no Prelúdio e depois aparece quando as dádivas do pão e do vinho são oferecidas no altar por Amfortas ferido e lhe são oferecidas de volta. O tema domina o Prelúdio por uma razão: é na música, e não nas palavras ou na ação, que está contido o significado da Eucaristia. A música *importa* para dentro do drama uma emoção alimentada fora dele, na longa meditação sinfônica do Prelúdio.

Wagner já havia usado essa técnica em *Tristão e Isolda*, cujo Prelúdio gera uma emoção que os ouvintes conhecem a partir de dentro muito antes de poder colocá-la em palavras ou ter ideia da situação a que ela está ligada. No *Parsifal* a apresentação de emoção extradramática é ainda mais importante, pois não há nada *no* drama a que o sentimento gerado no Prelúdio possa ser totalmente ligado. A Eucaristia é, nas palavras de Eliot, um "ponto de intersecção do atemporal com o tempo", um vislumbre que se tem do coração do ser em se estando no seu limiar. A emoção que levamos a ela não tem um objeto humano nem está atada a algum simples drama humano. Ela deriva de um anseio primordial que está contido dentro do próprio ser e que, de acordo com a visão cristã, foi levado à fruição no sacrifício de Cristo. Esse anseio não pode ser facilmente posto em palavras, embora seja logo reconhecível na música, e reconhecível não como uma associação de ideias, mas como o próprio significado do que ouvimos, desenvolvendo-se pela linha melódica, exigindo a harmonização posterior, levando por passos lógicos à maravilhosa frase de resposta e, mais para o final do Prelúdio, ao lapso de dor, consolação, cheio de remorso e de alegria. E ali ele desaparece num grandioso castelo no ar, construído a partir da sétima dominante da tonalidade, não resolvendo mas se dissolvendo, como as estrelas no romper do dia.

A Eucaristia apresentada no final do primeiro ato parece-nos como algo que já vivenciamos não somente uma vez, mas naquele momento fora do tempo captado no Prelúdio. Esse momento é de reconhecimento e também de meditação. Experimentamos, como uma intuição imediata mas sem palavras, a lógica emocional que leva do pecado, através do sofrimento e do sacrifício, ao perdão. A dádiva do Redentor é tamanha que traz perdão, e portanto libertação – libertação do ressentimento e da visão instrumental dos outros ligada à busca da nossa vantagem própria. Com esse exemplo ele purifica a comunidade, mostrando que é possível *doar*, mesmo para aqueles que nos odeiam e até nos extremos do sofrimento. E o estar pregado naquela Cruz, pedindo perdão para seus carrascos, de certo modo é menos importante do que o relato de que ele fez aquilo – a história que dá sentido ao ritual mostrado diante de nós no palco, retirando a sua contingência. Esse ritual não é um acontecimento fortuito, mas a constante repromulgação de uma lei necessária. Eis aqui, representado diariamente, o milagre da salvação: a renovação de uma comunidade enquanto ela lava seus ressentimentos no sangue do cordeiro sacrificado.

Por que esse ritual é importante e por que o vinho deve fazer parte dele? A "ação de graças" católica ou Eucaristia (palavra usada pelas primeiras comunidades cristãs) evoluiu a partir da tradição judaica da refeição festiva, em que o vinho é obrigatório como sinal da alegria dada à humanidade por um Deus amoroso. Essa refeição começa com o Qiddush, em que primeiro se ergue a taça e Deus é abençoado como "rei do universo, criador da fruta da vinha", e depois se parte o pão, que é então distribuído para o grupo. Esse belo ritual, cujo significado era conhecido e foi ampliado pelo uso que Cristo fez dele para profetizar e ritualizar a sua própria paixão, tinha um equivalente nos antigos cultos de mistério, e as dádivas do pão e do vinho figuram também em rituais ligados a Ceres, Prosérpina e Dioniso. Isso não é uma explicação da Eucaristia, mas apenas um acréscimo às coisas a serem explicadas. Porém aponta para outro modo de se verem as coisas. A refeição festiva é um sacrifício em que o grupo é reunido pela experiência da dádiva, e também – no modo cristão de ver as coisas – pela lembrança da suprema dádiva, que é a do próprio Deus, oferecido em sacrifício para redimir os pecados da humanidade. Desse sacrifício lembrado e do ato da "Comunhão" em que ele é celebrado, os cristãos extraem um conforto misterioso, uma impressão de renovação pelo amor, misticamente transmitida por George Herbert em versos que falam mas não explicam:

O Amor é essa bebida doce e sumamente divina
Que para o meu Deus é sangue e para mim é vinho.

A música de Wagner também fala sem explicar. E talvez o melhor seja deixar a questão assim, confiando-a às mãos de dois grandes artistas, um sacerdote católico e o outro um mundano agnóstico.

Contudo, a tentativa de uma explicação foi feita por René Girard numa série de estudos importantes, por seu seguidor dissidente Eric Gans e por vários outros críticos e teólogos.³² A ideia é esta: nós, seres humanos, que vivemos lado a lado num estado de rivalidade, somos cheios de ira – uma ira que deriva do próprio *ressentiment* comentado por Nietzsche, ou seja: da humilhação, da raiva e do desejo de destruir que são o resultado natural da competição e do espetáculo do triunfo de outra pessoa. A história mostra o que acontece quando um idiota com liderança carismática destampa a panela desses ressentimentos. As pessoas ficam então sedentas por uma vítima; é um traço da condição humana e na verdade a prova do pecado original o fato de que sendo preciso uma vítima, encontra-se uma vítima.

Bem no fundo, contudo, sabemos que expressar nossos ressentimentos não nos liberta deles e que uma agressão violenta aos judeus, aos *kulaks*, à burguesia ou seja lá ao que for não limpará o veneno no nosso coração, mas simplesmente aumentará a sua malignidade. Apenas uma coisa nos pode limpar: oferecer e receber o perdão, que é a redenção do rancor e não uma força compensadora que o limita. E somos elevados até o nível dessa mudança existencial por um exemplo que pusemos diante de nós mesmos, impondo a ele todo o fardo da nossa agressão e apesar disso recebendo seu amor aquiescente.

Nosso pecado está na ordem das coisas: está constantemente conosco, e assim a verdadeira redenção precisa ocorrer fora do tempo, uma absolvição infinitamente renovada. O Redentor é aquele que nós escolhemos como exemplo, que é também vítima de sacrifício mas, para nosso pasmo, perdoa seus carrascos e com isso mostra o caminho para perdoarmos os outros. No entanto seu

---

32. GIRARD, René. *A violência e o sagrado*. São Paulo: Paz e Terra, 2008; *O bode expiatório*. São Paulo: Paulus, 2004; GANS, Eric. *The End of Culture:* Towards a Generative Anthropology. Califórnia: Berkeley, 1985; *Originary Thinking:* Elements of a Generative Anthropology. Califórnia: Stanford, 1997.

sacrifício precisa ser restabelecido e nós próprios nos precisamos tornar parte dele. Esses acontecimentos, que tocam no próprio mistério do nosso ser no mundo, não são entendidos meramente por meio de alguma doutrina teológica ou de alguma análise psicológica. Eles são entendidos de outro modo, por meio do ritual e da meditação. Repetimos na nossa pessoa o sacrifício do Redentor, fundimo-nos a ele e assim nos elevamos ao nível existencial – o nível acima e além do ressentimento – onde ele reside.

Como argumentei no capítulo 5, nesse aspecto o vinho tem um papel importante a desempenhar. Ele representa para nós a unidade original de corpo e alma – o líquido que aquece o coração nos instiga à meditação, parecendo trazer consigo mensagens dirigidas à alma. Mas ele faz isso por meio de mudanças no corpo, e sentimos como uma intuição o que nunca podemos explicar realmente como uma verdade – a absoluta identidade do sujeito livre com o objeto resoluto: dessa alma que eu sou com esse corpo que é meu. Na Eucaristia essa intuição é levada a um uso dramático. A taça não é apenas um símbolo, mas uma representação. Os sofrimentos do Redentor, como o seu perdão, são-me oferecidos e tornam-se parte do meu ser no mundo. Desse modo eu restauro minha situação no plano das coisas, readquiro minha liberdade e olho para os meus semelhantes como indivíduos livres a quem posso saudar novamente num espírito de amor.

A discussão do capítulo 7 lembra-nos que, obstando todos os nossos projetos sociais, inclusive os de amizade e amor, estão as dependências que os derrotam, que substituem a subida em direção à felicidade pela descida para o prazer sem alegria. Para o alcoólatra, a próxima bebida é mais importante que todas as relações. Para o viciado em sexo não é diferente, embora nesse caso seja o outro eu dele (ou, de qualquer forma, a sua representação em imagens) que se torna o objeto de apetite e propiciador de estímulos narcisistas. O viciado passa a ser dominado por aquilo a que anseia e perde a capacidade de se doar, eu para eu. E é por essa razão, e não por qualquer preocupação com o *eros* ascendente sobre o qual Platão escreve, que nos devemos precaver contra as armadilhas preparadas pela luxúria.

O *Parsifal* tem uma interessante trama secundária em que o personagem central é a esquizofrênica Kundry. O tema dessa trama é a luxúria, concebida como uma "queda" do reino do amor generosamente dado para o reino do apetite. Kundry não entendia a dádiva feita pelo Redentor e zombava dele e do sacrifício de amor que ele lhe oferecia. Como punição, foi condenada à escravidão sexual e à autorrejeição advinda da condição de tratar-se como objeto da luxúria. Tão grande é a sua autorrejeição que ela se dividiu em duas: uma parte – aquela que anseia pela salvação – desconhecendo a outra – a que está aprisionada na carne.

Klingsor, que a escravizara, também havia sido escravizado, embora pela luxúria, da qual ele esperava se libertar por meio da automutilação. Mas a liberdade não pode ser obtida desse modo: a atitude luxuriosa dos outros não é extirpada pelo ódio a si mesmo; pode-se superá-la apenas pelo Amor. Por isso Klingsor permanece preso ao vício, tentando num frenesi enlouquecido obter o prazer que não lhe chega mais. No angustiante Prelúdio do segundo ato de *Parsifal* encontramos a alma de Klingsor e nos é mostrado *como é* se ter tornado um objeto para si mesmo, imerso em ressentimento, incapaz de amor, doação ou sacrifício e sem conhecer outra alegria além da que se sente pela ruína dos outros. E na música de Sexta-feira da Paixão do terceiro ato encontramos a brisa pura da *redenção*, na qual todas as injustiças cometidas são anuladas pela doação do perdão e cada pessoa desperta para o seu semelhante para viver novamente em liberdade. Entre esses dois episódios está a história da redenção de Kundry.

Na dependência defrontamo-nos com uma perda sistemática da realidade e sua substituição por um mundo de ilusão. O alcoólatra, o dependente químico e o viciado na ira divina vivem em mundos idealizados por eles próprios, que bloqueiam as realidades e conduzem a alma por caminhos errados, levando-a a pesadelos e sonhos. Assim, de fato, é o castelo de Klingsor, que desaparece com todos os seus residentes logo que Parsifal pega a lança – por outras palavras, logo que o antídoto da dependência foi arrancado da sua própria profundidade. A partir de então, Kundry não é mais um eu dividido, pois a parte dela que tinha sido aprisionada na ilusão desapareceu. Agora finalmente ela se pode curar, e na música do terceiro ato que leva ao seu batizado, o jardim da sua alma, até então relegado, é tratado de forma extraordinária – um cromatismo pungente, quase atonal, que começa no Prelúdio schoenbergiano e lentamente adquire sentido e direção, para resolver-se finalmente no sereno si maior da música da Sexta-feira Santa.

Já indiquei que quando meditamos sobre o ser das coisas nos estamos esforçando para as ver *da sua própria perspectiva*, como se cada objeto fosse também um sujeito, com uma razão para o seu ser e não somente uma causa. Essa é a postura que os Upanishads recomendam, e é uma postura com a qual a contingência dos seres contingentes se torna inteligível para nós, como uma forma de dependência. Mas sobre o que exatamente estamos meditando quando procuramos desse modo o atmã do mundo? O católico diria que meditamos sobre a Eucaristia. Mas a mesma abordagem pode ser adotada em termos hinduístas. Estamos vendo o mundo como uma dádiva, assegurada pela atitude de sacrifício que põe os outros e sua liberdade diante de mim e das minhas necessidades. O mundo do ser contingente frequentemente é descrito como o que é *dado*, os *dados*. Mas somente com uma postura meditativa podemos saber o que realmente significa isso. A disposição de doar do mundo nos é revelada apenas quando nosso coração se limpa. Essa é a hora da redenção, e nós a realizamos por meio do ritual, pela meditação e graças ao ato de perdoar que provém de ambos.

A ideia do ser como uma doação, que expressa o amor divino a partir do qual o mundo avança, é comum para os grandes religiosos: está explicada detalhadamente no *De divine mominibus* [Dos nomes divinos], de Dioniso, o Areopagita, e, depois dele, al-Ghazâlî, em *Tuhafut al-Falasifa* [A incoerência dos filósofos], Maimônides, no *Guia dos perplexos*, e na *Suma teológica*, de Santo Tomás de Aquino. Mas é uma ideia que para muitos de nós permanece obstruída na vida diária – uma visão a ser adquirida, mais do que uma realidade cotidiana. Raros são os momentos como o que eu tive em Beirute, em que a realidade e a suficiência do amor de doação (na expressão de C. S. Lewis[33]) nos são demonstradas. E é por isso que precisamos repetir esses encontros rápidos, pelo ritual e pela meditação, e dar-lhes a posição que nos for possível na nossa vida cotidiana. É isso que *Parsifal* nos diz em sua longa parábola da Eucaristia. Esse foi o tema deste livro. Bebido na disposição mental certa, o vinho mostra-nos o significado dessa parábola e o valor de uma vida em que o amor de doação tem papel central.

---

33. LEWIS, C. S. *Os quatro amores*. São Paulo: WMF Martins Fontes, 2009.

Apêndice

O que beber com quê

O que não beber com nada. O mundo está inundado de publicidade sobre o que não beber. Todos os tipos de produtos virtuosos, em que o trabalho honesto e o amor à vida foram destilados em seu benefício – leite não pasteurizado, por exemplo – foram proibidos pelos fanáticos por saúde. Não se passa uma semana sem que um artigo de jornal repita o dano à constituição humana causado pelos destilados, pelas bebidas gaseificadas, pelo café ou a cola, e parece-me chegado o momento de pôr um limite a toda essa tolice e formular uns poucos princípios simples. O primeiro é que devemos beber aquilo de que gostamos, na quantidade de que gostamos. Isso pode apressar a nossa morte, mas esse custo baixo será compensado pelos benefícios a todos os que nos rodeiam.

O segundo princípio é que não devemos, por meio da bebida, infligir dor aos outros: bebamos tanto quanto quisermos, mas afastemos a garrafa antes que a alegria dê lugar à melancolia. As bebidas que têm efeito depressor – a água, por exemplo – devem ser tomadas em pequenas doses, apenas por razões médicas.

O terceiro princípio é que com a bebida não devemos causar um dano duradouro à Terra. Ao apressar a nossa morte, uma bebida não causa nenhum dano ambiental real – afinal de contas somos biodegradáveis e talvez isso até seja a melhor coisa a ser dita sobre nós. Mas de modo geral não se pode dizer isso dos vasilhames em que a bebida é vendida. Na virtuosa Inglaterra em que cresci, as bebidas vinham em garrafas de vidro: pagava-se um pouco mais por elas e o dinheiro nos era restituído se devolvêssemos a garrafa no lugar onde a havíamos comprado. Esse sistema exemplar foi seguido durante muitos anos, até desaparecer com a chegada da garrafa plástica, o maior desastre ambiental desde a descoberta dos combustíveis fósseis.

Quem vive na cidade tem menos noção desse desastre do que os moradores do campo, já que de tempos em tempos as ruas da cidade são limpas. Mas tome uma estrada rural e você encontrará a mais ou menos cada metro uma garrafa plástica atirada da janela de um veículo, que ficará ali para sempre. Todo ano o acúmulo aumenta com produtos – Coca-Cola principalmente – que acrescentam cores insultantes ao dano ambiental.

Culpo tanto as bebidas quanto as pessoas que atiram seus vasilhames. Nas soluções gasosas açucaradas, com seus sabores pueris e os recipientes com o logo do fabricante, há algo que provoca uma reação infantil nas pessoas que em outros aspectos são adultas. O rápido contentamento no úbere de plástico, o divertimento das bolhas na garganta e o arroto de satisfação quando o líquido se acomoda, tudo serve para estreitar a perspectiva de quem bebe aquilo e para obliterar o pensamento sobre um mundo entre eu e meu. E o gesto presumido quando a garrafa é atirada da janela do carro – o gesto que diz "sou o rei do espaço pelo qual este corpo viaja e danem-se todos vocês" – é exatamente o que devemos esperar quando as pessoas se permitem desfrutar isoladamente apetites infantis.

Assim, eis o meu quarto princípio: não bebamos nada que esteja em garrafas de plástico. Declaremos guerra a essas bebidas e às empresas que as usam. Deixemos de ser fregueses de todos os supermercados que vendem o leite embalado em plástico, recusemos por princípio refrigerantes e se precisarmos de água bebamos apenas da torneira.

Uma última observação: em nossa estradinha tenho encontrado latas de cerveja e de refrigerante, garrafas de água, vasilhames pequenos de uísque e embalagens de papelão para refrigerante, mas nunca vi uma garrafa de vinho. Assim, do mesmo modo como devemos culpar a poção bestial pelo caráter bestial, devemos ver no comportamento respeitador dos nossos enófilos a Virtude moral do que eles bebem.

Platão. Para cada vinho existe um diálogo de Platão apropriado. Um bom Clarete o levará num passo descansado pelo *A república*, enquanto para *Fedro* um rosé leve seria mais adequado, e somente um Manzanilla extrasseco faria justiça ao *Philebus*. *As leis* sairiam ganhando com um Borgonha robusto, dando coragem e permissão para o inevitável desejo de saltar. Quando se trata do sublime *Banquete*, pelo contrário, algum vinho leve e meio-doce o ajudará a captar um pouco da alegria do grupo e a beber a cada um dos participantes que se levanta para falar.

Em Homero o vinho é sempre doce, embora o poeta talvez o estivesse comparando com os beijos e as palavras bondosas e não com romãs maduras. Qualquer que seja o sabor de Homero, os hábitos modernos exigem que os vinhos doces sejam concentrados, açucarados, com um agradável mas forte aroma de mel e um deslizar melado, longo e lento, pelo esôfago satisfeito. Os vinhos semidoces, do tipo preferido por minhas enfadonhas tias, são considerados semissérios e quase ninguém tem uso para eles, sozinhos ou à refeição.

Uma vítima desse preconceito é o Vouvray, um vinho produzido ao norte do Loire, em cinco mil acres do amplo vale do rio Brenne. Um costume antigo permite que os vinhos sejam secos, doces ou meio-secos, dependendo do ano. A principal uva usada é a Chenin Blanc, às vezes apoiada pela Arbois ou Sauvignon, e o resultado, quando totalmente doce, levará muitos anos para amadurecer, adquirindo ricas complexidades de sabor – sobretudo se as uvas foram selecionadas para um apodrecimento nobre e tratadas como as uvas Sémillon de Sauternes. O açúcar de um Vouvray integra-se plenamente à estrutura, como os ornamentos numa fachada clássica. Suas colunas minerais aflautadas, com seus capitéis cheios de flores, pedem uma base firme de argumento, do tipo da que Platão esperava fornecer: perguntas que entendemos e respostas que nos surpreendem. Por isso Platão sempre deve ser estimado – não porque suas conclusões são as certas, mas porque ele tentou provar que as outras estavam erradas.

Aristóteles. Os leitores da *Metafísica* entenderão quando digo que a água pura é o único acompanhamento concebível para a sua leitura. Engolir a obra mais seca jamais escrita exigirá muito líquido e uma atitude de desprendimento espartano enquanto você luta com as palavras. Antes de passar para o *Analíticos anteriores* pode ser adequado um biscoito de gengibre. As coisas só ficam um pouco mais amenas na *Ética a Nicômaco*, e para esse livro, uma vez que o argumento é absolutamente vital para o conceito de beber virtuosamente que apresentei aqui, eu recomendaria uma taça ou duas de celebração. Minha melhor experiência da *Ética* aconteceu, na verdade, com uma garrafa de Sauvignon Blanc da Beringer Estate da Califórnia – uma dessas originais vinícolas californianas que foram proverbiais pela habilidade artesanal tanto antes quanto depois da lei seca.

Cícero. Não foi exatamente um filósofo, embora tenha sido um bom sujeito, com muita coisa a dizer sobre a vida de Virtude e cuja capacidade criativa para se fazer odiado devia servir de exemplo para todos nós. Suas sentenças meticulosas, com uma carga de pensamento grave, são um excelente material para o Clarete e devem ser abordadas depois do jantar, com uma ou duas taças de Pauillac, local onde o poeta Ausônio certa vez teve uma vila. Alguém que seja suficientemente felizardo para ter sobrando na adega uma garrafa do magnífico Ch. Lynch-Bages 1959 não lhe poderia dar um uso melhor. Mas quanto a Ausônio, que tal o igualmente magnífico 1959 do Ch. Ausone?

Santo Agostinho. Existem dois santos Agostinhos – a alma cheia de dúvidas revelada nas *Confissões* e o humilde servo de Deus, vergado pelas certezas, que escreveu o *A Trindade* e a *Cidade de Deus*. Com o primeiro seria apropriada uma taça do cartaginês local, mas como ele não é mais exportado, não seria mau o substituir por um Cabernet Sauvignon marroquino. Em Meknès existe uma cultura excelente; o vinho é engarrafado na França e vendido com o nome de Bonassia pela Oddbins. A *Cidade de Deus* exige muitas sessões de leitura e eu vejo o livro como uma das raras ocasiões em que a pessoa que bebe deve recorrer legitimamente a um copo de cerveja gelada, deixando o livro de lado assim que o copo terminar.

Boécio. Um dos mais lidos filósofos do cristianismo que hoje está em fase de ostracismo. O autor de *A consolação da Filosofia* certamente merece uma ou duas libações do bebedor meditativo. O sofrimento infligido a Boécio ultrapassou a dose normalmente concedida pelos idiotas aos pensadores; mas ele foi à forra quando príncipes, bispos e poetas de toda a cristandade foram persuadidos pela *Consolação* de que afinal de contas a vida não examinada não vale a pena ser vivida. Em respeito à sua excelente e bela obra, eu sugiro que você a beba com uma taça de Meursault aromático.

Aliás, as fabulosas aldeias borgonhesas produtoras de vinho branco também produzem tintos, frequentemente comparáveis aos produzidos nas aldeias próximas onde se planta a Pinot Noir, e bem mais baratos. O Meursault tinto, o Chassagne Montrachet tinto e o St. Aubin tinto, da vinha lindamente chamada "sur le sentier du clou". Esse *sentier* levava à sanidade, e se você alguma vez topar com ele, deve percorrê-lo também. Pode ser que ele não leve ao consolo, mas beba-o com Boécio, Marco Aurélio e algumas leituras dos Salmos e você ficará um passo ou dois mais próximo desse objetivo.

Avicena. Como um dos heróis celebrados neste livro, Avicena merece um tratamento especial, que honrará a sua estatura como grande médico e amante da humanidade (e também das mulheres, sendo ele o único filósofo de quem se registrou que transou até morrer). As terras onde passou a vida gemem hoje sob o domínio dos fanáticos barbudos; o que fazer para colher do solo, sob os seus pés blasfemadores, uvas suficientes para propiciar-nos uma grande risada é um problema para o qual até agora não há solução acordada. Enquanto isso há um vinho produzido no limiar do mundo de Avicena, na

Anatólia: o Kavaklidere tinto, feito sob a supervisão do governo turco, mas que como refresco noturno do tipo do que o filósofo recomendou não chega a ser ruim.

Averróis. Ibn Rushd Averróis foi outro filósofo para quem os lamentadores deram trabalho. Sua desfeita foi tentar defender o modo de vida simples, mostrando que se pode chegar ao palácio da verdade pelo caminho da credulidade. De fato, indicou ele, é errado apresentar a pessoas comuns as razões filosóficas das crenças que elas adquiriram sem essas razões filosóficas. Fazer isso é introduzir a dúvida em mentes que não dispõem de meios de vencê-la. Ele tem razão, mas somente os filósofos sabem disso. Averróis quis ir mais além, mostrando que é possível passar a vida vendo televisão, jogando jogos estúpidos como futebol e vagando por aí tendo nos ouvidos um iPod que toca programação de DJ, e apesar disso acabar em bons termos com Deus – desde que se cumpra o *salat* cinco vezes por dia e outras coisas desse tipo. Não concordo com ele, mas foi uma boa tentativa e como reconhecimento merece uma ou duas taças de Hock.

Tomás de Aquino. Muitas vezes eu comecei a *Suma teológica* de Santo Tomás apenas para desistir depois de umas cem perguntas. O grande problema desse livro é que a sua verdadeira contribuição – o estudo da Virtude e do caráter e o relato da vida boa para o homem – é reservada para a segunda parte da segunda parte, e poucas pessoas chegam até essa *Secunda secundae* e nenhuma delas o faz sem a ajuda de algumas garrafas de uísque escocês. O uísque escocês é tão bom quanto qualquer outra coisa para levá-lo por aquela coisa maluca que fala de anjos e espécies. Mas quando você emerge no caminho sereno das virtudes é bom erguer uma taça de Sangiovese em honra do santo. E parece-me que, para esse propósito, a melhor das subvariedades de Sangiovese é a de Montepulciano. Em seu poema de 1685 – *Bacco in Toscana*, dedicado aos vinhos da Toscana – Francesco Redi escreveu que *Montepulciano d'ogni vino è re*, um julgamento repetido pelas pessoas do lugar sempre que se apresenta uma oportunidade. Foi somente no século XIX, contudo, que os *poliziani* alçaram seu vinho à categoria de Vino Nobile. ("*Poliziani*", como são chamadas as pessoas da cidade, vem de Poliziano, o filósofo renascentista que nasceu em Montepulciano e adotou o nome romano de sua terra natal.) O Vino Nobile é de um rubi intenso e tem uma sedutora fragrância de pêssego maduro sobre pedras encharcadas de sol. Ele irá marchar ao seu lado pelo longo caminho do peregrino da *Secunda secundae* e lembrá-lo de que existem mais coisas boas na Terra do que as sonhadas pela filosofia tomista.

Maimônides. Como Averróis, Maimônides quis ser o servo da humanidade, e por isso, como Averróis, passou a maior parte da vida no exílio. Com base no princípio inteiramente sensato do "judeus primeiro", ele dedicou suas energias ao magnífico *Mishnah Torah*, coletando e comentando todas as regras legais contidas ou implícitas nas sagradas escrituras e nas tradições. Mas o seu *Guia dos perplexos* é dirigido a todos nós e é uma das obras filosóficas verdadeiramente consoladoras, à altura da *Apologia* de Platão ou da *Consolação* de Boécio. Li pela primeira vez essa obra na Polônia em 1979. Nos tempos do comunismo, as visitas à Polônia exigiam fibra moral da mais elevada ordem. A todo momento um quiosque anunciando cerveja se declarava aberto, formando-se diante dele, imediatamente, uma fila de trezentos metros. Aqui e ali, de um modo aleatório e imprevisível, algumas caixas de cerveja búlgara chegavam aos bunkers de concreto que tentavam abastecer de comida o proletariado. Se você tinha moeda ocidental podia entrar na fila nas lojas Tuzex, onde a *nomenklatura* comprava seus privilégios: e ali, por um bom dinheiro, conseguia-se uísque ou até uma eventual garrafa de vinho espanhol barato. De modo geral, no entanto, e sobretudo quando em viagem pelos distritos do interior, era preciso sobreviver com a vodca produzida pelo Estado. Havia pouca esperança de se encontrar vermute para disfarçar o gosto de remédio, e a bebida costumava ser servida morna, em quantidades calculadas para silenciar todas as queixas. A estratégia geral das "autoridades", como ironicamente elas se auto-designavam, era produzir uma ressaca coletiva tão pesada e imóvel que todas as dores de cabeça menores da vida cotidiana seriam por ela ofuscadas. Depois de quatro dias viajando pelo interior polonês nessas condições, um dia com Maimônides no parque próximo a Cracóvia foi uma grande bênção. E tive sorte, porque o restaurante onde jantei naquela noite, onde pretendia terminar a leitura do livro, tinha uma provisão de Cabernet Sauvignon iugoslavo. Não era melhor do que uma lembrança improvisada do vinho. Mas ajudou-me a ver que a *via negativa* defendida por Maimônides como único caminho para o conhecimento de Deus, e que atinge esse supremo objetivo com o abandono de todos os predicados da nossa língua, mostrando um a um que eles não se aplicam e não se podem aplicar ao Ser Supremo, que não é nem mesmo um ser, mas apenas não é um não-ser – que essa *via negativa* precisa começar em algum lugar, e por que não no fundo de uma taça de vinho, onde uma infinidade de predicados se agrupa como moscas-das-frutas, todos à espera de serem aplicados? Mesmo assim o suprimento de predicados logo se esgotou e a taça precisou ser constantemente reabastecida até se realizar a prova e eu vislumbrar o não-não-ser de Deus através da neblina que se adensava.

Bacon. O autor de *O progresso do conhecimento* e do *Novo órgão* foi o oposto de Maimônides em todos os sentidos: um político mundano, ensaísta brilhante, observador atentíssimo da condição humana e intelectual iconoclasta, que sozinho destruiu o controle da ciência aristotélica sobre a mente ocidental e nos ensinou a adquirir conhecimento com a aplicação de predicados positivos e a colheita de predicados pelos nossos olhos e ouvidos. Qualquer discussão das suas reflexões deve, julgo eu, avançar pelo método comparativo. Sugiro-lhe abrir seis garrafas de uma única variedade – Cabernet Franc, por exemplo –, uma do Loire, outra da Califórnia, outra da Moravia, outra da Hungria, e se você conseguir encontrar mais dois lugares onde essa uva se dá bem, já forneceu alguma prova do método indutivo – e então, enquanto toma o vinho, faça de conta que está comparando e contrastando, registrando observações em jargão de enólogo. Em seguida, um dos integrantes do grupo deve ler o ensaio de Bacon sobre "Morte", depois do que um longo silêncio será apropriado.

Descartes. Na qualidade de pensador que mais se aproximou, antes de Monty Python, de topar com o título deste livro, Descartes merece algum reconhecimento. Isso não altera o fato de que, não por sua culpa – pois tinha um temperamento reservado –, ele acabou sendo o filósofo mais superestimado da história, famoso pelos argumentos que começam do nada e chegam a lugar algum, e merecendo crédito, se é que ele merece, por ter feito a "experiência de pensamento" essencial para o método filosófico. Eu sugeriria um vinho Rhône bem escuro, talvez um Châteauneuf-du-Pape de vinhas antigas, com o acabamento de veludo suave e os aromas de alcaçuz e tomilho das encostas provençais. Um vinho assim o recompensará pela fragilidade das *Meditações* e você terá muito mais coisas para falar.

Espinosa. Partindo das conclusões que Descartes deixou de justificar – a saber, a de que todos os constituintes do mundo são sustâncias, atributos ou modos –, Espinosa planejou provar primeiro que existe pelo menos uma sustância e em segundo lugar que existe no máximo uma, sendo tudo o mais um "modo" dessa substância, concebido sob um ou outro dos atributos da mente e do corpo (pensamento e extensão). Contudo, não foi essa teoria que lhe criou problema com as autoridades calvinistas alemãs, mais incomodadas com a sua tentativa de dar um relato da política em que a liberdade do indivíduo é o objetivo supremo do governo. Em honra dessa personalidade suave e frugal, seria adequado beber um Borgonha da faixa de preço mais baixa. Na verdade, a última vez que entendi o que Espinosa queria dizer por um atributo foi com uma taça de Mercurey tinto Les Nauges 1999. Infelizmente tomei outra taça antes de expor por escrito as minhas reflexões e nunca fui capaz de recuperá-las.

Leibniz. Ele pode muito bem ter tido razão quanto a ser este o melhor de todos os mundos possíveis; de qualquer forma nunca duvidei da trivialidade da tentativa de Voltaire (no *Cândido*) de demonstrar o contrário. É impossível mergulhar em Leibniz sem ficar imediatamente admirado com a abrangência do seu pensamento, em que cada axioma contém uma concepção de todo o universo, do mesmo modo como nós contemos, de acordo com Leibniz, um quadro completo do mundo sob nosso próprio ponto de vista. Eu recomendaria um Rioja Crianza ou um Reserva, que seria aberto uma ou duas horas antes do banquete para que seus sabores arcebispais possam respirar.

Locke. A visão que Locke tem da Filosofia como a criada da ciência foi adotada depois dele pelos principais filósofos anglo-americanos, que com ela desligaram das humanidades o seu assunto, assim como da poesia, da música, da religião e da tentativa de abranger o mundo em símbolos e de penetrar na subjetividade do ser. Assim, cuidado com o *Ensaio sobre o entendimento humano*; comece com o *Segundo tratado sobre o governo*, que é onde nasce a política moderna. É melhor lê-lo com uma taça de Chablis; na verdade, para fazer justiça ao gênio de Locke, seria adequado abrir um desses Chablis *grands crus* com nomes de camponeses enlameados, como Bougros, Grenouilles ou Les Preuses.

Berkeley. Caso precise consumir Berkeley, acompanhe sua leitura com uma taça de água de alcatrão e encerre o assunto.

Hume. O que há de extraordinário em Hume é que ele tirou conclusões tão profundas e de tão grande alcance – sobre causalidade, identidade, moralidade, justiça e julgamento estético – partindo de uma concepção ingênua e flagrantemente falsa da mente humana. Sua prosa tem uma sabedoria calma que sempre aquece o coração, e o melhor modo de o ler, imagino, é ao lado da lareira e com uma taça de vinho branco doce, talvez um Château Coutet ou, se você está procurando algo bem baratinho, o Château Septy de Monbazillac, cuja safra de 2000 tem, pela metade do preço, a sonoridade de mi maior de um Sauternes dourado.

Kant. Embora Descartes tenha sugerido (via Monty Python) o título deste livro, foi Kant quem o pôs em funcionamento. Um amigo meu perguntou que diabo significava afirmar que existe uma "taça em si mesma", uma entidade numênica que não pode ser apreendida pelos sentidos e que foi revelada na "visão de lugar nenhum", a "intuição intelectual" que não está à disposição de ninguém fora Deus. Enchi a taça com o Hermitage branco "Chante Alouette" de Charpoutier – a excelente safra de 1977 cujo desaparecimento lamento profundamente. E tentamos uma experiência: primeiro levar o vinho à luz, cheirá-lo, tocar com os dedos a sua superfície fria – e então bebê-lo, de modo a "conhecê-lo de outro modo". Foi como se tivéssemos entrado num castelo derrubando as suas defesas precárias e nos encontrássemos numa sala muito iluminada onde éramos acolhidos por pessoas deslumbrantemente vestidas. É isso que Kant nos tenta transmitir. O númeno e a perspectiva transcendental seguem juntos, e embora essa perspectiva não esteja ao nosso alcance, temos indicações de como seria se a adquiríssemos. A satisfação que o vinho nos dá ao descer é como a revelação da sua interioridade. E a sua interioridade é a interioridade em mim, que sempre escapa à minha apreensão – o eu transcendental e sua inexplicável liberdade. Repito essa experiência frequentemente e acho útil examinar o argumento da Dedução Transcendental das Categorias enquanto a realizo. Mas não recomendaria o Hermitage branco, que é caro demais e além disso tem sabor um tanto carregado, com a sedução do mel e da noz, que exige um prato de polvo para o abrandar. Eu recomendaria uma garrafa de Malbec argentino; e nunca é má ideia combinar a *Crítica da razão pura* de Kant com as histórias de Borges, cheias de paradoxos kantianos e que nos lembram de que não há necessidade de viajar para a Argentina.

Nem todos os textos de Kant são tão fáceis de acompanhar quanto a primeira *Crítica*. Parece que nada complementa a segunda *Crítica* ou as outras obras de ética. E quando se trata da *Faculdade do juízo*, com sua breve referência ao "vinho das Canárias", eu me vejo experimentando primeiro o East India Sherry, depois o porto Tawny e finalmente o Madeira, sem chegar mais próximo da prova de Kant de que o julgamento da beleza é universal mas subjetivo, ou da sua derivação da "antinomia do gosto" – certamente um dos seus paradoxos mais profundos e perturbadores, e um paradoxo que precisa render-se ao argumento contido no vinho, se é que ele se rende a alguma coisa.

Fichte. É a Fichte que devemos a filosofia da *Selbstbestimmung*, uma versão da qual já me ocupei neste livro. Mas a sua prosa filosófica é incrivelmente abominável, e não surpreende o fato de o grande drama de sujeito e objeto ter sentido para nós apenas porque foi assumido pelo intelecto bem mais vigoroso de Hegel. No entanto, uma obra de Fichte tem certo mérito retórico: os seus *Discursos à nação alemã*, em que ele faz a sua própria convocação apaixonada para um nacionalismo pangermânico, cuja necessidade, acreditava ele, tinha sido demonstrada pelo desmoronamento dos principados alemães antes dos exércitos napoleônicos. Foi assim que Fichte – ou melhor, fazendo justiça a Fichte: foi assim que Napoleão – lançou a Alemanha no caminho que pretendeu por duas vezes levar a Europa à destruição. A culpa alemã por esses acontecimentos é compreensível; menos compreensível é o seu desejo de descartar todas as tradições e fazer até seu vinho ter gosto de Euro-nada. Típico dos vinhos recém-engarrafados do Reno, é um que tem no rótulo, em inglês, "Fire Mountain". Vem numa garrafa verde de Chianti, é feito por alguém que se chama

Thierry Fontannaz – um nome pan-europeu próprio para diversas finalidades – e tem no rótulo apenas uma palavra alemã: Riesling. Com teor alcoólico de 12,5%, seu gosto é completamente australiano. Dificilmente se pode imaginar um símbolo mais convincente da fuga dos alemães ao seu passado. Mas eu não insultaria Fichte se acompanhasse sua leitura com essa bebida. O melhor acompanhamento para esse pensador impetuoso, rabugento mas no fim das contas bem-intencionado, é um desses bons vinhos do Reno que são um testemunho do patriotismo local – o patriotismo da aldeia e da vinha, e não o do *Volk und Kultur* – que ele quis descartar. Eu sugeriria um Beerenauslese doce, como o de Grafenstück em Bockenheim, um vinho que tem somente 8% de teor alcoólico, razão pela qual é vendido por quase nada num mercado voltado para os alcoólatras ingleses.

Hegel. Diga o que quiser sobre as suas pretensões, a lógica falha, o amor pelas abstrações, a determinação de refazer o mundo à sua própria imagem – o fato é que Hegel compreendeu o mundo moderno como ninguém antes ou depois dele. É a ele que devemos as teorias da alienação, do reconhecimento, da mutualidade, da luta e do direito que moldaram o nosso mundo; é por meio da magnífica parábola contada em *Fenomenologia do espírito* e nas conferências sobre estética, política e filosofia da religião que nós podemos chegar a entender os anseios secretos da mente da esquerda e a incontestável resposta da direita a eles. Em suma, Hegel é o meu herói dentre os filósofos, e eu nunca posso pensar em sua notável justificação da propriedade privada como a chegada à consciência do eu livre e individual sem visitar a adega e encontrar uma confirmação instantânea do que ele quer dizer. E normalmente volto de lá com alguma coisa boa. Com o trecho sobre o senhor e o escravo eu bebi recentemente um Chianti clássico da famosa propriedade de Vignamaggio, onde nasceu a *Mona Lisa* de Leonardo da Vinci e onde o solo argiloso e a uva Sangiovese se aliam para produzir uma rica essência de cereja preta que pode muito bem ser o vinho originalmente – em 1404 – chamado "Chianti". Ele complementou perfeitamente o argumento na forma dramática e fez a conclusão – em que a dominação é transcendida na serena mutualidade da lei moral – parecer inteiramente natural, se não logicamente compelida.

Existe outra razão para beber o vinho toscano com Hegel. Sua filosofia tem um lado pernicioso que merece ser refutado, o lado que nos diz que a história é um drama contínuo, com ato após ato a caminho de um grand finale, que nós somos criaturas do *Zeitgeist*, condenadas a ser "do nosso tempo"; que pelo fato de o modernismo ter acabado nós devemos agora pertencer ao pós-modernismo; que a tonalidade está exaurida e é preciso agora aceitar a atonalidade; e assim por diante. A refutação dessa bobagem é Florença. Com exceção de Atenas, nenhuma cidade do tamanho de Florença atingiu a sua magnificência. Mas desde o século XVII a história ignorou-a. Alguns renascimentos, uma ou duas estreias operísticas e vez por outra uma explosão de nacionalismo – o resto fica totalmente por conta de turistas como Henry James, E. M. Forster, Bernard Berenson e a União Europeia, com o Instituto da Universidade dedicado às ideias do passado imediato. Florença permaneceu como era quando a família Médici havia finalmente cometido assassinatos até a sua extinção. Depois disso seus tesouros foram submetidos a nada pior do que o olhar esterilizador dos eruditos americanos, vez por outra uma inundação do Arno e a inundação mais constante dos voyeurs que chegavam e partiam em trens lotados. Esse lugar minúsculo, que ao longo de trezentos anos produziu artistas, poetas e pensadores a uma taxa jamais igualada, agora está adormecido. Não é uma cidade moderna nem pós-moderna, mas um fragmento do passado e prova de que não é preciso pertencer ao *Zeitgeist* ou ter qualquer coisa muito relacionada com ele. E esse é o sabor do seu vinho.

Schopenhauer. O que se pode dizer sobre o grande pessimista, exceto que ele viu as coisas como são e com isso mostrou que é um erro ver as coisas como são? Disso se segue que na verdade as coisas não são como ele as viu. Dito de outra forma: "como as coisas são" é o nome de outro tipo de ilusão, e um nome que lisonjeia o eu da pessoa que está "vendo através" da falsa aparência. Ver através das falsas aparências é a grande pretensão. Imagino Schopenhauer sozinho com seu violino, não chorando pelo mundo – pois isso seria reconhecer o valor do mundo e a dor sentida porque esse mundo não alcançou o seu objetivo –, mas tocando uma melodia entre ele e ele, convocando a *vontade* oceânica que está por trás do mundo de representações e querendo pôr nela o dedão do pé somente para saber como é a sensação. Essa imagem pede uma boa taça de Chardonnay neozelandês, talvez o preparado rico em minerais e amanteigado chamado Muddy Water, para lembrar-nos que outras pessoas atravessaram aquele oceano, conservaram a fé e a esperança e, aportando em lugares ridículos, plantaram vinhas e assim transformaram a fé e a esperança em caridade.

Kierkegaard. *Temor e tremor, O conceito da angústia, O desespero humano* – que tipo de sujeito escreve livros com títulos como esses e nunca os assina com seu nome verdadeiro? Não chegaria a surpreender se as sombras que o Grande Dinamarquês criou fossem frequentadas por necrófilos e vampiros que olham avidamente para o seu cadáver. Na verdade Kierkegaard escreveu dois livros fabulosos sobre o tema do amor erótico – *Diário de um sedutor* e *Os estágios imediatos do erótico*, ambos contidos na primeira parte de *Enten-Ellen* [Ou/ou]. O segundo, um estudo do *Don Giovanni* de Mozart, é provavelmente a única obra notável de crítica musical escrita por um filósofo, e sua leitura deve ser acompanhada do vinho mencionado na louca ária de Don Giovanni em louvor ao vinho e à vida (ou pelo menos do seu tipo de vida), o Marzemino de Trentino.

Recentemente bebi esse vinho num restaurante regional do magnífico hall de exposições do Encontro de Povos em Rímini, durante o festival de música que acontece ali anualmente. Espantado vi meus convidados irlandeses cobrirem o copo com a mão. Estar sentado à mesa com dois educadíssimos irlandeses e ser o único que bebe é uma experiência rara – para mim foi a única. Imagine: um deles estava lendo os poemas de Patrick Kavanagh, enquanto a outra, uma linda garota de olhos escuros que combinavam com o néctar púrpura dentro da taça, tocava no violino lamentosas árias celtas. Sua desculpa era simples: eles iam apresentar-se dentro em pouco e estavam ensaiando. Fui obrigado a beber a garrafa inteira.

A poesia melancólica desse marginal irlandês resgatado para a posteridade pelo seu dedicado irmão soa como o balbucio de um bêbado semiafogado num pântano ao lado da estrada. Quando o vinho começou a agir em mim e o violino se inclinou sobre o verso como um sacerdote administrando os últimos ritos, eu invoquei aquelas alamedas estreitas entre campos alagados onde os frágeis heróis de Beckett tropeçam sempre numa solidão irascível e toda casa à beira da estrada é ao mesmo tempo um bar e uma sala de velório. E impressionou-me vividamente imaginar que a Jutlândia de Kierkegaard teria sido muito menos horrível com um ou dois bares, e a própria vida dele teria sido bem mais feliz se, em vez de atormentar Regina Olsen – com quem a violinista irlandesa se parecia cada vez mais à medida que eu bebia –, ele tivesse finalmente ido para casa com a sua Regina e lhe pedido para ser a sua rainha.

Nietzsche. A primeira obra de Nietzsche, *O nascimento da tragédia*, proclamou as origens religiosas da arte e a redescoberta de Dioniso como o deus da alegria, da dança e do retorno. Desaprovado pelos críticos acadêmicos, o livro encerrou a carreira precoce do autor como professor de filologia. No entanto, é a melhor obra que já se escreveu sobre a tragédia, e no meu ponto de vista a obra de Nietzsche mais claramente voltada para as questões intelectuais – com isso quero dizer as questões que existem independentemente de quem as formula, no caso, independentemente de Nietzsche. É também um tributo a Dioniso que merece ser acompanhado da maior dádiva que o deus nos fez.

Mas há os últimos escritos, cuja *Problematik* não é absolutamente independente de Nietzsche. Na verdade são os escritos mais egoístas que já foram recebidos como sabedoria. Além do mais, eles parecem perder progressivamente de vista o significado real de Dioniso. Mais para o final da porção sã de sua vida encontramos Nietzsche escrevendo (*A vontade de poder*, seção 252) "Dioniso versus o 'Crucificado': aí está a antítese". Como se Dioniso não tivesse sido recebido pelo Crucificado; como se a Eucaristia não tivesse mostrado do que o deus do vinho é capaz!

E há a sua influência. *Assim falou Zaratustra* foi saudado pelos nazistas, que viram sua invocação ímpia do super-homem como prenunciadora do seu próprio suprematismo pagão. Foucault tomou Nietzsche como autoridade para a opinião de que o poder é a raiz da sociedade humana, e transgressão a reação mais libertadora a ele. E todos os que se achavam, por qualquer razão, em relação antagônica com o *ágape* em todas as suas formas, podem encontrar consolo em Nietzsche, cuja mensagem, como hoje se entende, podia ser adaptada do Polônio de Shakespeare: "Seja verdadeiro ao seu eu, e quanto maior for esse eu, melhor".

Nietzsche achava que se podia solapar a moralidade fornecendo uma "genealogia da moral"; a moralidade exige que nos defendamos com uma genealogia de Nietzsche – e que criatura lamentável surge então. Os escritos de Nietzsche são brilhantes erupções de um neurótico auto-obcecado e parecem-se, quando postos em seu pleno contexto biográfico, com tantos outros exercícios de autoengano. Essas invocações da vida, da saúde, da crueldade e da vontade de poder são as máscaras de um inválido tímido que viveu uma vida muito hermética e que nunca teve poder sobre alguma coisa ou alguém, muito menos sobre si mesmo. Assim, bebamos ao autor de *O nascimento da tragédia*, mas com uma poção franzina, hipocondríaca, talvez um dedo de Beaujolais num copo com água gasosa até a boca.

Russell. Os livros de Russell precisam ser rigorosamente distinguidos em dois tipos, disse Wittgenstein. Os que tratam de lógica e dos fundamentos da Matemática devem ser encadernados em azul, e todos devem ser estimulados a os ler. Os de política e filosofia popular devem ser encadernados em vermelho e proibidos. Não tendo o feitio mental imperioso de Wittgenstein, eu fico aquém da sua conclusão. Mas o seu julgamento era bom, e com uma grande obra como *The Principles of Mathematics* [Os princípios da Matemática], apenas o melhor Clarete será cabível – sugiro um Château Beychevelle ou um Château Ducru-Beaucaillou de safra superior, por exemplo 1988 ou 1995.

Husserl. O contraste com Russell não poderia ser maior. Como Russel, Husserl começou sua carreira filosófica com uma tentativa de dar sentido à Matemática, e conseguiu isso. Ele foi em frente e inventou a ciência, ou pseudociência, da fenomenologia, acreditando que havia um método pelo qual poderia isolar o que é essencial no nosso conteúdo mental "pondo entre parênteses" o mundo material. As resmas de prosa condensada que isso produziu deviam tê-lo alertado para o fato de que ele não estava descrevendo absolutamente nada. Mas não: ele simplesmente inventou uma "crise da ciência europeia" a fim de explicá-la. Desconhecendo a si mesmo (e o autoconhecimento foi a primeira vítima do seu estudo obsessivo do eu), Husserl *era* essa crise. E é preciso um estímulo forte para atravessar uma crise assim e aterrissar sobre os próprios pés. Recomendo três taças de slivovitz da Morávia natal de Husserl, uma para dar coragem, outra para tragar o jargão e a terceira para despejar sobre a página.

Sartre. A reputação de Jean-Paul Sartre nunca esteve tão alta quanto em 1964. Nesse ano ele recebeu o Prêmio Nobel de Literatura e também escreveu o que talvez seja a sua obra mais pungente e bela: o breve relato de sua primeira infância intitulado *As palavras*. Sartre declinou enfaticamente de aceitar o Prêmio Nobel, assim como já havia feito com a Légion d'Honneur e assim como rejeitou, em *As palavras*, a sua vocação de escritor. De fato 1964, o ponto alto do seu reconhecimento pelo Establishment, foi também o ponto alto do seu antagonismo em relação aos establishments e da recusa a acreditar que ele próprio se havia tornado um establishment. Pelo resto da vida Sartre dedicou suas energias literárias a expandir e elaborar a algaravia marxista da sua *Crítica da razão dialética* (1960) e a escrever uma enorme biografia inacabada de Flaubert *(O idiota de família)*, provando que Gustave Flaubert era na verdade Sartre, ou Sartre Flaubert, e, de qualquer forma, que nenhum dos dois existia, sendo a não existência o objetivo secreto ou nem tão secreto do escritor.

Desde que atingiu a não existência, em 1980, a reputação de Sartre sofreu um firme declínio, com as pessoas acabando por entender o dano que ele infligiu pela prática do ensino e pelo seu exemplo. Depois das ruidosas desculpas que Sartre pediu pelo assassinato dos onze membros da equipe de Israel nas Olimpíadas de Munique em 1972, os intelectuais franceses já haviam posto um ponto de interrogação em sua autoridade moral até então inabalável, e a publicação, em 1984, do livro de Marc-Antoine Burnier, *Le Testament de Sartre,* reunindo as espantosas desculpas pelo assassinato em massa saídas da pena do filósofo durante os seus anos de influência, acrescentou um ponto de exclamação que nunca se apagará. Contudo, a presença imponente de Sartre, como um sol negro no centro da cultura francesa, levou 30 mil pessoas a seguirem seu caixão quando este era levado a Montparnasse, e a sua visão hipnotizante da vida moderna como uma esfera de liberdade absoluta em que a escolha é o único valor e em que tudo o que escolhemos volta para o *nada* de onde o conjuramos está subjacente a todas as filosofias que saíram da *intelligentsia* parisiense durante as últimas três décadas.

A grande obra filosófica de Sartre, *O ser e o nada* (1943), apresenta o *nada* que frequenta tudo o que ele escreveu e disse. Sartre era um tipo de atleta da negação, capaz de pelejar com o *nada* que está no *algo*, qualquer que seja o tema ou a causa. Ele satanizou Baudelaire por sua escolha de heróis, descobriu no ladrão profissional Jean Genet o tipo do santo moderno (*Saint Genet, ator e mártir*) e defendeu o crime como uma forma de pureza moral. Reinventou o inimigo de classe de Marx e inspirou toda uma geração de jovens a viverem em antagonismo com a "burguesia" – a classe que abre mão da liberdade em favor da "má-fé" dos costumes, instituições e leis. Embora inicialmente fosse um crítico áspero do Partido Comunista, tendo testemunhado a vergonhosa colaboração deste com os nazistas, ele se converteu ao marxismo na década de 1950 e depois não autorizou mais a representação da sua peça anticomunista *Les mains sales*, instando com os leitores para que "julgassem o comunismo por suas intenções e não por suas ações" – uma postura que conservou até o final de sua vida.

A retórica antiburguesa de Sartre mudou a linguagem e o programa da Filosofia francesa do pós-guerra e incendiou as ambições revolucionárias dos estudantes das ex-colônias que tinham ido para Paris. Um desses alunos voltaria depois para o Camboja e poria em prática a doutrina "totalizante" (expressa na *Crítica da razão dialética* e em *Situações VIII e IX*, 1968) que tem como alvos a "serialidade" e a "alteridade" da classe burguesa. E na fúria purificadora de Pol Pot não é insensato ver o desprezo pelo comum e pelo real manifesto em quase todas as linhas da prosa demoníaca de Sartre. *"Ich bin der Geist, der stets verneint"*, diz Mefistófeles – "Sou o espírito que sempre nega". O mesmo pode-se dizer de Sartre, para quem *"l'enfer, c'est les autres"* – "o inferno são os outros" (*Entre quatro paredes*). Como o Satã de Milton, Sartre via o mundo transfigurado por seu próprio orgulho – e foi esse orgulho que o levou a recusar o Prêmio Nobel, pois os tributos se originam no *outro* e portanto passam despercebidos pelo *eu* autêntico.

Apesar dos seus defeitos morais, contudo, não há como negar a estatura de Sartre como pensador e escritor. Se uma obra mostra isso é *As palavras*, escrita em reação ao culto a Proust e destinada a retificar a crescente interpretação incorreta, em sua opinião, do lugar das palavras na vida e no crescimento da criança. Para Sartre a infância não é o refúgio da vida inteira evocado por Proust, mas o primeiro de muitos enganos, em que todos os enganos posteriores têm a sua premonição. Ele escreve com uma concisão sardônica que é em si uma censura a Proust, e o resultado – fortemente influenciado pelo surrealista Michel Leiris – é uma obra-prima de autobiografia, comparável a *Confissões de um comedor de ópio*, de De Quincey, e ao *Father and Son*, de Edmund Gosse. Sem dúvida 1964 foi um bom ano para Sartre, pois foi o ano em que mostrou as suas reais capacidades como escritor e em que temporariamente se emancipou da prosa implacável, eivada de jargões, da *Crítica da razão dialética*. *As palavras* foi escrito por um homem que era capaz de rir – e que poderia se ter permitido rir, se o riso não fosse uma arma nas mãos do *outro*.

Por que estou dizendo tudo isso? – perguntará você. A resposta é que Sartre é a minha desculpa para voltar a 1964, que não é uma safra excelente, mas que está indelevelmente marcada para mim pela garrafa do Chambertin Clos de Bèze de 1964 que bebi em 1980 e que foi a minha percepção mais intensa da profundidade e extensão do sabor a que um Borgonha verdadeiro pode chegar num segundo melhor ano. Se algum dia fosse ler Sartre novamente, eu procuraria um Borgonha de 1964 para acompanhar a ingestão do veneno. No entanto, a chance de encontrar esse vinho é pequena, e assim existe um magnífico escritor a quem eu nunca revisitarei – e agradeço a Deus por isso.

Heidegger. Que poção deve complementar o filósofo que nos disse: "Nada nulifica"? Erguer uma taça vazia até os lábios e sentir a sua descida – nada, nada, nada, ao longo de toda a extensão do tubo: essa certamente é uma experiência que encantará o verdadeiro conhecedor.

Patočka. Sócrates e Boécio foram assassinados e Averróis e Maimônides exilados; mas mais recentemente os filósofos se livraram muito bem, particularmente Sartre e Heidegger, que contornaram o limiar do pensamento criminoso sem sofrer a menor perda pessoal. Mas a Filosofia moderna tem efetivamente um mártir: Jan Patočka, primeiro porta-voz da Carta Constitucional 77 da Tchecoslováquia, que morreu durante um interrogatório policial em 1977. Aluno de Husserl, ele se impregnou do mesmo jargão estéril de seu mestre. Mas a realidade socorreu-o, quando jovens lhe imploraram que explicasse os sofrimentos da Tchecoslováquia e foram recompensados com as suas conferências clandestinas sobre os cuidados com a alma. Essas conferências devem ser acompanhadas de um vinho tcheco, como eram as minhas conferências quando (até eu ser preso em 1985) tentei seguir os passos do grande homem. Digo vinho tcheco, embora obviamente, como agora, os verdadeiros vinhos da atual República Tcheca sejam produzidos na Morávia.

Na época de Patočka o melhor vinho da Morávia não era engarrafado na fonte, não era vendido em cadeias de lojas, não era feito por australianos, não era reforçado para a veemência dos imbecis, não era contaminado pelo Chardonnay. O boato de sua existência era transmitido de boca a boca e para saber o segredo era preciso primeiro mostrar que você era confiável: uma difícil façanha num país onde desde 1938 não se julgava ninguém confiável. Quando finalmente você chegava à adega cavada em montes de calcário sob as vinhas; quando o proprietário o levava pelas avenidas úmidas e mal-iluminadas, sorvendo em cada tonel por uma pipeta de vidro e amplificando o sabor com fatias de gordura de porco defumada (chamada *Anglická slanína*: é o único elogio dos estrangeiros à charcutaria inglesa, mas um elogio baseado num evidente engano); quando você fazia a sua escolha e pagava o que devia, cabia-lhe levar para casa o material. Alguns o levavam em garrafas, outros em bidões, outros em toneizinhos selados com tampa de metal. E se você quisesse que o vinho envelhecesse um pouco na garrafa, tinha que aprender a engarrafá-lo adequadamente, com rolhas compridas e cera de selar. O melhor, de acordo com minha experiência, é o excelente tinto feito com a variedade local de Cabernet Franc. O nome dessa uva na Europa Central remete a St. Lawrence. Não me pergunte por quê, ou por que o nome Lawrence aparece nas línguas eslavas como "Vavřinec". Acompanhar as conferências sobre Platão e sobre a Europa com uma garrafa de Svaté Vavřinecké lhe proporcionará uma visão do sofrimento e do sacrifício.

Pode ser que você pergunte como estão as coisas atualmente, quando a Tchecoslováquia não existe mais e as terras tchecas entraram na economia global. A resposta está contida no sistema ferroviário dos Habsburgos, que prova que o país não entrou absolutamente na economia global. Os agradáveis trens com cheiro de poeira levam-no chocalhando de aldeia em aldeia num estado de desconforto razoável, sem incomodá-lo mais do que se você tivesse ficado em casa. Uma viagem de um dia, com baldeações, pode não custar mais de dez libras. E enquanto o trem sacode e apita por florestas e desfiladeiros, por margens de rios e fundos de arrendamentos, você pode experimentar um produto local, com o conhecimento seguro de que apoiando o comércio vinícola está ajudando a dissolver as fazendas coletivas – a herança mais desastrosa, do ponto de vista ecológico, de todas as muitas heranças desastrosas do comunismo. Os pequenos produtores estão pipocando por toda parte, separando seções dos prados erodidos, plantando vinhas, árvores e cercas vivas, restaurando adegas cavadas nas pedras e casas abandonadas, e de modo geral reivindicando a relva das relvas. E perscrutando de uma daquelas janelas totalmente opacas de poeira, bebericando o seu Svaté Vavřinecké com o dedo percorrendo aquele difícil argumento sobre a "solidariedade dos despedaçados", você irá saber como aquele sofrimento e aquele sacrifício às vezes valem a pena.

Wittgenstein. "Não me importa o que eu como", disse irritado Wittgenstein respondendo a uma pergunta gentil do seu anfitrião, "desde que seja sempre a mesma coisa". É difícil entender o comentário, a não ser como um modo rude de dizer: "Estou acima de tudo isso". Até mesmo o monge mais asceta precisa, de tempos em tempos, de uma mudança de sabor, nem que seja apenas para se lembrar da variedade e da abundância das dádivas de Deus. Quando se trata de bebida, no entanto, inclinamo-nos muito mais à uniformidade. Tendo descoberto a nossa preferência quanto à cervejaria, ao cultivador ou à destilaria, colocamos a mesma garrafa na mesa, dia após dia. Essa pode ser a única constância na vida dos modernos habitantes da cidade, e portanto uma compensação pelos seus dias cheios de trapaças. A serenidade moral do casamento é recuperada em forma líquida e a verdadeira Penélope do enófilo errante é o vinho da casa que o espera na mesa.

Essa constância é de certo modo o oposto da que é proclamada por Wittgenstein. Não é que não nos importemos com o que bebemos, mas, pelo contrário, importamo-nos muito. Porém, o modo certo de acompanhar a leitura de Wittgenstein é com o vinho que você põe normalmente na sua mesa, o vinho de que você gosta como seu companheiro diário, o vinho que não é para convidados, menos ainda para convidados especiais, mas para você, cotidiano e despretensioso. Um Clarete *bourgeois*, talvez, ou um honesto Beaujolais. E não pense no sabor, a fim de evitar compreendê-lo erradamente como um objeto privado, como o besouro na caixa das *Investigações filosóficas*, seção 293.

Strauss. Dentre as muitas figuras culturais que têm esse nome, a minha predileta é Richard, de quem o segundo ato do *Rosenkavalier* me recuso a rejeitar como kitsch, considerando-o arte musical da mais elevada categoria. Pela coerência, contudo, embora num nível de instinto e não de intelecto, os louros devem ir para Johann, o Jovem. Johann, o Velho, tem também seus bons momentos. Quanto a David, vamos apenas registrar a sua inexplicável influência antes de passar adiante para a influência inexplicável de Leo. Se existe uma "escola" de ciência política acadêmica que sobrevive até hoje, é a dos straussianos. E pelo fato de Leo, um refugiado da Europa Central, ter vindo do continente em chamas com uma mochila de ideias resgatadas, ele foi a princípio acolhido por sua mensagem revigorante e depois categoricamente condenado como reacionário, à medida que seus alunos galgaram posições de poder e influência e lembraram os americanos do seu papel político. Um desses alunos foi Warren Winiarski, aquele que levou o Mouton para o segundo lugar com um vinho de uma recém-plantada vinha da Califórnia e cuja história é contada por George M. Taber em *O julgamento de Paris*. Winiarski dá um breve resumo de sua filosofia na coleção de Fritz Allhoff sobre *Vinho e Filosofia*. O que quer que você pense de

Strauss como pensador (e eu não penso muito), seus talentos como professor foram plenamente provados, e é com uma taça do Stag's Leap de Winiarski que ele deve ser tragado.

Hamvas. Quase desconhecido nos círculos anglófonos, o filósofo húngaro Béla Hamvas, que morreu em 1968, merece menção especial nestas páginas não só por seu resoluto patriotismo e vigorosa defesa do ideal húngaro em tempos difíceis – uma defesa que acabou por torná-lo impublicável no seu país e que o condenou a uma vida de trabalho manual, apesar de ser o pensador mais erudito e imaginativo da Hungria do pós-guerra –, como também por sua tentativa de salvar a Filosofia das duas grandes negações que a ameaçavam: o positivismo e o marxismo. Hamvas foi demitido do cargo de bibliotecário pelo maligno György Lukács, censor supremo do governo comunista no pós-guerra. Tratando da necessidade espiritual do homem e de sua liberdade interior, e montando uma defesa exemplar da visão cristã, sua filosofia foi considerada uma ameaça ao terrível sistema que Lukács e seus camaradas tinham imposto ao povo húngaro. Eu poderia ir adiante, mas por que mencionar essa figura menor, perguntará você, quando o mentor de Hamvas, Karl Jaspers, não tem espaço neste apêndice e quando há outros Bélas mais importantes – Bartók, por exemplo – que poderiam igualmente ser engolidos com uma bebida? A resposta é simples: Hamvas é o único filósofo de vulto, até onde sei, que escreveu um livro sobre a filosofia do vinho. Embora relutantemente, preciso erguer uma taça a esse livro desconhecido que espero nunca ser traduzido, e assim refletir sobre os vinhos da Hungria como os experimentei.

Adquiri o gosto pelo vinho húngaro numa sombria adega de Pest, onde o Chardonnay do lago Balatón era servido diretamente do tonel. Depois de um dia entregando textos proibidos a dissidentes desgrenhados, eu estava tremendamente necessitado do que os comunistas chamavam de "normalização", e aquele Chardonnay atacava com uma contundência rústica que fazia o meu dia carregado parecer um festival. Durante uma breve hora tive até mesmo a ilusão de entender aquela língua absurda e as pessoas estranhas que eu encontrava, que em sua maioria considerava Hamvas um herói. Hoje o Chardonnay do lago Balatón é exportado com a marca Chapel Hill e adquiriu um sotaque americano – até garrafas com o vidro do gargalo mais largo, que são o equivalente dos bonés de beisebol e das bermudas. Talvez seja por isso que ele já não tenha sobre as minhas capacidades linguísticas o mesmo efeito observado naquela noite memorável mas não lembrada.

A viticultura húngara aprimorou-se muito desde então, e as 22 regiões de cultivo de uva foram meticulosamente mapeadas e delicadamente elogiadas por Alex Liddell em *The Wines of Hungary* [Os vinhos da Hungria]. A poucos minutos dos subúrbios de Buda – onde uma vez por semana Hamvas trocava de camisa e agarrava outro livro antes de voltar para a usina distante em que trabalhou até a morte – estamos em encostas cingidas de vinhas, semeadas de arrendamentos, casas de verão e o que restou de antigas fazendas. Ali se fazem vinhos brancos delicados e frutados com uvas cultivadas em solo calcário, e um Budai Pinot Gris mostrado recentemente e que com seu aroma de flor de sabugueiro e sabor folhoso lembrou maravilhosamente aqueles estranhos dias de verão em 1988, quando o *Zeitgeist* parecia estar pairando sobre a cidade com um enganoso sorriso made-in-America, como a fada Morgana conhecida em húngaro como *délibab*, uma palavra aplicada sucessivamente ao nacionalismo, ao comunismo, ao socialismo, ao capitalismo, à saudade dos tempos dos Habsburgos, à cultura popular – em suma, a tudo aquilo em que os húngaros estão acreditando no momento.

Ao contrário dos vinhos das terras próximas a Budapest, os de Villanyi e Szeksárdi são maduros, ricos e complexos. O Pinot Noir 1988 de Villanyi rivaliza honrosamente com os Borgonhas menos nobres, ao passo que um Cabernet Franc 2000 (uma boa safra para os tintos húngaros) ganhou o elogio das minhas *protégées* romenas, que antes não haviam jamais elogiado o que quer que fosse húngaro. Esse vinho é produzido por Vencel Garamvari nas suas adegas labirínticas que ficam sob Budapest; a cor profunda de cassis, o nariz sutil do Clarete e o sabor harmonioso mostram o Cabernet Franc – a uva vermelha do vale do Loire – em sua sedução suprema. Foi com uma garrafa desse preparado robusto que engoli minha dor ao saber que não fui o primeiro filósofo a escrever um livro sobre a filosofia do vinho.

Sam, o Cavalo. Como a argumentação deste livro deixa claro, nenhum cavalo pode saborear as coisas que come ou bebe, nem mesmo as coisas de que ele mais gosta. No entanto, Sam tem as suas preferências, e elas transpõem as ortodoxias enológicas. De fato, a sua aveia nunca foi devorada com tanta voracidade ou defendida com tanta ferocidade como quando regada com um rosé. Nem preciso dizer que num anoitecer morno de verão, quando o dia se prolonga e a velha seiva sobe por pernas e braços que já viram dias melhores, o rosé é irresistível. O aroma fresco da fruta, a cor que lembra os amados refrescos da infância, a facilidade com que a bebida fresca e refrescante desce com a sua luz para a escuridão interna, tudo isso tem um toque de férias, afastando o estresse de uma vida de trabalho e invocando um mundo de amantes e consoladores. Essa é a verdadeira fonte Hipocreme, que enrubesce e borbulha na boca como a música de querubins. Mas ao final de tudo, o que permanece do sabor? Que profundidade, que complexidade, que sedução aveludada? Uma taça de cordial de framboesa misturado com álcool industrial não teria o mesmo efeito? Essas ideias profundamente perturbadoras, até mesmo heréticas, vêm rastejando atrás dos êxtases pouco profundos. Não tem sentido tratar dessas questões com Sam, pois, como diz Wittgenstein, se o cavalo falasse, ele não entenderia a nossa fala. (Tudo bem, o texto diz "leão", mas isso não muda em nada a questão.)

Embora não haja exemplos magníficos, contudo, devemos nos consolar com o fato de que um bom rosé é barato. Além disso, o rosé fingir grandeza seria um absurdo comparável a uma música pop em pentâmetros ou um biquíni de mink. Os rosés são retirados gradualmente do mosto antes de o tanino ser extraído, e assim, de modo geral, não serão longevos; a grande exceção – o Tavel rosé do Rhône – distingue-se pelo fato de que se for degustado às cegas, provavelmente será confundido com um branco cremoso com base de Viognier. E (como as pessoas) os rosés têm dois tipos: os que querem ser algo e os que preferem não ser nada. Sam gosta dos dois.

Dentre os inofensivos e nada bebíveis está o sempre bem-vindo rosé d'Anjou do Loire. Igualmente bem-vindo é o Rosado da Espanha e de Portugal; e também o meu predileto – o rosé de Provence, que deve ser bebido com aveia, se você for um cavalo, do contrário com *saucisson sec* e azeitonas pretas enquanto se escuta o canto dos pássaros numa disposição de espírito. Depois há os rosés com atitude, como o Cabernet Sauvignon de Mas Oliveras – uma exalação da velha Catalunha que tem o vigor e a convicção de tantos rosés espanhóis, vinhos que devem ser bebidos cotidianamente acompanhados de comida. Ainda mais forte e de cor âmbar-claro indicativa do tonel é a mistura de Cabernet-Merlot de Nelson's Creek, na África do Sul. Se existe uma coisa chamada rosé complexo, é ele: sugestões de caixa de charutos no nariz e... Em vez de resvalar no jargão do vinho, direi que esse é o vinho com o qual Sam e eu comemoramos o seu maior triunfo, que foi um dia com os cães de caça do duque de Beaufort, quando ele saltou todas as cercas de Badminton.

Mas no meu julgamento (e provavelmente no de Sam também), o prêmio deve ir para o rosé Amethystos da Grécia, importado pela Oddbins. Esse vinho perfuma o ar; é feito com uma uva do lugar que transmite um escarlate à aparência e uma oitava de sabores ao gosto. Insetos imaginários agitam-se sobre a taça, e chegando o ouvido perto dele ouviremos, depois de uma ou duas taças, o murmúrio do mar vinho-escuro.

ÍNDICE DE ASSUNTOS

A

ágape 23, 111-3, 116, 158, 218, 235-8, 266
água 15, 17, 247, 249-50, 266
água de alcatrão 258
aidōs 60, 217, 220
Alcoólicos Anônimos 222
ambientalismo 54, 247-8
amizade 232
amor 109-14, 116-7, 200-1, 235-8, 241-4, 246
animais 165, 174, 183, 237
antinomia do gosto 260
apodrecimento nobre 92-3, 250
Apolo 51, 219
arak 109
As mil e uma noites 209-13
associação 177, 193
atomismo lógico 141

B

Baco 15-6, 25-6, 33, 41-2, 44, 47, 102-3, 112-3, 120, 143, 229
banquete 14-8, 205, 217
bebida alcoólica aromatizada 228
Berry Brothers 82
Bhagavad Gita 165
Bíblia 212
Biblos 106, 195
Borgonha, ducado de 59-61
Bourbon 117-8
Brahman 166-8, 194
brindar 206

C

caça 47, 118, 125-7, 279
calvinismo 73
catolicismo 44-6, 55-6, 71, 74-5, 165, 240
censura 207, 222
Ceres 241
cerimônia do chá 15
cerveja 119, 124, 169, 203-4, 206, 249, 251, 254
ciência 171-2, 256, 258
Citeaux, abade de 60
civilização grega 14-7, 45, 60, 106, 189, 192, 205, 217

civilização ocidental 196, 209-10
civilização romana 68
Clairvaux, abade de 60
classificação de 1855 86-8
Cluny, abade de 60
Coca-Cola 119, 248
comunismo 254, 269, 275-7
Confúcio 36, 210, 220
consciência 141, 147-55
consciência da primeira pessoa 149-50, 153-4
coquetéis 118, 130
Corney and Barrow 38-9
cristianismo 14, 44-5, 60-1, 74-5, 103, 108-11, 145, 157-8, 191-2, 202-3, 239-43, 265
crus bourgeois 46, 88, 90

D

dádiva 237-41, 244-5, 265, 273
Dedução Transcendental das Categorias 156, 259
dependência 163, 187-8, 222-4, 228, 243-5
desigualdade 236
Dioniso *veja* Baco
discurso sobre o vinho 180
discussão da linguagem particular 150n
drogas 168, 171-2, 183, 185-6, 188, 191
dupla intencionalidade 144, 177

E

Édito de Nantes 71
embebedamento 183, 219, 227, 229
embriaguez 16, 172, 218-9, 229-31
Encontro de Povos em Rímini 264
equilíbrio 220-1, 224-6
Eros 23, 40, 111-6, 143, 244
Espanha 134-5
Establishment 132, 267-8
estimulantes 184-7
eu 147-50, 153-7, 183, 223-4
Eucaristia 14, 157-8, 191, 198, 239-46, 265
excesso 226-7

F

falsa santidade 18
fanáticos por saúde 11, 18, 83, 247
fenomenologia 267
fermentação 23-4, 62-3
fermentação lática 63
fermentação málica 63-4
Florença 129, 262
França 27, 51-104, 132-3
fumar 13, 188, 202

G

gagaku 41
garrafas plásticas 248-9

Grande Exposição de Paris em 1855 86
guerras civis americana e espanhola 136

H

hábitos 200, 215-6, 218-9, 222, 232, 249
hermenêutica 212
heroína 185-6
hinduísmo 167-8
Hospice de Beaune 61

I

ijtihad, bom uso da 213
ilusão 14, 191, 263
imaginação 144, 147
indicantes 166
individualidade 84, 169, 205
inebriação 13, 15, 190-2, 203-4, 229
Inglaterra 53-4, 85, 87-8, 127, 224, 248
intenção 95, 182
intencionalidade 144, 219
islamismo 108, 137, 161-2, 192, 207-10

J

jantares festivos 16
jouissance 235-6
judaísmo 240-1
justiça social 235-6

K

King's College em Cambridge 86

L

lamentação 215
Languedoc, revolução de 75
Lei Evin 83
lei seca 13, 15-6, 116, 121, 251
Líbano 106, 108-9
liberdade 154-8, 164-5
localidade 83, 102-3
lógica 141-2
logo 141-3, 147, 163
luxúria 243

M

maconha 13, 146, 172, 183, 186-8, 190-1
Maizières, abadia de 59
marxismo 269, 275
meio dourado 220
melhoramento genético 59
Mercúrio, deus 68
moderação 216-8, 220
Monty Python 256, 259
música 69-70, 72-3, 94-5

N

nacionalismo 260, 262, 277
narcisismo 223
Natal, defesas contra o 90, 103

nazismo 265, 269
New Statesman 11
Nouvelle revue française 54
numênico 259

O

objetos secundários 177, 177n, 193
odores 175-8
Olimpíadas de Munique 268
OMC 51, 123
orientalismo 208-10

P

passerillage 71
percepção 185-6
perdão 136-7, 191-2, 214, 217-8, 240-4
Peterhouse 41-2, 44
pietas 59
poesia 173-4
Polônia 254
positivismo lógico 141, 275
prazer estético 175
Prosérpina 241
puritanismo 117, 199-203

Q

Qiddush 241

R

racionalidade 143-7, 154, 184-5
razão 141-3, 155-6, 163-5, 216, 220-2

redenção 238-46
refrigerantes 249
religião 11, 195-6, 208, 238-9
ressentiment 58, 235, 237-8, 240, 242-4
revelação 211-2
Revolução Francesa 61, 74
ritual 227-8, 240-1, 243, 246
Rohan, duques de 59
roda de aroma 182n
rodada de bebidas 205-6

S

sabor, sentido do 192-5, 225
sacrifício 241-5
santidade 122
Saulieu, abade de 62
segundos vinhos 89
Selbstbestimmung 15, 48, 260
sentimentalismo 218, 223-4
ser 141, 158-64, 237-9
ser contingente 68, 160-2, 246
ser necessário 112, 161-2, 238
sexo 115-6, 200-2, 243
shari'ah 213
Silenus 188
sistema de *appélation contrôlée* 75
slivovitz 13, 267
sons 175-8
sōphrosune 218
status cognitivo do vinho 179-84
substância 257

sujeito/objeto 152-8, 244-5, 260
superveniência 151

T

tabaco 185-6, 188
tampa de rosca 227-8
Tchecoslováquia 271-2
teatro nô, peças de 36
terroir 27-8, 56, 59-61, 79, 82, 86-7, 102, 134, 194, 231
tonéis de carvalho 63, 226

U

uísque 14, 16, 121, 171, 190, 249, 253, 255
União Europeia 53, 133, 262
unidade transcendental da apercepção 155

Upanishads 40, 166-7, 169, 245

V

variedades 52, 61, 199-233, 254
Vedas 168
Velho Testamento 165
via negativa 255
vinho antigo 105
vinho doce 91, 109
Virgínia 65-6, 120-1
vodca 13-4, 255

W

wahhabismo 105, 210, 213

Z

zeitgeist 262-3, 276

ÍNDICE DE NOMES

A

Albert, Marcellin 76
Alcebíades 15
Alcuíno 107
al-Fârâbî 207
al-Ghazâlî 201, 208, 246
Allhoff, Fritz 17n, 93n, 180n, 274
al-Wahhab, 'Abd 210
Alighieri, Dante 40
Amirault, Yannick 101
Amis, Kingsley 23
Apollinaire 30
Aragon, Louis 31
Aristóteles 158-9, 200-2, 215-6, 218-21, 250
Atanassow, Ewa 11
Ausônio 251
Austen, Jane 42, 64, 201
Averróis (Ibn Rushd) 208, 213, 253-4, 271
Avicena (Ibn Sina) 160-4, 161n, 167, 208, 213, 238, 252

B

Baquílides 145
Bach, J. S. 37, 230
Bach, Kent 180n
Bacon, Sir Francis 256
Balmett "Osso de Sopa" 203
Balzac, Honoré de 29, 56
Barrett, James 58
Barry, Norman 231
Barthes, Roland 235
Bartók, Béla 275
Bartscherer, Thomas 11
Bataille, Georges 235-6, 235n
Baudelaire, Charles 29-31, 229, 268
Bayser, Yves de 30
Beatles 25, 72
Beckett, Samuel 264
Beethoven, Ludwig van 48, 69-70, 72-3, 95, 156, 181, 187
Bender, John W. 180n
Berenson, Bernard 262
Berkeley, George 242n, 258

Berlioz, Hector 57
Berry, Chuck 72
Bizet, Georges 133, 136
Brassens, Georges 72
Brett-Smith, Adam 39
Britten, Benjamin 206
Bruckner, Anton 48
Brunel, Isambard Kingdom 202
Burnier, Marc-Antoine 268
Burton, Sir Richard 210

C

Camus, Albert 31
Cavafi, Constantine P. 86
Cavalcanti, Guido 36
Ceauşescu, Nicolai e Elena 131-2
Chabrier, Emmanuel Alexis 136
Char, René 31
Carlos Magno, imperador 62, 74, 107
Chateaubriand, François-René, visconde de 31-2
Chatwin, Bruce 122
Chesterton, G. K. 171
Churchill, Sir Winston 202
Cícero, Marco Túlio 251
Clemenceau, Georges Benjarnin 76
Cleópatra 62
Colette (Sidonie-Gabrielle Colette) 71
Confúcio 36, 210, 220
Coward, Noel 43
Crabbe, George 204-5

Creuzer, Georg F. 197n
'Curnonsky', príncipe (Maurice Edmond Sailland) 81

D

Davidson, Herbert A. 161n
Dawkins, Richard 161, 163
De Quincey, Thomas 146, 270
Debussy, Claude 57, 94, 133, 136-7
Derrida, Jacques 236
Descartes 147, 154, 164, 167, 256-7, 259
Dioniso, o Areopagita 246
Donne, John 116
Dostoiévski, Fiódor 64, 223
Douglas-Home, Jessica 132
Dumas, Alexandre 59
Durkheim, Émile 195

E

Eliot, T. S. 86, 210, 239
Ellis, Fiona 11
Éluard, Paul 30
Emerson, Ralph Waldo 18
Espinosa, Benedict de 162, 214, 257
Eurípedes 15
Ewing, A. C. 36

F

Faulkner, William 117

Felipe, o Audaz, duque de Borgonha 60
Felipe, o Bom, duque de Borgonha 60
Feuerbach, Ludwig Andreas von 196n
Fichte, Johan Gottlieb 153, 260-1
Firbank, Ronald 43
Fitzgerald, Edward 209
Flaubert, Gustave 57, 89, 268
Forster, E. M. 86-7, 232, 262
Foucault, Michel 54, 89, 236, 265
Fraser, Lady Antonia 46
Fuller, Peter 231

G

Galland, Antoine 209
Gans, Eric 241, 242n
Gardiner, Sebatian 231
Garzón, Baltasar 136
Gautier, Théophile 57
Genet, Jean 269
Gilbey, monsenhor Alfred 42-6
Giono, Jean 27
Girard, René 241, 242n
Goethe, Johan Wolfgang von 209, 214
Goldbach, Christian 17
Gosse, Sir Edmund 270
Grant, Robert 11
Grant, Ulysses 136
Greco, Juliette 73
Grgich, Mike 58

Guardi, Francesco 143-4, 147, 177

H

Hafiz 7, 18, 124, 192, 207, 209, 213
Hamvas, Béla 275-6
Harasthy, "conde" 119
Haydn, Joseph 63
Hegel, G. W. F. 87, 153, 175, 175n, 197n, 260-2
Heidegger, Martin 153, 159, 271
Henrique IV, rei da França 71
Herbert, George 241
Hesíodo 106, 113
Hilbert, David 178n
Hill, Geoffrey 111, 111n
Hitchens, Christopher 161
Holly, Buddy 72
Homero 85, 128, 249
Horácio 128, 130-1, 195, 220
Hourani, G. 161n
Hume, David 258
Huntington, Samuel 208, 208n
Husserl, Edmund 147, 150, 267, 271
Huysmans, J. K. 176

I

Ikhwan as-Saffa 207
Irwin, Robert 210, 210n

J

James, Henry 71, 88, 262
Jaspers, Karl 275
Joana d'Arc, St. 99, 111, 111n
Jefferson, Thomas 16, 81, 120-1
Joguet, Charles 102-3
Jones, Sir William 210

K

Kant, Immanuel 153-6, 158, 164, 196n, 220, 259-60
Kavanagh, Patrick 264
Khayyam, Omar 192, 207, 209, 213-4
Keats, John 26
Kierkegaard, Soren 263-4
Kinsey, Alfred 116

L

Lamartine, Alphonse de 72
Larkin, Phillip 23, 25
Lawrence, D. H. 27
Lawrence, T. E. 210
Lee, Robert E. 136
Lehrer, Adrienne 180n
Lehrer, Keith 180n
Leibniz, Gottfried Wilhelm 167, 257
Leiris, Michel 30, 270
Lévi-Strauss, Claude 196n
Lewis, C.S. 246, 246n
Li Po 232
Liddell, Alex 276

Locke, John 258
Lorca, Federico Garcia 135-7
Loup, Thieri, St. 74-5
Lukács, György 275

M

Madre Teresa 109, 112
Mahfouz, Naguib 209
Mahler, Gustav 210
Maillol, Aristide 83
Maimônides, Moisés 162, 246, 254-6, 271
Mallarmé, Stéphane 78, 173
Mann, Nicholas 88
Marco Aurélio, imperador 252
Margarida, rainha de Navarra 71
Marguerite, duquesa de Flandres 61
Marx, Karl 41, 118, 269
Matthews, David 231
Maurras, Charles 55, 55n
McEwan, Ian 231
McGovern, Patrick 195n
Mencken, R. L. 199-200
Mérimée, Prosper 133, 136
Michelangelo 64
Milton, John 143, 269
Mitchell, Juliet 231
Monbiot, George 52-3, 52n
Montaigne, Michel de 220
Morrissey, Chris 11
Mozart, Wolfgang Amadeus 48, 64, 130, 145, 226, 264
Mugabe, Robert 131

Maomé 213-4
Mussorgsky, Modest 230

N

Nagel, Thomas 147-8, 148n, 153
Napoleão Bonaparte, imperador 29, 260
Nerval, Gérard de, (Gérard Labrunie) 29
Nietzsche, Friedrich Wilhelm 58, 111, 235, 242, 265-6
Noble, A. C. 182n
Nossiter, Jonathan 56
Nussbaum, Martha 237, 237n

O

O'Hear, Anthony 231
Olsen, Regina 265
Ortega y Gasset, José 135-6

P

Paola, Frederick Adolf 17n
Parker, Robert 48
Patočka, Jan 271
Pauwels, Louis 54
Péguy, Charles 111, 111n
Percy, Walker 118
Piaf, Edith 72
Picken, Laurence, 12, 34-41, 38n
Pinard, Michel 102
Píndaro 217
Pinter, Harold 47

Platão 11, 15, 87, 112-6, 175, 217, 244, 249-50, 254, 272
Plínio, o Velho 113
Plotino 175, 175n
Pol Pot 269
Poliziano (Angelo Ambrogini) 254
Ponge, Francis 30
Pontallier, Paul 58
Posner, Richard 116
Pound, Ezra 36, 210
Presley, Elvis 72
Prévert, Jacques 72
Probo, imperador 80
Proust, Marcel 32, 57, 74, 144, 176, 193, 270

Q

Qutb, Sayyid 209, 209n

R

Rabelais, François 101-2
Rahner, Karl 160
Ravel, Maurice 136
Rawls, John 236, 236n
Rilke, Rainer Maria 51
Rimbaud, Arthur 29-31
Rolin, Nicolas 61
Rothschild, família 45
Roudes, Michel 93
Rumi 192, 200, 207, 213
Russell, Bertrand 141, 266-7
Ryan, Desmond 26-8, 30-3, 54-5, 224

S

Safo 114
Said, Edward 208-11
Saint-Saëns, Camille 39, 74
Saintsbury, George 28, 38, 78
Sam, o Cavalo 48, 90, 94, 135, 184, 277-9
santo Agostinho, 251
são Nicolau, 66–7
são Paulo 111, 202-3
são Tomás de Aquino 158-9, 175, 232, 246, 253
Sartre, Jean-Paul 54, 55n, 89, 153, 202, 267-71
Schoenberg, Arnold 245
Schopenhauer, Arthur 153, 169, 263
Schubert, Franz 69
Scott, Sir Walter 117
Seth, Vikram 122
Shakespeare, William 219, 266
Sibelius, Jean 230
Sibley, F. N. 174n, 175, 175n, 177
Slater, Montagu 205-6
Smith, Barry 11, 12, 92n, 180n
Sócrates 15, 271
Sófocles 125
Spurrier, Steven 57
St Exupéry, Antoine de 74
Strauss, David 58n, 274-5
Strauss, Johan, o Velho 274-5
Strauss, Johan, o Jovem 274-5
Strauss, Leo 274-5
Strauss, Richard 274-5
Szymanowski, Karól 209

T

Taber, George M. 58n, 274
Tchaikovsky, Piotr Ilitch 48
Thurber, James 116
Tintoretto 145
Ticiano 181
Turner, J. M. W. 229

V

Van Gogh, Vincent 156
Veblen, Thorstein 93n
Verga, Giovanni 27
Verlaine, Paul 29-30
Vespasiano, imperador 80
Vinci, Leonardo da 262
Voltaire 257
Vonnegut, Kurt 117

W

Wagner, Richard 69, 146, 196, 196n, 197n, 239, 241
Watkin, David 12, 42-3
Waugh, Evelyn 181
Weber, Max 196
Weinberg, Justin 93n
Wellington, duque de 71

ÍNDICE DE NOMES

West, Nathaniel 117
Wiggins, David 160, 160n
William de Malmesbury 107
Winiarski, Warren 59, 274
Wittgenstein, Ludwig 150, 160, 266, 273-4, 278
Wordsworth, William 145

X

Xenofonte 115

Z

Zola, Émile 29

ÍNDICE DE VINHOS

A

Aloxe-Corton 62
Amethystos rosé 279
Auxey-Duresses 68

B

Balatón 276
Barsac 92
Bâtard-Montrachet 55
Beaujolais 26, 74, 266, 274
Bergerac 77, 97-9
Bergerac, Ch. Grinou 97-8
Bergerac, Ch. La Tour 99
Beringer Estate 251
Bierzo 135, 137
Bockenheim, Grafenstück 261
Bordeaux 73, 77, 85, 87-92, 97-8, 100, 122, 133, 195
Borgonha 29, 37-8, 38n, 59-62, 64, 68, 90, 102, 107, 249, 257, 270, 277
Borgonha branco 33, 46, 62-3, 69, 225

Bourgueil 100-1
Bourgueil La Petite Cave 101
Brézème 79
Brokenwood Estate 123
Budai 276

C

Cahors 77, 98-9
Camposilio 129
Castelos de Bordeaux:
Ch. Ausone 251
Ch. Barrail du Blanc 90
Ch. Beychevelle 189
Ch. Branaire Ducru 89
Ch. Briatte 93-4
Ch. Cantenac-Brown 88
Ch. Cissac 90
Ch. Coutet 258
Ch. Croizet-Bages 47
Ch. d'Yquem 91, 93
Ch. Ducru-Beaucaillou 267
Ch. Grillet 81
Ch. Haut-Brion 90-1
Ch. Ksara 108-110, 113

Ch. Lafaurie-Peyraguey 91, 93
Ch. Lafite 45, 47-8, 64
Ch. Léoville Lascases 44, 127
Ch. Léoville-Barton 88
Ch. Loudenne 45-6
Ch. Lynch-Bages 251
Ch. Margaux 58
Ch. Mazeyres 89
Ch. Mouton-Rothschild 59
Ch. Musar 106, 108
Ch. Palmer 44
Ch. Patache d'Aux 100
Ch. Picque-Caillou 90
Ch. Pontet-Canet 88
Ch. Potensac 46, 90
Ch. Septy 258
Ch. Smith-Haut-Lafitte 88
Ch. Suduiraut 93
Ch. Talbot 88
Ch. Trotanoy 26-8, 32-3, 55-6, 89, 172
Ch. Villegeorge 46, 90
Chablis 63-4, 258
Chablis Bougros 258
Chablis Grenouilles 258
Chablis les Preuses 258
Chambertin 29
Chambertin Clos de Bèze 270
Chassagne-Montrachet 55, 252
Châteauneuf-du-Pape 79, 256
Chevalier-Montrachet 55-6
Chianti 129, 260, 262
Chianti Vignamaggio 262
Chinon 101-2

Clarete 44-8, 85-7, 89-90, 249, 251, 266, 274, 277
Clos de Vougeot 61
Cloud Nine, Malmesbury 52
Collioure 77, 83-5
Collioure, Clos Chatard 83
Collioure, Domaine La Tour 84
Condrieu 80-1
Coonawarra 123
Corbières 77
Cornas 79
Corton-Charlemagne 62-3
Côte Rôtie 78, 124
Côteaux d'Ardèche 81
Côtes de Thongue 75
Côtes du Rhône 77-82
Crozes-Hermitage 79

D

Domaine de la Romanée-Conti 37-9

E

East India Sherry 260
Entre-deux-mers 96
Eradus Pinot Noir 126

F

Faithful Hound 127
Faugères 76-7
Fronton 99

G

Gigondas 79
Givry 68
Grands Échézeaux 39, 44
Graves 88, 90
Graves de Vayres 96-7

H

Hermitage Chante Alouette 82, 259
Hermitage 78, 81-2, 124, 259
Hock 253
Hunter Valley 123

J

Juliénas 27
Jurançon 70-3, 86, 88

L

La Cetate 132
La Commandaria 114
Ladoix 68
Languedoc 73, 75-7, 83
Lirac 79
Loire 99-101, 126, 250, 256, 277-8

M

Mâcon-Solutré 233
Madeira 260
Madiran 73, 77, 135
Malbec argentino 98, 259

Manzanilla 249
Maranges 68
Marsannay 66-8, 121
Marzemino de Trentino 264
Mas Oliveras 278
Mateus rosé 25
Mavrodaphne 108
Meknès 251
Mercurey 27, 68-9
Mercurey Les Nauges 257
Meursault 252
Monestier 97
Montagny 65, 68
Montagny Domaine des Moirots 65
Montana 125
Monbazillac 258
Montrachet 32, 56, 59, 252
Muddy Water 263
Muscadet 32, 100

N

Nelson's Creek 279
Norton da Horton 121

P

Pauillac 251
Pernand-Vergelesses 62-3
Pernand-Vergelesses, Île des Vergelesses 62
Pernand-Vergelesses, Les Noirets 62
Pic St Loup 74-5
Pomerol 27, 88-9
porto Tawny 260

Puligny-Montrachet Les Chalumeaux, Les Referts, Le Clos des Meix, Les Folatières 59
Puligny-Montrachet 32, 55, 224

R

Rasteau 79
Retsina 86, 113-4, 226
Rioja 133-4, 257
rosé 67, 76, 83, 106, 109-11, 119, 249, 277-9
Rully 68

S

Sablet 79
Saint-Julien 127
Saint-Gervais 79
Sancerre 100
Sauternes 91-3, 92n, 250, 258
Syrah australiano 86, 123-4
St. Amour 27, 74
St. Aubin 68, 252
St. Aubin sur le sentier du clou 252
St. Émilion 88
St. Gengoux 74
St. Joseph 27, 78, 82
St. Martin sous Montaigu 68
St. Mont 77
St. Nicolas de Bourgueil 103
St. Romain 68
Stag's Leap 59, 275
Stellenbosch 127

Svaté Vavřinecké 272-3
Szeksárdi 277

T

Tavel rosé 278
Thalassitis 115

V

Vacqueyras 79
Valdepeñas 134
Vergelesses 62
Vieille 84
Villanyi 277
vinho americano 119, 122, 134
vinho argelino 106
vinho argentino 86, 259
vinho australiano 86, 123, 261
vinho californiano 63, 119, 225, 256
vinho cipriota 114
vinho cretense 114
vinho de bagas de sabugueiro 22, 25
vinho espanhol 134, 255
vinho inglês 53, 107
vinho italiano 86, 129
vinho iugoslavo 255
vinho georgiano 107
vinho grego 86, 108, 143
vinho húngaro 276-7
vinho libanês 106, 108-9
vinho marroquino 251
vinho morávio 256, 267, 271

vinho neozelandês 126, 225
vinho romeno 131-2
vinho sul-africano 127, 225
vinho turco 107, 253
vinhos de fruta 127
vino nobile de Montepulciano 129, 254
Vouvray 250
Vulture 130

W

Wirra Wirra 123-4

X

Xerolithia 114

Z

Zinfandel da Califórnia 119

Nasci em 10 de outubro de 2011,
das máquinas da Geográfica, em São Paulo.
Fui composto pela Oficina das Letras para a
Editora Octavo com as seguintes características:
Formato: 23 cm. x 14 cm.
Peso: 450 gramas
Número de páginas: 304
Fonte: Bookman Old Style
Corpo: 11
Papel: Pólen de 80 gramas